MONITORING

서비스 리더를 위한
고객 응대
실무

SINCERITY

SERVICE

| 심윤정, 신재연 지음 |

BM 성안당
www.cyber.co.kr

서비스 리더를 위한
고객 응대 실무

2019. 7. 5. 1판 1쇄 인쇄
2019. 7. 12. 1판 1쇄 발행

지은이 | 심윤정, 신재연
펴낸이 | BM (주)도서출판 성안당
주소 | 04032 서울시 마포구 양화로 127 첨단빌딩 3층(출판기획 R&D 센터)
　　　 | 10881 경기도 파주시 문발로 112 출판문화정보산업단지(제작 및 물류)
전화 | 02) 3142-0036
　　　 | 031) 950-6300
팩스 | 031) 955-0510
등록 | 1973. 2. 1. 제406-2005-000046호
출판사 홈페이지 | www.cyber.co.kr
내용 문의 | csmaster0301@naver.com(심윤정), svcnara@naver.com(신재연)
ISBN | 978-89-315-8816-3 (13320)
정가 | 18,000원

이 책을 만든 사람들
기획 | 최옥현
진행 | 최창동
전산편집 | 앤미디어
표지 디자인 | 박현정
홍보 | 김계향
국제부 | 이선민, 조혜란, 김혜숙
마케팅 | 구본철, 차정욱, 나진호, 이동후, 강호묵
제작 | 김유석

■ **도서 A/S 안내**

성안당에서 발행하는 모든 도서는 저자와 출판사, 그리고 독자가 함께 만들어 나갑니다.
좋은 책을 펴내기 위해 많은 노력을 기울이고 있습니다. 혹시라도 내용상의 오류나 오탈자 등이
발견되면 "좋은 책은 나라의 보배"로서 우리 모두가 함께 만들어 간다는 마음으로 연락주시기
바랍니다. 수정 보완하여 더 나은 책이 되도록 최선을 다하겠습니다.
성안당은 늘 독자 여러분들의 소중한 의견을 기다리고 있습니다. 좋은 의견을 보내주시는 분께는
성안당 쇼핑몰의 포인트(3,000포인트)를 적립해 드립니다.
잘못 만들어진 책이나 부록 등이 파손된 경우에는 교환해 드립니다.

머리말

서비스를 전문적으로 공부하고 강의를 한 지 15년이 흘렀습니다. 그동안 늘 가슴에 품었던 서비스 리더들을 위한 지침서이자 가이드라인을 제시할 수 있는 서적을 출판하여 서비스 리더로서 또는 CS강사로서의 목표를 이루고자 하는 분들에게 도움이 되고 싶었던 비전을 이제야 이루게 되었습니다.

이 서적은 고객을 매 순간 마주하는 모든 서비스인과 서비스 강의를 이제 막 시작한 사람들에게 먼저 이 길을 걷고 있는 서비스 전문가로서 걸어온 길에 대한 이정표 역할을 하고자 만들어진 책입니다.

저자들 역시 서비스 전문가로서 첫 시작을 할 때 많은 어려움이 있었고, 서비스 분야에 대한 조언과 도움을 얻고자 했지만 물어볼 곳이 없어 많은 시행착오를 겪어야 했습니다. 따라서 본서에 지난 시절의 경험과 노하우들을 최대한 담고자 하였습니다.

본 서적의 내용은 서비스의 기본을 다루고 있지만, 사례나 구체적인 제시는 말 그대로 예시로만 봐주기를 바랍니다. 특히 서비스 사례에는 하나의 주제를 가지고도 다양하게 접근할 수 있는 방법들이 있는데, 그 방법 중 먼저 경험해본 저자들이 하나의 방향을 제시하고 있을 뿐 정답이 될 수는 없을 것입니다. 그리고 제시한 방법대로 시행하면서 자신만의 콘텐츠를 만들어 차곡차곡 쌓아가기를 바랍니다.

책은 고객 응대 관리 실무에 관한 모든 내용을 30일에 완성하는 것을 목표로 하루하루 차시마다 하나의 주제로 직접 강의를 듣는 것처럼 혹은 1:1 개인 교습을 듣는 것처럼, 주제별로 이해를 돕기 위해 대화체로 작성되었습니다. 서비스인들이 직무를 수행하면서 필요한 내용으로 구성하였으며, 더불어 CS강의가 가능하도록 차시마다 강의 시 필요한 조언들을 '서비스 강의 how to'코너를 통해 길잡이 역할을 할 수 있도록 만들었습니다.

먼저, Part 1에서는 CS 개론으로 CS강사의 역할과 고객서비스의 이해 및 사례, 서비스 마인드에 대해 다루고 있으며, Part 2에서는 CS 매너로 이미지 메이킹, 표정, 인사, 용모, 복장, 보이스 트레이닝, 비즈니스 매너 등을 다루었습니다. Part 3에서는 CS 소통으로 서비스 커뮤니케이션, 전화응대, 스크립트 작성방법, 불만 고객 응대에 관한 강의기법에 대해서 다루고 있으며, Part 4에서는 CS 관리로 MOT고객접점 관리, 서비스현장 방문, 조직 활성화, 고객유형별 응대 기법에 관하여 다루었으며, 마지막으로 Part 5에서는 CS 기법으로 강의 예화 개발, Ice breaking/SPOT, 강의 계획서 및 교안 작성법, 프레젠테이션 스킬, 셀프 리더십. 강사 이력 관리 방법에 관하여 다루고 있습니다.

새내기 시절 매 순간 고객을 응대하면서 물음표로 자리 잡고 있던 상황들을 해소해줄 수 있는 CS응대 바이블 같은 서적이 간절했던 일, 이후 서비스 강의를 하게 되면서는 강의를 듣는 대상자들의 직무에 따라 같은 강의 주제라도 얻고자 하는 교육내용의 상이함을 새내기 때는 미처 알지 못해서 겪었던 일 등 부족했던 지난 시간을 부디 이 책을 읽으시는 분들이 저희와 같은 실수를 하지 않고, 본 서를 통해 좀 더 바른길로 이 길을 걸어갔으면 합니다. 하지만 안정을 추구하면 성장은 멈추기에 이미 이 길에 들어섰다면 치밀하게 목표를 세우고 문제가 발생하면 지속적으로 수정해가는 삶을 사는 것이 서비스 리더로서 성장하는 바른 길이 될 것입니다.

끝으로 본 서적이 나오기까지 도움 주신 구본철 이사님, 최창동 부장님 이하 모든 성안당 임직원분들과 서평 작성에 흔쾌히 허락해주신 LG그룹 김회수 전 사장님, 동국제강 이대식 이사님, 신용보증기금 신태진 지점장님, 그랜드 코리아레저 정은영 차장님께 진심 어린 감사의 인사를 전합니다.

Contents 목차

Contents 목차

Part 01

CS 개론

cs ★ master

DAY

01

CS리더 오리엔테이션

"지금부터 당신의 재능을 타인을 위해 써라! 다른 사람을 위해 그리고 사회를 위해 재능을 발휘하는 것이 세상의 이치이자 우리의 사명이다."

Education Guide Map

CS리더 오리엔테이션
• 강사 소개
• CS강사 Q&A
• 트레이닝과정 소개

✓ 강사 소개

안녕하십니까. CS리더 트레이닝 과정에 입문한 여러분을 환영합니다. 저는 현재 다양한 서비스 기업 현장에서 CS강의를 진행하고 있으며, 이와 함께 서비스 인재를 양성하는 일을 하고 있습니다. 여러분과 〈서비스 리더를 위한 고객 응대 실무〉를 통해 책의 마지막장을 넘기는 순간까지 함께 할 예정입니다.

시작에 앞서 간단히 제 소개를 하려고 합니다. 저는 사람을 만나는 일이 좋아 대학을 졸업하면서 자연스럽게 고객 서비스직을 선택했습니다. 역시 생각했던 것처럼 사람을 만나는 일은 너무나 좋았고 적성에도 잘 맞았죠. 그러나 고객접점에서 부딪히며 느낀 것은 경험을 통해 축적된 노하우 외에 고객을 응대하는 방법에 대한 공부가 필요하다는 것이었습니다.

고객을 응대하는 법을 공부하기 시작하면서 자연스럽게 CS강사라는 직업을 알게 되었고, CS강사들의 강의를 들으면서 '언젠가는 나도 나의 경험과 지식을 나누는 멋진 CS강사가 되리라.' 다짐했습니다. 그리고 시간이 흘러 저는 CS강사가 되었습니다. 강사로서 시작하던 시기에는 주어진 강의를 준비하기에 급급했고, 강사로서 도약하던 시기엔 내 것을 지키기에 바빴으며, 주변을 돌아볼 잠시의 여유가 생긴 지금 그동안의 경험을 나누고 싶어 CS리더를 위한 트레이닝 코스를 시작하게 되었습니다.

트레이닝 코스를 시작할 때마다 항상 설렙니다. 초롱초롱한 눈빛으로 CS 분야의 리더가 되고 싶다고 이야기하는 여러분을 만나며 항상 초심에 대해 다시 생각하게 되고, 과정에 열심히 임하는 그들에게 저 역시 더 많은 것을 전하려고 준비하게 되니, 트레이닝 과정이야 말로 강사와 교육생이 함께 성장할 수 있는 공간인 것이죠.

오늘은 트레이닝 시작 전 오리엔테이션 시간으로 과정에 대해 탐색해보는 시간이니 가볍게 읽어주십시오. 그럼 오리엔테이션을 시작해 볼까요?

☑ CS강사 Q&A

트레이닝 코스에 들어가기에 앞서 CS강사에 대하여 궁금한 점이 많이 있을 거라 생각됩니다. 아래에는 그동안 CS강사 교육생들에게 가장 많이 받았던 질문 내용들을 정리한 것입니다. 제 답변이 여러분의 궁금증 해소에 많은 도움이 되길 바라며, 본 Q&A 문항 외에도 각 교육 테마 안에 여러분이 궁금해 할 내용에 대한 답변을 최대한 담고자 하였습니다.

Question 1. 강사로서의 열정은 가득하지만 남들 앞에만 서면 목소리가 떨리고 얼굴이 빨개지기도 합니다. 이런 사람은 강사가 되기 어렵지 않을까요?

Ask 1. 많은 사람들이 무대 앞에서 떨리는 증상을 경험합니다. 이것은 오히려 자연스러운 현상이에요. 여러 가지 이유가 있겠지만 떨림의 가장 큰 이유는 사람들 앞에 나서서 이야기할 경험이 많지 않기 때문이에요. 강의는 일대일 대면에서 조금 확장된 일대 다수의 만남이라고 생각하시면 부담감이 좀 적어질 거예요. 그리고 완벽한 사전 준비를 통해 말할 준비가 되었다면 떨리는 증상은 확실히 줄어들 겁니다.

Question 2. 트레이닝 코스만 마치면 모두 CS강사가 될 수 있나요?

Ask 2. 보통 CS강사 트레이닝 과정에 입문하여 열심히 참여하면 과정을 성실하게 수료하였다는 수료증을 받게 됩니다. 그리고 자격시험에 응시하여 합격하면 CS강사 자격증이 주어지죠. 이로써 CS강사로서의 기본 준비는 마쳤다고 볼 수 있습니다. 실제 오프라인에서 이루어지는 트레이닝 과정을 참여하려고 하실 때는 교육기관의 커리큘럼을 꼼꼼하게 따져보시고, 모의 강의를 통한 개별 피드백을 많이 받을 수 있는 곳을 선택하시길 추천합니다.

CS강사 자격증은 민간자격으로 등록되어 시험을 통해 발급하는 여러 기관들이 있습니다. 국가 공인 CS강사 자격증은 현재 기준으로는 없으며, 강의 시연이 아닌 CS 이론으로 이루어진 서비스 관련 국가공인 자격증은 CS Leaders와 SMAT(서비스경영자격)가 시행되고 있습니다.

Question 3. 트레이닝 코스만 마치면 모두 CS강사가 될 수 있나요?

Ask 3. CS강사를 수료하면 취업이 잘 되는지를 물어보시는 분들이 많이 있어요. 제가 대답할 수 있는 부분은 개인 차이가 크다는 것입니다. 막연하게 CS강사가 되면 좋지 않을까 생각하고 과정에 입문하시는 분들은 막연한 희망 자체로 끝나는 경우를 보았습니다. 하지만 CS강사로서 확실한 목표와 방향을 세우고 준비하시는 분들은 분명 CS강사가 되어 있죠. 누군가에겐 가족의 생계가 달려있고 안정적인 생활이 되려면 취업에 대한 질문은 빠질 수 없다고 저 역시 생각합니다. 하지만 CS강사라는 직업을 단순히 취업을 잘하기 위한 잣대로 먼저 바라보지 않았으면 하는 마음입니다. 강사는 단순한 지식 전달을 하는 것이 아닌 누군가에게 좋은 영향과 변화를 줄 수 있는 사람이기 때문입니다. '나는 왜 강사가 되고 싶은가? 어떠한 강사가 되고 싶은가?'를 먼저 자신에게 질문해 보았으면 해요. 그것이 확실하다면 여러분은 분명 CS강사가 되어 있을 것이고 CS강사를 하면서 고액 연봉 또는 고액 강의료를 받고 있을 테니 말이죠.

Question 4. CS강사를 하기 위한 사전 요건이라는 것이 있을까요? 또한, 관련 전공이 있나요?

Ask 4. 현재 대학에서 CS강사를 양성하기 위한 전공은 별도로 편성되어 있지 않습니다. 과 특성에 따라서는 고객 서비스 실무에 대한 지식을 배우기는 하죠. CS강사분들의 전공을 살펴보면 교육, 경영, 관광, 호텔, 항공 등의 전공자들도 있지만 전혀 무관한 전공도 많습니다. 전공을 살려 CS강사로서 출발하기도 하고 현재 본인이 하고 있는 일을 살려 CS강사로 전환하기도 합니다. 그리고 CS강사를 하면서 방통대, 사이버대 편입이나 대학원 진학을 하며 계속 공부하는 강사분들도 있습니다. CS강의를 하기 위한 기본 지식과 경험이 쌓여있다면 누구든지 시작할 수 있는 것이 CS강사입니다.

Question 5. 제 나이가 35살인데 시작하는 것이 늦지 않았을까요? 저는 26살인데 조금 빠른 걸까요?

Ask 5. CS강사를 준비하는 분들의 나이대는 20대부터 다양합니다. 다른 직업보다도 준비하시는 분들의 나이대가 폭넓다고 볼 수 있어요. CS강사의 시작 나이를 누군가가 지정해놓은 것이 아니기 때문에 '나이가 어리다, 많다'는 이유로 할 수 '있다, 없다'로 판단되는 문제는 아닙니다. 다만 취업을 앞두고 있는 대학생들이 간혹 CS강사가 되고 싶다며 찾아오는 경우가 있는데, 이 경우에는 트레이닝 과정 입문을 적극 권유하지 않아요. 본인이 고객 서비스 현장에서 일을 해보고 해보지 않고는 분명 강의에 차이가 있을 수 있거든요. 고객의 관점에서만 있어본 사람과 직원의 관점에서 있어본 사람의 강의는 분명 다를 수 있습니다. 그래서 사회 초년생분들이 오면 먼저 현장을 경험해보고 올 것을 권유하죠. 그래야 더욱 공감할 수 있는 강의가 된다고 생각해요. '고객에게 이렇게 해야 합니다.'가 아닌 '나도 해보니 이런 것이 더 효과적이더라.'라고 이야기 하는 것이 똑같은 이야기라도 다르게 들릴 수 있을 거예요. 현장을 충분히 경험했다면 CS강사에 도전할 적절한 시기가 되신 겁니다.

> **⚠ 서비스 강의 HOW TO**
>
> CS강사라는 새로운 도전을 앞두고 걱정되는 부분들이 많이 있을 것입니다. 먼저 시작한 선배들 역시 이러한 생각과 걱정들을 바탕에 두고 시작해왔죠. 여러분이 이 직업에 대한 확고한 의지를 가지고 있다면 CS강사로서의 꿈은 반드시 이루어질 것입니다.

☑ 트레이닝과정 소개

트레이닝은 총 30일 완성편으로 구성하였습니다. 여러분과 CS 테마 및 강의 기법을 주요 내용으로 총 30번의 만남이 이루어질 예정이에요. CS 테마들을 효과적으로 전달하는 기법을 배워가며, 책의 마지막 장을 넘길 시간이 되면 스스로 강의 계획서와 교안을 만들고 강의를 진행하는 역량을 갖출 수 있게 될 것입니다.

CS의 주요한 테마들이 어떠한 내용일지 본격적인 내용에 들어가기에 앞서 간단히 소개해드리겠습니다. CS강사가 다루는 테마들은 주제를 정하기에 따라 세분화되고 다양해질 수 있습니다만, 가장 큰 틀에서 이야기 해보자면, 고객 서비스의 이해, 이미지메이킹, 서비스 매너, 커뮤니케이션, 전화 응대, 불만 고객 응대, MOT 등등이 될 수 있을 것입니다. 현장 서비스 직원들이

행하고 있는 서비스에 대한 이해를 충분히 가지고, 잠들어 있는 마인드를 끌어올릴 수 있는 교육인 고객 서비스의 이해가 첫 번째가 될 것이고요. 두 번째로는 고객에게 신뢰감을 줄 수 있는 용모와 복장, 표정 등의 교육을 진행하는 이미지메이킹, 세 번째로는 비즈니스 환경에서 이루어지는 다양한 매너들의 실천에 초점을 맞추어 익히고 행동하는 서비스 매너입니다. 네 번째는 커뮤니케이션으로 고객의 니즈를 파악하는 경청의 기술, 고객 지향 화법, 고객 유형에 따른 응대 등을 다룰 수가 있겠고요. 다섯 번째로 직접 만남이 아닌 비대면 만남으로 이루어지는 전화 응대의 기술, 여섯 번째로 신입 서비스 직원들이 다소 어려워할 수 있는 고난위도 응대인 불만 고객 응대, 일곱 번째로 CS 매뉴얼의 기초가 될 수 있는 MOT와 관련한 내용들이 있겠습니다.

! 서비스 강의 HOW TO

위에서 언급한 CS강의 테마는 CS리더라면 숙지하고 있어야 할 가장 기본적인 내용을 언급하였습니다. CS리더라면 CS와 관련한 지식은 확실히 숙지하고 있어야 할 것입니다. 완벽한 지식을 바탕에 둔 상태에서 강의 스킬이 접목된다면 그 효과는 배가 될 것입니다.

 실전과제

Question 1. 나에 대한 소개를 해볼까요?

1) CS관련 경력

2) CS리더 및 강사를 준비하게 된 계기

3) CS리더로서 나의 강점/약점

Question 2. 트레이닝 과정을 통해 가장 배우고 싶은 역량은?

1) CS 관련 지식   2) 강사의 강의 노하우

3) 강의안 작성   4) 프레젠테이션 스킬

5) 보이스 트레이닝   6) 다양한 강의 기법

7) 기타 (   )

CS강사의 역할

"교육은 가르치는 것이 아니라 마음을 여는 것이다."

Education Guide Map

CS강사의 역할
• 서비스강사 VS CS강사
• CS강사의 업무
• 성인 교수 방법

안녕하세요. 오늘은 CS강사의 역할에 대한 이야기를 나누어보려고 합니다. 여러분, CS란 어떤 의미의 약어로 쓰이는지 알고 계신가요? Customer Service 또는 Customer Satisfaction이 떠오르셨나요? 서비스 업무 현장에서는 고객 서비스, 고객 만족의 약어로 CS라는 용어를 사용합니다. 그렇다면 CS강사를 다른 말로 고객 서비스 강사, 고객 만족 강사라고 이야기할 수 있겠지요.

☑ 서비스강사 VS CS강사

고객 서비스 강사, 고객 만족 강사를 풀어서 이야기해본다면 '고객 만족을 위해 서비스 접점에 있는 직원들에게 고객 서비스의 기술을 가르치는 강사'라고 볼 수 있겠습니다. 그렇다면 여러분은 우리의 직업을 서비스강사로 많이 들어보셨나요? CS강사로 많이 들어보셨나요? 과거에는 서비스강사로 많이 불렸고 현재는 CS강사로 더 많이 부르며 실제로는 두 가지를 같은 의미로 통용해 사용하고 있습니다.

그런데 혹자는 서비스강사와 CS강사를 구분하여 정의하기도 하는데요. 여기에서 질문을 하나 해볼까합니다. 여러분은 현재 기업의 사내 CS강사 채용에 지원해 면접에 참여 중입니다. 면접관은 본사에서 서비스강사가 아닌 CS강사를 채용하고자 공고를 진행하였다고 안내하며, 서비스강사와 CS강사의 차이점에 대해 묻고 있습니다. 본 질문에 어떻게 대답하면 좋을까요?

면접관의 질문 의도는 고객 만족을 고객 서비스의 상위 개념으로 인식한 것에서 출발했다고 볼 수 있을 겁니다. 고객 만족을 위한 여러 가지 수단 중에 하나로 고객 서비스를 인식하고 고객 만족을 위한 강의를 진행할 수 있는 강사를 채용하고자 하는 것입니다. 이러한 이유로서 두 가지를 구분하고자 한다면 강사 입장에서도 고객 서비스 강사로 규정하기보다 고객 만족 강사로 규정하는 것이 자신의 강의 분야와 역량을 더욱 폭 넓게 펼칠 수 있을 것으로 생각이 됩니다만, 이것은 관점의 차이인 것으로 우리는 본 과정에서 서비스강사와 CS강사를 동일한 의미로 사용할 예정입니다.

자, 이제 용어 구분에서 한발 더 나아가 볼까요? 우리는 앞서 CS강사를 '고객 만족을 위해 서비스 접점에 있는 직원들에게 고객 서비스의 기술을 가르치는 강사'로 풀어보았습니다. 그렇다면 강의를 하기에 앞서 자신이 강의할 서비스 현장을 잘 알아야한다는 전제조건이 생기겠군요. 교육을 듣는 대상은 다양한 현장에서 서비스 업무를 담당하고 있는 사람들입니다. 현장을 모르는 강의는 절대로 공감과 실천을 일으킬 수 없습니다. 그들에게 도움이 될 수 있는 강의가 되려면 강사의 풍부한 경험과 이론을 바탕으로 고객과 직원의 입장을 모두 이해하며 강의하는 것이 중요합니다.

> ⓘ **서비스 강의 HOW TO**
>
> 고객 서비스의 기술을 가르치기에 고객으로서의 경험도 중요하겠지만 직원으로서 고객을 응대한 경험 역시 중요합니다. 강의를 시작하기에 앞서 서비스 현장에 대한 충분한 경험의 시간을 가져보시고, 강의를 시작한 이후에도 현장과 멀어지지 마세요.

✅ CS강사의 업무

CS강사의 가장 중요한 업무는 바로 'CS강의'입니다. 알찬 CS강의를 진행하려면 많은 준비 과정이 필요한데요. 강의를 위해 먼저 CS접점을 파악하고 세부적인 교육 계획 수립 및 강의안 작성을 진행합니다. 그리고 준비된 강의안을 토대로 강의를 진행하며 강의 후에는 강의에 대한 보완 및 피드백을 진행하고, 향후의 교육 방향을 위한 보고서 및 제안서를 작성하기도 합니다. 그렇기에 우리의 직업을 때로는 백조에 비유하여 이야기하기도 해요. 백조가물 위에서 우아한 자태를 보이고 있지만 실상은 물속에서 분주하게 발을 움직이고 있는 것처럼 강사인 우리도 강의하는 순간만큼은 백조처럼 보이지만, 한 시간의 강의를 위해서 열심히 노력을 하고 있다는 것이죠. 이를 통해 사내 강사는 업무에 준하는 연봉을 받으며, 프리랜서 강사는 시간당 강의료를받습니다. 때로는 교육담당자가 프리랜서 강사를 섭외하면서 강사의 시간당강의료에 놀라는 경우가 있습니다. 이는 강사의 사전, 사후의 준비과정을 모르는 채 강의 시간만을 생각하기 때문인 것이죠. 강사의 소위 몸값을 올리는것은 누적된 노력의 시간과 사전, 사후 준비과정에 있다는 것을 잊지 마세요.

> **⚠ 서비스 강의 HOW TO**
>
> 백조와 같은 강사가 되실 준비가 되었나요? 강사가 강의를 위해 시간과 노력을 들인 만큼 청중은 '강사가 좋은 강의를 하고 있구나.'하고 느낄 것입니다.

✅ 성인 교수 방법

우리의 강의는 사회에 입문한 초년생을 시작으로 현장에서 오랜 경력을 가진다양한 연령대의 성인들을 대상으로 합니다. 때로는 강사의 나이보다 더 많은 분들을 모시고 강의를 진행할 때도 있지요. 그래서 성인 교육의 접근 방식은 가르치는 것보다 자극을 주는 것에서 시작해야 할 필요가 있습니다. 강사인 '내가 많이 알기 때문에 여러분에게 지식을 가르쳐주러 왔다'는 접근 방법보다는 '강의 시간동안 고객 서비스를 주제로 하여 함께 점검해보고 알아가 보자.'는 접근으로 시작하는 것이 중요합니다. 단순한 학습이 아닌 자극을통한 실천이 중요한 부분이니까요. 그래서 저는 강의를 할 때 이런 표현을자주 사용합니다. "여러분, 우리 함께 이야기 나눠볼까요?"하고 말이죠. 여러분의 강의에도 적용해 보시면 좋겠습니다.

그리고 강의는 재미있어야 합니다. 아직도 제 기억 속에 인상 깊게 남아있는 강의가 있는데요. 제가 강의를 시작하고 얼마 되지 않았을 때 한 기업에서 CS강의 의뢰가 들어왔습니다. 교육 담당자가 요청한 강의 시간은 2시간이었고 주제는 전화 응대와 컴플레인 응대에 관련한 내용이었죠. 교육 담당자의 요청사항은 많지 않았는데, 다만 전제조건이 두 가지가 있다고 했습니다. "강사님 강의가 재미있어야 합니다. 그리고 절대로 질문은 하지 말아주세요." 담당자와의 전화통화 후 처음엔 당황스러움이 몰려오더군요. 질문은 하지 않되 재미있어야 한다니 '이것은 그야말로 청중 없는 원맨쇼가 아니겠는가?' 하고 말이죠. 실전 강의 경험이 많이 없던 시기였으니 이러한 요청사항은 저에게 큰 과제를 남겨주었고, 조건에 맞는 강의 진행을 위해 최선의 준비를 해갔습니다. 그 강의를 마치면서 깨달았던 것은 기업의 문화, 분위기, 업무 특성과 구성원들의 성향들이 어떠한지에 따라서도 강의가 달라질 필요가 있다는 것이었지요. 내향적인 성향의 그들은 공개적인 질문을 받거나 주목받는 것을 피하고자 했지만, 참여한 강의 시간만큼은 재미있고 유익하게 보냈으면 하는 마음이 있었던 것입니다. 강의는 재미있어야 합니다. 그렇다고 개그 프로그램처럼 웃길 필요는 없습니다. 하지만 지루한 강의는 곤란하겠지요. 아무리 좋은 내용이라도 강의가 지루하다면 듣는 이들의 기억 속에 남을 수 없습니다. 강의 시간동안 교육생들이 다른 생각을 하지 않고 강의에 집중할 수 있도록 하는 것, 그것이 '재미있는 것'이며 강사로서의 뛰어난 '강의 스킬'일 것입니다.

강의에 집중할 수 있게 하는 요소는 여러 가지가 있겠지만 오늘은 첫날이니 가볍게 한 가지만 이야기할까 합니다. 설명과 경험에 관한 이야기인데요. 우리는 '설명해주는 것'과 '경험을 들려주는 것' 중에 어느 이야기에 더 집중을 할 수 있을까요? 혹시 학창 시절 선생님께 수업 시간 도중 첫사랑 이야기를 들려달라고 해보신 적이 있나요? 수업에 집중하기 힘들 때 학생들이 쉬어가는 의미로 요청했던 질문이었죠. 그러면 우리는 그 이야기를 재미있게 듣다 이내 수업에 다시 집중하고는 했습니다.

이 경험을 우리의 강의에도 접목해볼까요? 청중을 강의에 더 집중할 수 있게 하려고 한다면, 강사가 서비스에 대해 설명만하기보다 실전 경험과 사례 공유를 통해 메시지를 전달하는 것이 더 효과적이겠죠. 이럴 때에 사용하는 사례가 쉬어가는 의미의 첫사랑 이야기가 아닌 진행하고 있는 강의 주제와 연결된 경험 이야기가 된다면 효과는 더욱 배가 될 것입니다.

여러분은 본 트레이닝 과정을 통해 앞으로 다양한 '강의 스킬'을 배우게 됩니다. 실전 강의에 접목이 될 수 있도록 다양한 강의 경험을 풀어드릴 예정이니 긴장의 끈을 놓지 않고 마지막 장까지 집중해주실 것을 당부 드립니다.

> ⚠ **서비스 강의 HOW TO**
>
> 서비스 사례를 작성하는 노트를 하나 만들어 보세요. 서비스 현장에서 일어나는 다양한 사례들을 수집해 두고 이를 강의에 활용한다면 보다 집중력 있고 풍성한 강의를 만들어 줄 것입니다.

 **실전과제**

Question 1. 앞으로 어떤 CS강사가 되고 싶으신가요?

Question 2. 지금까지의 경험을 토대로 인상에 남았던 강사의 강의 방법을 작성해보세요.

BAD :

GOOD :

cs-master

DAY
03

고객 서비스의 이해

"고객의 기대가 진화하는 만큼 서비스의 속도 역시 그에 발맞추어 진화해야 할 것이다."

Education
Guide Map

고객 서비스의 이해
- 서비스의 현주소
- 서비스의 정의
- 서비스 종사자의 역량
- 서비스의 특성
- CS교육의 필요성

안녕하세요. 오늘은 CS강사 트레이닝 코스 2일차로 여러분과 고객 서비스의 이해를 주제로 이야기 나누고자 합니다.

✔ 서비스의 현주소

질문으로 이야기를 시작해볼까 하는데요. 여러분이 과거 고객으로서 경험했거나 혹은 직원으로서 고객에게 제공했던 서비스 중에 최고였다고 기억하는 서비스가 있나요? 혹시 상대의 입장에서 헤아리고 생각해서 행동했던 작은 배려를 최고로 기억하고 있지는 않나요?

과거의 서비스보다 현재의 서비스는 사람들이 모두 인정할 만큼 월등히 좋아졌습니다. CS교육 프로그램이 도입 되면서 훈련을 받은 직원들이 현장에 배치되고 있기도 하구요. 문제는 서비스가 좋아졌는데도 불구하고 고객의 불만 역시 많아졌다는 것입니다. 일명 서비스 패러독스^{Service Paradox}라고 부르는 아 이러니한 현상이 발생하고 있는데요. 고객의 기대가 진화하는 만큼 제공하는 서비스 역시 속도에 맞추어 진화해야 하며, 그 과정 속에서 CS강사가 해야 할 역할들도 많아지고 있습니다.

☑ 서비스 정의

서비스는 오늘날 '타인을 위해 자신의 정성과 노력을 기울인다'는 의미로 사용하고 있습니다. 그런데 이러한 서비스 용어를 우리말로 바꿔서 표현하고자 할 때 한 가지의 단어로 대체하기는 쉽지가 않습니다. 우리는 현재 다양한 의미로서 서비스 용어를 사용하고 있는데요. 예를 들어보겠습니다. "제가 이 회사의 제품을 꼭 구매하고 싶었던 이유는 고장 났을 때 **서비스** 받기가 좋아서예요. 그런데 혹시 이 제품을 구매하게 되면 따로 제공되는 **서비스**는 없나요? 직원분께서 **서비스** 정신이 너무나 투철하시네요. **서비스**에 감동을 받았습니다." 이렇게 A/S, 무료, 봉사, 친절 등의 다양한 표현을 서비스라는 용어 하나로 표현할 수 있습니다. 좀 더 큰 맥락에서 이해하자면 고객 만족을 위한 모든 활동이 서비스인 것이죠.

앞서 강의 1일차 시작에 Customer Service와 Customer Satisfaction의 약어로 CS를 사용한다고 이야기 하였는데, 엄밀히 말하면 CS는 고객 서비스^{Customer Service}에서 고객 만족^{Customer Satisfaction} 그리고 고객 감동^{Customer surprise}으로 진화하고 있는 것입니다.

☑ 서비스 종사자의 역량

고객 감동을 위해 서비스 종사자가 갖추어야 할 역량은 무엇이 있을까요? 서비스 마인드, 단정한 용모복장, 밝은 표정, 상냥한 어투 등등 중요한 역량들을 나열해보고자 한다면 수십 가지도 나열할 수 있을 것입니다. 그렇다면 나열한 수십 가지의 역량을 모두 갖춘 사람만이 서비스 종사자가 될 수 있는 걸까요?

제 강의를 들었던 교육생 중에 기억에 많이 남는 두 사람이 있는데, 그 분들의 이야기를 잠시 들려드릴까 합니다. A 씨는 10년을 서비스업에 종사하고 계신 분이었습니다. CS교육 프로그램에 자발적으로 참석하고자 왔던 분이었는데 자신에게 가장 어려운 것이 고객과의 대면이라고 하더군요. 고객을 어떻게 응대해야 할지를 모르다보니 점점 고객을 응대하는 포지션에서 멀어진 업무를 맡게 된다고 하면서, 본인이 이 일을 그만둘 것이 아니라면 본인 스스로가 바뀌어야 할 필요가 있을 것 같다며 CS교육에 참여하고 싶다고 했습니다. 교육 참여 의지가 높았던 만큼 성실히 교육에 임해주셨고 A 씨는 서서히 변화하기 시작했습니다. 배웠던 것을 하나씩 현장에서 실천해 나가기 시작하면서 자신감이 상승했고, 어두웠던 표정이 밝아지게 되었죠. 교육을 수료하는 날 너무나 변화한 그 분에게 특별히 '발전상'을 만들어드리기도 했습니다. CS강사로서 보람된 순간이었죠.

그리고 이후 대학 졸업을 앞두고 있던 B 씨가 자신의 어머니와 함께 저를 찾아왔습니다. 취업을 위해 CS교육에 참여하고자 했던 것이지요. B 씨 자신의 선택이었다기보다는 어머니의 적극적인 권유에 의한 참여였고, 그렇게 B 씨의 교육이 시작되었습니다. CS교육의 내용 특성상 고객을 대면한 상황에서의 응대가 주요한 내용이었고 B 씨가 느끼기에는 이러한 대면 업무가 자신과 맞지 않다고 생각했던 것 같습니다. 교육은 하루도 빠지지 않고 참여했으나 서비스 종사자로서의 취업을 선택하지는 않았지요. 자신은 여러 사람을 대면하는 서비스업보다 사람을 대면하지 않는 사무 업무 쪽으로 가겠다고 하더군요.

앞서 두 사람의 사례를 통해 알 수 있는 것은 본인의 적극적인 의지가 있다면 고객 응대 스킬이 조금 부족하더라도 성장이 가능하다는 것을 알 수 있습니다. 그러나 본인의 의지가 없다면 서비스 종사자로서의 근무와 발전은 없겠지요.

서비스 종사자로서 현재 갖추고 있는 역량도 중요하겠지만 성장 의지와 가능성이 있는 사람들의 잠재력을 끌어주는 것이 CS강사의 역할이라고 볼 수 있겠습니다.

✅ 서비스의 특성

서비스는 보통 거래 전-거래-거래 후 서비스인 3단계로 나누어집니다. 그렇다면 3단계 중에서 가장 중요한 단계는 어떤 단계일까요? 서비스 현장의 종사자들은 보통 거래 서비스 단계에서 고객과 대면을 많이 하게 됩니다. 그렇다면 두 번째 단계가 가장 중요한 것일까요? 고객과의 만남이 이루어지기 전 준비 단계인 거래 전 서비스와 거래가 이루어진 이후의 고객 관리 단계인 거래 후 서비스 역시 하나라도 소홀히 할 수 있는 부분은 없습니다.

다만 서비스 업종에 따라 중요도는 달라질 수 있을 겁니다. 예를 들어 음식점의 경우 청결하지 않은 식당 내부와 맛없는 음식을 먹은 고객이라면 이후 재방문을 위한 이벤트 안내 등의 사후 관리를 열심히 하더라도 다시 찾지 않을 것입니다. 음식점의 경우엔 거래 후 서비스보다 거래 전과 거래 서비스 단계가 더 중요하게 작용하는 것이죠. 자신이 근무하고 있는 업종의 환경을 파악하는 것에서 출발하며, 서비스의 특징을 제대로 이해하고 있는 것이 중요할 것입니다.

제품과 비교되는 서비스의 특징으로 무형성과 이질성, 비분리성, 소멸성이 있습니다. 각 특징에 대해서 하나하나 알아볼까요?

첫 번째 서비스는 무형성의 특징을 가지고 있습니다. 서비스는 무형의 가치로 유형의 제품처럼 눈으로 보거나 맛을 보거나 소리를 듣는다거나 냄새를 맡을 수도 없습니다. 실체를 파악할 수 없기 때문에 판단하거나 평가하기가 더욱 어려운 것이지요. 그렇다보니 직접적인 서비스보다 장소, 설비, 가격, 직원의 행동과 태도 등 관련된 물리적 환경에 영향을 많이 받게 됩니다.

두 번째 서비스는 이질성의 특징을 가지고 있습니다. 서비스는 사람이 하는 것이다 보니 누가, 언제, 어디서 제공하는지에 따라서 제공되는 서비스의 질이나 내용이 달라질 수 있습니다. 그만큼 표준화와 규격화를 하기가 쉽지 않은데요. 이질성의 특징을 이해하고 직원들 간의 서비스가 달라지지 않도록 훈련 및 서비스 표준화를 위한 청사진을 제시할 필요가 있습니다.

세 번째 서비스는 비분리성의 특징을 가지고 있습니다. 제품은 먼저 생산하고 난 뒤에 소비가 이루어지지만 서비스는 생산과 함께 소비가 동시에 일어나게 됩니다. 그렇다보니 고객이 생산과정에 참여하게 되는 경우가 빈번하게 발생되는데요. 예를 들어 미용실에서 헤어디자이너와 고객이 원하는 스타일에 대해 의견을 나누고 결정하는 것입니다. 그렇다보니 응대하는 직원의 역량이 중요하게 작용됩니다. 비분리성의 특징을 이해하고 고객의 불만이 발생하지 않도록 하려면 고객과 접촉하는 직원을 신중하게 선발하고 교육할 필요가 있는 것입니다.

마지막으로 서비스는 소멸성의 특징을 가지고 있습니다. 서비스는 즉시 사용되지 않으면 사라지게 됩니다. 따로 저장해두거나 재판매할 수가 없게 되는 것이지요. 오늘 판매되지 않은 비행기 좌석을 재고로 남겨두어 내일 판매할 수는 없기 때문입니다. 그리하여 기업에서는 수요와 공급에 맞추고 사전에 대비하려고 예약 제도를 시행하거나 취소 시 위약 수수료를 부과하는 등의 규정을 만들어놓고 있기도 합니다.

이러한 서비스 단계와 특징을 잘 이해하고 극복하는 노력을 행한다면 고객만족을 이끌어 낼 수 있을 것입니다.

☑ CS교육의 필요성

구맹주산이라는 말이 있습니다. 개가 사나우면 술이 시어진다는 말인데요. 한비자의 외저설우에 나오는 이야기입니다. 옛날 송나라 사람 중에 술을 파는 한 사람이 있었는데, 술을 만드는 재주가 탁월하였으며, 사람들에게 친절하고 정직하게 판매했다고 합니다. 그런데 이상하게도 다른 집보다 술이 잘 팔리지가 않는 것입니다. 고민을 하다 마을 어른 양천에게 이유를 물어보았는데, 양천은 키우는 개가 사나운지를 먼저 물어보았습니다. 문 앞에 서있는 사나운 개를 두려워한 사람들이 방문을 하지 않게 되면서 시간이 지난 술의 맛은 점점 시큼해지는 것이었지요. 한비자는 어진 신하가 나라에 기용되지 못한 것을 이와 같은 이야기에 비유하여 이야기 하였습니다.

서비스는 앞서 이야기 나눈 서비스 특성처럼 단순하지가 않습니다. 여러 가지의 특징을 파악하고 응대하는 것이 매우 중요하지요. 그런데 만약 서비스에 대한 이해도 없으면서 훈련 또한 받지 않은 직원을 고객 응대 최전방에 세워둔다면 이는 구맹주산과 다를 바가 없는 것입니다.

회사의 매출이 좋을 때는 직원들의 서비스가 좋지 않더라도 단순하게 생각하며 지나치는 경우가 있습니다. 그러다가 매출이 떨어지게 되면 직원의 서비스가 달리 보이기 시작하지요. 직원들의 불친절한 말 한마디와 태도 때문에 혹시나 고객이 줄어드는 것이 아닌가 하고 말입니다. 그리하여 급하게 CS 교육을 받으려고 하거나 프로그램을 도입하려고 하는 곳들이 있는데요. 이는 소 잃고 외양간 고치는 격입니다. 교육은 단발성이 아닌 지속적으로 진행되는 것이 더욱 효과적입니다.

! 서비스 강의 HOW TO

CS강사님들이 많이 하는 이야기 중 강의는 하고 싶은데 강의할 곳이 없다고 이야기합니다. 반대로 기업에서는 강의를 듣고 싶은데 강사가 없다고 이야기하기도 하지요. CS강의가 필요한 곳이 눈에 들어오시나요? 그들에게 필요한 교육 프로그램을 구성하여 먼저 제안해보세요.

 실전과제

Question 1. 서비스 종사자가 갖추어야 할 역량에는 어떤 것들이 있을까요?

Question 2. 서비스강사로서 당신이 생각하는 서비스의 정의는 무엇인가요?

서비스의 정의를 한마디로 표현한다면 _____이다.

그 이유는 _____

_____ 때문이다.

cs × master

DAY 04

고객 만족 사례

"고객 만족의 다양한 사례는 서비스인이 앞으로 나아갈 나침반이 된다."

Education Guide Map

고객 만족 사례
- 고객 만족 경험 관리
- 기업의 고객 만족 사례 – 도쿄 디즈니랜드의 서비스
　　　　　　　　　　　 – MK 택시의 서비스
　　　　　　　　　　　 – 리츠칼튼 호텔의 서비스
　　　　　　　　　　　 – 노드스트롬 백화점의 서비스
　　　　　　　　　　　 – 사우스웨스트 항공의 서비스

안녕하세요. CS강사 3일차 교육이 시작되었습니다. 오늘은 여러분과 다양한 고객 만족 사례를 주제로 이야기 나누어보려 합니다.

✔ 고객 만족 경험 관리

강의를 할 때 교육생들과 서비스 경험에 대해 공유하는 시간을 많이 가집니다. 직접 또는 간접적으로 체험한 경험들을 공유하며 이를 통해 우리에게 주는 메시지가 무엇인지를 함께 정리하는데요. 한 방향으로만 진행되는 교육에서 느낄 수 없는 울림이 있습니다. 자, 그럼 여기에서 질문을 드려볼까요? 여러분은 고객 만족을 넘어선 고객 감동의 경험이 있습니까? 내가 받았던 감동 서비스, 혹은 내가 베풀었던 감동 서비스가 있나요?

여러분이 생각할 시간을 가지는 동안 고객 감동 서비스의 대표적인 사례라고 할 만한 이야기들을 몇 가지 나누어 보겠습니다.

✅ 기업의 고객 만족 사례

도쿄 디즈니랜드의 서비스

'일기일회(一期一会)'라는 말을 들어보신 적이 있나요? 일본 다도에서 유래된 말로 '일생에 단 한 번 밖에 없는 기회로 차를 대접할 때 후회 없도록 최선을 다하라'는 의미를 가지고 있습니다. 이 이야기를 고객 서비스에 옮겨오면 내가 만나게 되는 모든 고객을 일생에 단 한 번 밖에 만날 수 없는 사람으로 여겨 후회가 없도록 최선을 다해 응대하라는 의미로 사용되죠.

디즈니랜드는 월트 디즈니가 유럽 여행을 하던 중 덴마크 코펜하겐에 있는 티볼리 공원에 들렀다가 온가족이 즐길 수 있는 공원의 모습을 보고 영감을 받았다고 합니다. 사람들이 일과 일상에서 잠시 벗어나 즐기는 꿈의 공간을 만들고 싶었다고 하죠.

도쿄 디즈니랜드는 미국 이외의 지역에 건설된 첫 디즈니랜드로 1983년도에 개장하였는데, 대부분의 직원이 아르바이트 인력으로 구성되어 있습니다. 고객 만족을 아르바이트 인력만으로 이끌어내기 어렵다는 것은 누구나 예상하실 수 있을 것입니다. 그런데도 불구하고 도쿄 디즈니랜드 서비스가 고객 감동으로 다가오는 것은 무엇 때문일까요? 사례를 통해 살펴보겠습니다.

어느 날 젊은 부부가 도쿄 디즈니랜드 안에 있는 한 식당을 방문했습니다. 이 부부는 식사를 주문하면서 어린이 메뉴도 함께 주문을 했는데요. 아이 동반 없이 방문했음에도 어린이 런치를 주문하는 고객들에게 무언가 사연이 있을 거라 생각한 직원은 고객에게 주문한 이유를 조심스럽게 물어보았습니다. 젊은 부부에게는 딸이 있었는데, 병으로 짧은 생을 마감하였다며, 원래 도쿄 디즈니랜드에서 딸의 두 살 생일파티를 해주기로 약속했다는 것이었습니다. 딸과 했던 약속을 지키기 위해 딸의 생일날 도쿄 디즈니랜드를 방문하게 되었다는 것입니다. 직원은 이야기를 듣고 난 뒤 부부를 2인 테이블에서 4인테이블로 옮기도록 안내하였습니다. 그리고는 아기용 의자를 가져다주면서 "맛있게 드십시오."하고 인사를 건넸다고 하죠. 부부는 잊지 못할 생일 파티가 되었다며 직원에게 감사의 인사를 전했습니다.

비가 오는 어느 날 한 여성 고객이 출장차 도쿄 디즈니랜드 인근 지역에 가게 되었습니다. 업무를 마치고 시간에 여유가 생겨 도쿄 디즈니랜드를 잠시 방문하기로 했는데요. 회전목마를 타려는 사람들이 항상 길게 늘어서 있어 타는 것을 포기했었는데 오늘은 타볼 수 있지 않을까 하는 기대감을 가지고 찾아갔습니다. 여성 고객이 탈 차례가 되었는데, 문제는 출장으로 나섰던 길이라 편한 복장이 아닌 정장 스커트 차림이었던 것입니다. 높은 회전목마에 어떻게 올라탈까 망설이다 이내 포기하고 돌아서려는데 직원이 다가와 자신의 무릎을 밟고 오를 수 있도록 내어주는 것입니다. 직원의 깨끗한 옷을 버릴까 주저하던 고객은 좋은 경험을 하고 돌아갈 수 있도록 배려해주는 직원의 호의 덕분에 회전목마에 오르게 됩니다.[1] 10년 만에 타고 싶었던 소원을 풀게 된 고객의 감사편지로 이 사례가 알려지게 되었죠.

도쿄 디즈니랜드의 재방문율이 90%가 넘는 이유는 일상을 탈출해 꿈의 공간을 즐기게 하고자 했던 디즈니의 철학과 일기일회의 정신을 마음속에 새겨 실천한 직원들의 노력이 있기에 가능했습니다.

MK택시의 서비스

MK택시는 재일교포인 유봉식 회장과 유태식 부회장 형제가 1960년 차량 10대를 가지고 일본 교토에 설립한 택시 회사입니다. 1995년 TIME지에 선정된 세계 1위 서비스 회사이며, 2004년 한국 정부로부터 무궁화 훈장을 수여받기도 한 이 회사의 서비스 비결은 무엇일지 알아볼까요?

MK택시를 설립하였을 당시 고객들에게 택시는 불친절하다는 인식이 강했습니다. MK에서는 회사 설립 초기부터 고객의 인식을 바꾸기 위해 친절 서비스를 제공하고자 노력하였으며, 대표적으로 4가지 인사 운동을 중요한 경영 방침으로 정하여 시행하였습니다. '감사합니다.', 'MK의 000입니다, 어디까

---

[1] 코마츠다 마사루(2015), 친절을 디자인하다.

지 가십니까?', '00까지 MK 00가 모시겠습니다.', '감사합니다. 잊으신 물건은 없으십니까?'와 같은 4가지 인사를 하지 않으면 요금을 받지 않는 정책을 펼쳤는데요. 이러한 인사에 익숙하지 않던 운전기사들의 거부 반응도 만만치 않았다고 합니다. 꾸준한 시행 결과 4가지 인사 운동은 MK의 상징처럼 정착되었고, 다양한 요금 체계, GPS 콜 시스템, 운전자 복지제도 개선 등을 통해 직원과 고객 모두를 만족시키며 성장해갔습니다. MK택시에서 일하고 싶어하는 지원자가 많아졌고, 엄청난 경쟁률을 뚫고 입사를 한 직원들은 4가지 인사 운동 외에도 CS 교육, 외국어 교육, 응급 구조 자격증 취득 등의 교육을 받고 현장에 투입된다고 합니다.

직원을 위한 복지 서비스와 서비스 교육으로 체계를 갖춘 MK택시는 서비스 미담이 많이 알려져 있기로 유명한데요. 대표적인 사례로 비가 내리는 저녁, 행색이 초라한 할머니가 택시를 잡으려고 기다리고 있었습니다. 할머니의 행색을 보고 많은 택시들이 그냥 지나쳐갔는데요. 시간이 흘러 한 택시가 할머니 앞에 멈추어 섰습니다. 비에 젖은 몸에 시트를 버릴까 노심초사 했던 할머니와 달리 기사는 추위에 떨고 있었을 할머니를 생각해 몸을 녹일 수 있도록 히터를 틀어드렸습니다. 그리고 목적지에 도착해 먼저 내려서 준비해두었던 우산을 펼쳐 할머니께 드리며 쓰고 가시길 권유했습니다. 다음에 지나가다 보이는 MK택시에 돌려주면 된다고요. 그런데 이러한 미담은 여기에서 끝나지 않습니다. "조심히 가세요."라는 인사를 마친 운전기사는 바로 출발하지 않고 차의 방향을 돌려 할머니가 걸어 들어가는 좁고 어두운 골목을 전조등으로 환하게 비추어 주었다고 하죠.[1]

MK택시의 성공 사례가 우리나라에 알려지면서 MK택시를 벤치마킹하고자 하는 기업들이 늘어나기 시작했습니다. 벤치마킹의 성공 케이스로 안동병원이 대표적인데요. 안동병원은 MK택시의 4가지 인사 운동을 벤치마킹하여 '고맙습니다.' 인사 운동을 실천하였습니다. 이를 통해 적자에 시달리던 안동병원은 흑자병원으로 전환되었고, 친절한 서비스로 지방 병원으로서의 한계를 뛰어넘은 우수병원이 되었습니다.

---

1 나카무라 겐이치(2004). 안녕하세요. MK택시 유봉식입니다.

리츠칼튼 호텔의 서비스

경영평론가 톰 피터스가 지식근로자의 전형으로 소개한 버지니아 아주엘라, 그녀는 아메리칸 드림을 꿈꾸며 1974년 27살의 나이에 필리핀에서 미국으로 건너왔습니다. 낯선 땅에서 그녀가 선택할 수 있는 직업은 많지 않았습니다. 주어진 상황과 역할에 최선을 다하고자 마음을 먹으며 그녀가 시작한 일은 호텔 청소부였습니다. 그 이후 1991년 4월 리츠칼튼 샌프란시스코 호텔이 문을 열면서 자리를 옮겼고 10년이 넘게 일을 하면서 쌓인 노하우들을 실천하였습니다. 그녀는 고객을 20가지 유형으로 나누고 청소하는 방법을 달리하였다고 하는데요. 왼손잡이 고객을 위해 비품의 위치를 반대로 바꾸어놓거나, 특정 신문을 즐겨보는 고객에겐 해당 신문을 찾아 배치하는 등 고객의 편의와 취향을 배려한 청소를 하였던 것이지요. 그녀는 청소도구를 담은 손수레에 작은 수첩을 걸고 다녔는데 자주 방문하는 고객의 이름 및 이용하는 버릇을 메모하여 기억하고 이를 청소에 반영하였으며, 침대보를 거꾸로 접어 두고 침대 사이즈에 따른 침대보 까는 순서를 익히면 작업 속도가 더 빨라진다는 사실을 다른 객실 청소부들과 나누었습니다. 1992년 리츠칼튼 샌프란시스코 호텔은 상품이나 서비스 품질관리가 뛰어난 기업에게 주는 '말콤 볼드리지 품질 대상'을 호텔로서는 가장 처음으로 받게 되었으며, 버지니아 아주엘라의 공로를 높이 여겨 직원에게 주는 명예로운 상인 '하이 파이브 스타 _{Hi Five Star}상'을 수여하였습니다. 호텔을 이용했던 고객들은 버지니아를 '54층 CEO'라며 칭송했다 하죠.

리츠칼튼 호텔은 모든 고객에게 동일한 서비스를 제공하는 것이 아닌 개별적인 서비스를 시행하는 것으로 유명합니다. 고객인지 프로그램이라고 불리는 고객 정보관리 시스템을 구축하여 직원들은 근무 중에 고객에 대한 새로운 정보를 얻게 되면 그 즉시 고객 정보 데이터로 기록하여 공유하며 이는 전 체인 호텔에 공유되어 활용됩니다.

어느 날 한 고객이 미국 출장길에 리츠칼튼 샌프란시스코 호텔에 묵게 되었습니다. 서양식의 푹신한 베개가 불편했던 그는 프런트에 전화를 걸어 조금 더 딱딱한 베개를 가져다 달라고 요청하였습니다. 그는 다음 날 장소를 이동하여 리츠칼튼 뉴욕 호텔에 묵게 되었는데 방에 들어가 휴식을 취하려고 침

대에 눕던 찰라 깜짝 놀랐다고 하죠. 전날 밤과 동일한 딱딱한 베개가 놓여 있었던 것입니다.[1]

리츠칼튼 호텔은 고객 개별 맞춤 전략으로 차별화된 서비스를 제공하여 고객 만족을 극대화 시킨 대표적인 사례라고 할 수 있겠습니다.

노드스트롬 백화점의 서비스

노드스트롬은 1901년 존 노드스트롬과 칼 월린이 시애틀에 월린앤노드스트롬이라는 신발 가게를 함께 연 것이 시작이었습니다. 현재는 신발, 의류, 액세서리, 가방 위주의 제품을 판매하는 고급 백화점으로 성장하여 캐나다와 미국 39개 주에 총 329개의 오프라인 매장과 온라인 매장을 운영하고 있습니다.

"고객이 말하면, 우리는 뜁니다." 노드스트롬 주의라고도 불리는 이 말에 걸맞은 일화 두 가지를 소개해드릴까 하는데요.

첫 번째는 노드스트롬 백화점의 세일이 막 끝난 무렵 한 손님이 주름 잡은 도나 캐런 바지인 부르고뉴 한 벌을 구매하고 싶다며 노드스트롬 매장을 찾았습니다. 문제는 손님에게 맞는 사이즈가 이미 매장에 품절된 상태라 당장 판매를 할 수가 없는 상황이었습니다. 매장 직원은 다른 지역의 노드스트롬 매장에 연락하여 알아보았지만 역시나 구할 수가 없었죠. 그러다 길 건너 경쟁 백화점에 해당 사이즈의 바지가 있다는 것을 확인하였습니다. 판매 직원은 경쟁 백화점에 찾아가 정가를 지불하고 바지를 구입한 뒤 자기 매장으로 돌아와 세일된 가격으로 고객에게 판매를 하였습니다. 또 하나의 유명한 일화로 한 고객이 노드스트롬에 타이어를 환불하러 찾아왔습니다. 고객이 구매한 영수증을 잃어버려 구입 날짜나 금액 등 구매 정보를 확인할 수가 없었으나 노드스트롬 측은 타이어 금액을 확인하고 깔끔하게 환불 처리 해주었습니다. 노드스트롬에서는 타이어를 판매하고 있지 않은데 말이죠. 본 이야기를 조금 더 자세히 들여다보면 1975년 노드스트롬은 타이어를 팔던 노던 커머셜 컴퍼니로부터 알래스카의 세 상점을 인수하였습니다. 그리고 노던 커머셜 컴퍼

---

[1] 조셉 미첼리(2009), 리츠칼튼 꿈의 서비스

니에서 타이어를 구매했던 고객이 노드스트롬에 찾아오면서 일어나게 된 일이었는데, 노드스트롬 측은 이 환불에 대해 적극적으로 대응했던 것이지요.[1] 이 일화는 "타이어를 판매하지 않는 노드스트롬이 환불을 해주었다."며 미국 언론에 대대적으로 소개되어 노드스트롬의 서비스 신화와 같은 일화가 되었습니다. 두 가지 일화는 단기적으로 바라보았을 때 금전적으로 손해를 보았다고 볼 수 있지만, 노드스트롬의 창립 초기에 행해졌던 이러한 서비스들은 바로 노드스트롬의 미래를 위한 투자였던 것입니다. 고객은 고마운 마음을 잊지 않고 다음에 제품을 구입할 일이 생기면 노드스트롬을 찾을 것이기 때문입니다.

사우스웨스트 항공의 서비스

사우스웨스트 항공은 1971년 설립, 미국 텍사스 주 댈러스에 본사를 두고 보잉 737만을 운용하는 대표적인 저가 항공사입니다. 여객 운송 기준으로 볼 때 세계 3위 기록을 자랑하기도 하죠. 미국 지방 공항들을 직항노선으로 운항하며, 티켓 발급과 승객의 탑승 시간을 최소화하고 수하물 서비스나 기내식을 없애 운항 요금을 낮추었습니다. 고객에게 제공하는 서비스를 최소화 및 간소화하여 저가 요금을 제공함으로써 고객 만족도를 높인 항공사인데요.

이러한 사우스웨스트 항공이 고객 서비스 방면에서도 우수 사례로 소개되는 이유는 바로 '펀 서비스'에 있습니다. 사우스웨스트의 대표 경영자 허브 켈러 회장은 고객들을 웃게 하려면 직원들부터 웃게 만들어야한다고 생각했습니다. '펀 경영'을 실현한 미국에서 가장 웃기는 경영자라고하죠. "유머는 조직의 화합을 위한 촉매제"라는 경영이념을 가지고 "유머도 함께 팔겠다."는 경영방침을 세워 실천하고 있는데요. 허브 켈러 회장은 앨비스 프레슬리 복장으로 오찬 자리에 나타나기도 하고, 토끼 분장을 하고 출근길 직원들을 깜짝 놀라게 하기도 합니다. '펀 경영'에 따라 '펀 서비스'를 제공하는 사우스웨스트 항공사 전화의 안내 연결 멘트는 "직원과 30초 이상 연결되지 못한 고객님은 8번을 눌러주십시오. 그렇다고 빨리 연결되는 것은 아닙니다."라는 반전을 이용한 유머로 기다리는 고객을 웃고 넘길 수 있게 만들어주고, 승무원

---

1 로버트 스펙터(1997), 노드스트롬의 서비스 신화

들은 기내 안전 수칙을 랩으로 부르며, "이 비행기 안에서는 흡연이 절대로 허용되지 않습니다. 만약 흡연하시다가 들키면 우리 사우스웨스트에서는 승객을 비행기 날개 위에 앉아가시게 합니다. 그런 후 저희가 자신 있게 추천하는 영화 '바람과 함께 사라지다'를 관람하시겠습니다."라고 방송을 하기도 합니다.[1]

크리스마스에 캐롤을 불러주는 기장, 기내 짐 올려놓는 천장에 숨어 있다가 손님들이 비행기에 타자 천장 문을 열고 내려오는 승무원 등 사우스웨스트를 상징하는 여러 '펀 서비스'가 있습니다.

미국의 고객 정서와 한국의 고객 정서가 다를 수 있어 사우스웨스트 항공의 이런 파격적인 서비스들이 한국 기업에 그대로 적용될 수 있을지 모르겠습니다. 그렇지만 고객을 웃게 하려면 직원을 먼저 웃게 만들어야한다는 허브 켈러 회장의 생각은 좋은 서비스를 제공하는 원동력이 될 것임에는 분명합니다.

 실전과제

Question 1. 내가 고객에게 제공하였거나 직원에게 제공 받았던 최고의 서비스 경험은 무엇인가요?

Question 2. 앞서 이야기 나눈 사례 외에 유명한 기업의 고객 만족 사례를 찾아볼까요?

---

[1] 케빈 프라이버그&재키 프라이버그(2008), 너츠 사우스웨스트 효과를 기억하라.

cs ✴ master

DAY
05

서비스 마인드

"좋은 서비스를 제공하려면 내 안에 숨어있거나 혹은 잠들어있
는 서비스 마인드를 일으켜 세우는 것이 먼저이다."

**Education
Guide Map**

서비스 마인드
• 핵심 역량
• 핵심 마인드 – 주인의식
　　　　　　 – 역지사지
　　　　　　 – 배려
　　　　　　 – 서비스 철학
　　　　　　 – 행복 서비스 실천

안녕하세요. 오늘은 고객 서비스의 이해와 고객 만족 사례에 이은 서비스 마
인드 시간으로 진행됩니다. 서비스에 대한 이해를 높이고 사례 연구를 통해
나아갈 방향을 모색하는 것도 대단히 중요하지만 각 기업 현장에서 CS강사
에게 기대하는 교육 방향은 바로 직원들의 서비스 마인드 고취입니다. 부족
하거나 잠들어 있던 직원들의 서비스 마인드를 상기시키고 아래에서 위로 끌
어올려 고객에게 더욱 좋은 서비스를 제공하기를 희망합니다. 누군가의 마음
을 움직이게 하고 행동을 변화시켜야 한다는 점에서 다른 강의 주제보다 어
렵게 느껴지기도 합니다. 그래서 CS강사 교육생들에게 자신 있는 강의 주제
가 무엇이냐고 물어보면 서비스 마인드는 항상 선택에서 밀려나 하위권을 차
지하고 있습니다. 우리가 앞서 강의 기법에 대해 이야기 나누었을 때 사람들

의 공감을 일으킬 수 있는 예시나 사례가 중요하다고 이야기한 적이 있습니다. 강사가 교육생들에게 전해주고자 하는 메시지와 함께 마음을 움직일 수 있는 스토리가 가미된다면 서비스 마인드 강의 주제 역시 어렵게 느껴지지는 않을 겁니다. 자, 그럼 마인드를 끌어올리는 시간을 가져볼까요?

☑️ 핵심 역량

서비스인의 핵심 역량을 크게 지식, 스킬, 태도로 나누어볼 수 있습니다. 우리가 고객에게 제공하고 있는 제품에 대한 지식, 그것을 효과적으로 전달할 수 있는 스킬, 고객을 응대하는 우리의 마음가짐 태도로 말이죠. 그런데 지식과 스킬은 충만한데 태도가 부족하다면 어떨까요? 지식과 태도는 충만한데 고객에게 풀어낼 스킬이 부족하다면요? 역시나 스킬과 태도는 충만한데 고객에게 설명할 지식이 부족하면요? 완벽한 서비스를 제공하려면 지식, 스킬, 태도의 3박자가 모두 최상으로 어우러져야 할 것입니다.

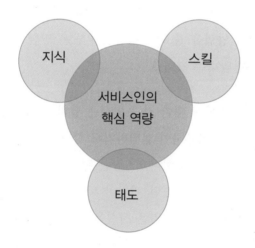

설레는 마음으로 입사한 신입 직원의 태도는 최상일 것입니다. 최상의 태도를 서비스 마인드로 연결시켜주는 안내자로서, 지식과 스킬이 갖추어진 경력 직원들의 마인드를 상기시키도록 돕는 제공자로서 CS강사인 나의 역할을 설정하고, 강의 도입부에서 이러한 이야기들을 풀어낸다면 교육의 절반은 성공입니다.

✅ 핵심 마인드

주인의식

오너는 직원들이 주인과 같은 마음을 가지고 일하기를 기대합니다. 하지만 이것은 생각처럼 쉽지가 않은데요. 여러분 현재 우리가 일하고 있는 곳의 실제 주인은 누구인가요? 제가 이렇게 질문을 하면 고객 만족이 깊이 각인되신 분들은 '고객'이라고 외치기도 합니다. 그런데 실제 주인이라고 물었으니 주인은 내가 일하고 있는 곳의 대표, 사장님이겠지요. 그렇습니다. 우리는 실제 주인은 아닙니다. 고용되어 월급을 받는 직원이지요. 주인이 아니기에 완벽한 주인의 마음이 될 수는 없으나, 주인이라는 의식을 가지고 일한다면 최선을 다하지 않을까 생각하는 거죠.

주인의식과 관련해 삼성경제연구소에서 실시한 설문조사 결과 기존세대보다 신세대일수록 주인의식이 낮아져 48% 정도만이 주인의식을 느낀다고 응답하였습니다. 과거와 달리 '우리'보다는 '나'에 대한 개념이 더 강화되고, 개인생활과 회사 생활의 양립을 중요시 여기면서 받은 만큼 일한다는 생각을 가지고 있는 사람들이 많다는 것이죠.

그래서 현재의 주인 의식에 대한 접근 방식은 달라질 필요가 있는데요. 저는 주인의식을 줄다리기에 비유하여 설명하기도 합니다. 초등학생 시절 편을 나누어 줄다리기를 해보신 적이 있나요? 같은 편 친구들이 상대편을 이기기 위해 힘을 모아 열심히 줄을 당겼던 기억이 나는데요. 뉴욕대 링겔만 교수가 줄다리기 실험을 통해 밝혀낸 놀라운 사실은 한명씩 줄다리기를 할 경우에는 사람들이 자신이 가지고 있는 힘의 100%를 쏟지만, 사람이 추가로 한명씩 늘어날수록 결과는 달라졌다고 합니다. 두 명이면 93%, 세 명이면 85%, 여덟 명이 되면 절반으로 떨어져 49%의 힘만 쏟는다는 것이죠. 이렇게 집단에 참여하는 인원이 늘어날수록 1인당 공헌도가 줄어드는 현상을 가지고 링겔만 효과라고 합니다. 실제 일을 하다 보면 '나 아니면 누가 해주겠지.', '오늘은 컨디션이 좋지 않아서.' 등의 생각들이 나의 최선을 가로막는 장애물이 되기도 합니다.

고객을 응대하느라 화장실 갈 시간을 놓쳐 방광염에 걸릴 정도로 최선을 다했던 A직원이 있었습니다. 고객이 계속 늘어나면서 혼자 응대할 수 있는 한계를 넘어서게 되었고, 회사에서는 함께 일할 B직원을 새로 채용하였습니다. 인원이 늘어났기에 회사에서는 더 많은 성과가 나기를 기대하였으나 A직원은 B직원이 입사하면서 자신이 하던 일의 절반을 나누어주는 것에서 그쳐버렸습니다. 혼자 있을 때 자신의 역량을 100% 발휘했다면 오히려 둘이 되면서 역량 발휘를 제대로 하지 않은 것이지요. 프로 축구나 야구, 농구 등의 팀 플레이로 이루어지는 곳에서는 팀의 우승 결과와 별도로 선수들을 개별 평가합니다. 개개인의 성과가 팀의 성과로 연결될 수 있도록 관리하는 것이지요. 나의 최선을 다하는 것, 그것이 나의 역량과 몸값을 올리면서 동시에 회사의 성과도 올릴 수 있는 현재를 살고 있는 우리에게 더욱 와 닿을 주인의식에 대한 접근법일 것입니다.

역지사지

'역지사지(易地思之)'란 '처지를 서로 바꾸어 생각함'이란 뜻으로 상대방의 처지에서 생각해보자는 한자성어입니다. 사람을 응대하는 서비스 현장에서 고객의 입장에서 생각하자는 역지사지는 CS교육에서 중요하게 다루는 메시지이기도 하죠.

역지사지를 재미있는 사례를 들어서 설명할 때가 있는데요. 먼저 이 이야기부터 풀어보려 합니다. 여러분 혹시 '아름다운 사람은 머문 자리도 아름답습니다.'라는 문구를 보신 적이 있나요? 보셨다면 어디에서 보셨나요? 네, 많은 분들이 기억하시는 것처럼 공중 화장실 문에 많이 붙여져 있는 문구죠. 그럼 이 문구가 왜 붙여지기 시작했는지도 아시나요? 많은 사람들이 이용하는 공중 화장실은 우리 집 화장실보다 더 빨리 더러워지는 경향이 있습니다. 많은 사람이 다녀가는 이유도 있겠지만, 실제 우리 집 화장실이 아니기에 조금은 덜 깨끗이 사용하기도 했던 것이지요. '아름다운 사람은 머문 자리도 아름답습니다.'라는 문구를 사용하기 이전과 이후는 많이 달라졌다고 해요. 본인 스스로 아름답다고 여긴 사람들이 화장실을 깨끗이 사용하고 나오기 시작해 문구를 붙이기 이전보다 훨씬 효과가 있었던 것이죠. 그런데 A 공중화장실에서는 이 문구가 약하다고 생각했나 봐요. 조금 더 강한 문구를 사용했는데요. '남자가 흘리지 말아야 할 것은 눈물만이 아닙니다. 한 발짝 더 다가오세요.'라는 문구를 남자 화장실 소변기 앞에 붙여놓은 것입니다. 깜짝 놀란 남성분들이 한 발짝 다가가기도 했지만, 직설적인 문구에 기분이 상한 이용객들도 있었죠. B 공중화장실은 문구 대신에 반짝이는 아이디어를 활용했습니다. 남자 소변기 내부에 파리 그림을 그려놓은 것인데요. 이는 남성분들의 심리를 이용한 것으로 파리를 하나의 과녁처럼 생각한 결과 소변기 밖으로 튀는 양이 80%나 줄었다고 합니다. 실제 네덜란드 암스테르담 스키폴공항에 가면 파리 그림이 그려진 소변기를 만날 수 있다고 합니다. 우리나라에는 게임 방식으로 만들어진 곳도 있다고 하네요. 이러한 파리 그림에 대한 효과를 일명 '넛지효과'라고 부르는데요. 부드러운 개입을 통해서 상대의 선택을 유도하는 것을 뜻합니다. 고객 서비스에서도 이러한 넛지효과를 적용해보면 좋겠지요. 고객의 입장에 서서 고객의 심리와 취향, 행동 등을 확실히 파악한다면 고객에게 더욱 편리한 서비스를 제공할 수 있을 테니 말입니다.

우리 속담에 '같은 말이라도 아 다르고 어 다르다.'는 말이 있습니다. 이 역시 역지사지의 관점일 수 있겠습니다. 의사가 환자에게 죽을 확률이 10%라고 말할 때와 살아날 확률이 90%라고 말할 때 죽을 확률을 들은 환자의 대다수가 수술을 거부한다고도 하죠. 환자의 입장에서 생각한다면 살아날 확률이 90%라고 이야기하는 것이 더 좋겠습니다. 이 이야기에 보태어 제가 경험한 이야기를 한 가지 더 들려드리려 합니다. 제 아버지가 병원에서 방광암 초기 진단을 받고 수술을 받으신 적이 있습니다. 수술 당일 저는 먼 거리에 있던 그 병원을 가기 위해 열차를 타고 병원으로 향했습니다. 기차에서 내려 지하철을 타고 출구로 나가니 병원 순환버스 정류장이 있었습니다. 잠시 기다렸다 순환버스를 이용했는데요. 남들이 들으면 아무렇지도 않을 수 있던 버스의 안내 방송이 제 귀에 이상하게 들리더군요. 저만 이상하게 들렸던 건지 여러분도 순환버스를 이용하는 승객이 되었다고 생각하고 잠시 안내방송을 들어보실까요? "이번 정거장은 본관, 본관입니다. 본관에서 내리실 분들은 이번 정거장에서 하차하시고, 다음 내리실 정거장은 암센터입니다. 본관에서 내리시는 분들 안녕히 가십시오.", "이번 내리실 정거장은 암센터, 암센터입니다. 암센터에서 내리실 분들은 이번 정거장에서 하차하시고 다음 내리실 정거장은 장례식장입니다. 암센터에서 내리실 분들은 안녕히 가십시오." 어떤가요? 무심코 듣는다면 이는 정거장 하차를 알리는 평범한 멘트일 뿐입니다. 그런데 환자 가족의 입장에서는 조금 다르게 들렸습니다. 암센터에서 내려야 했던 제 귀에는 '환자가 병이 가벼워 본관을 찾았다가 병이 무거워져서 암센터에 가고 최종적으로 가야할 곳은 장례식장이구나.'하고 말입니다. 이 버스가 마치 저를 죽음으로 인도하는 것만 같았습니다. 제가 너무 예민하게 반응한 건가 잠시 생각도 해보았지만, 이 생각은 아버지와 이야기를 나눈후 잘못되었다는 것을 확신하였습니다. 아버지가 검사를 받는 과정에서 병원을 몇 번이나 다녀가셨는데 그러면서 순환버스를 이용해보셨다더군요. 그런데 버스 하차 안내 멘트를 들으시고는 어머니에게 저와 똑같은 이야기를 하셨다는 겁니다. 환자나 환자가족의 입장에서는 다르게 들릴 수 있다는 것이지요. 시간이 흘러 전해들은 이야기로는 현재 그 병원의 방송이 바뀌었다더군요. 저 말고도 병원에 건의한 사람이 많이 있었나 봅니다. 회사의 입장이아닌 고객의 입장에서 바라본다면 작은 부분도 놓치지 않을 수 있을 것이며, 이는 고객 만족을 넘어선 감동으로 향하는 시작이 될 수 있을 것입니다.

우선 배려

역지사지에 이은 핵심 마인드 우선 배려를 세 가지의 이야기로 나누어 보았는데요. 그 첫 번째로는 배려의 멘트에 관한 부분입니다. 고객 응대와 손님초대는 같은 맥락을 가지고 있는데요. 우리가 보통 집에 손님을 초대하면 청소를 기본으로 사전에 맛있는 음식을 준비하는 등의 과정을 거칩니다. 그리고 손님이 방문하면 집을 함께 둘러본 후 준비한 음식을 내어놓고 도란도란담소를 나누게 되죠. 고객은 내가 일하고 있는 일터에 처음 방문한 손님으로이 환경에 대해 낯설어하고 있을 가능성이 크죠. 내 집, 내 물건이 아니기에행동 또한, 조심스러울 수가 있고요. 이럴 때 일터의 주인으로서 고객에게먼저 다가가 배려의 멘트를 건네준다면 고객은 이 공간을 더 편하게 느낄 수가 있을 겁니다.

"고객님, 저희 매장이 처음이십니까?"
"고객님, 혹시 사용 방법을 아십니까?"
"고객님, 더 도와드릴 부분은 없을까요?"
"고객님, 잊은 물건은 없으십니까?"
"고객님, 더 궁금한 점은 없으십니까?"
"고객님, 이용하면서 불편한 사항은 없으셨습니까?"

두 번째 우선 배려는 국내 독자들에게도 뜨거운 반응을 일으켰던 로버트 치알디니의 책 '설득의 심리학'에서 소개된 이야기입니다. 설득의 심리학에서는 사람의 마음을 사로잡는 6가지 불변의 원칙 중 첫 번째로 상호성의 원칙을 이야기했는데요. 상호성 원칙에서의 핵심은 사람은 누군가에게 호의를 받으면 그 호의를 갚으려는 심리가 생긴다는 것입니다. 일방적인 관계는 없습니다. 사람 간의 이치는 서로 주고받는 것이지요. 방문한 고객에게 내가 먼저 최대한의 호의를 베풀어 주세요. 그렇다면 고객은 나의 호의에 자연스레 응답할 것입니다. 물질이 아닌 감정을 빚진 경우에도 고객은 갚으려는 의식을 할 것입니다. 세일즈에서는 감정 교류뿐만이 아닌 제품 구매로 연결될 수 있는 비법이 되기도 하겠죠.

세 번째 우선 배려는 신입 서비스 직원들이 자주 고민을 토로하는 내용 중 "반말 하는 고객 때문에 너무 속상합니다. 이럴 때 어떻게 대처하는 것이 현명한가요?"하고 묻기도 합니다. 어느 날 한 매장에 방문했더니 데스크에 "반말로 하시면 반말로 응대합니다."라고 붙여놓았더군요. 그만큼 반말로 문의하신 고객들이 많았던 것의 결과인데요. 그러나 대부분의 매장에서는 이러한 문구를 비치해놓지 않았습니다. 그 문구가 반말을 하지 않는 일반 고객들에게까지 기분을 상하게 할 수도 있으니까요.

이러한 문의에 대한 해결책으로 제가 제시하는 방안은 반말하는 고객을 만나면 친근하게 다가가기보다는 더욱 예의 있게, 더욱 공손하게 응대하라는 것입니다. 나이가 어린 직원이라면 말투를 보다 성숙하게 조절할 것을 권유하지요. 그러한 작은 조절로 반말을 사용하던 고객이 존댓말로 고쳐 쓰는 변화를 눈앞에서 확인하기도 합니다. 물론 사람들 간의 차이가 있으니 100% 모두 바뀐다고 말하긴 어려울 수 있겠죠. 그러나 확실히 효과는 있습니다.

서비스 철학

'컨시어즈 서비스'라고 들어보신 적이 있나요? '컨시어지'는 원래 '중세 교회의 관리인'을 뜻하는 용어로 근래에 들어오면서 '호텔에서의 안내는 물론 투숙객의 다양한 요구를 들어주는 서비스'를 지칭하는 의미로 사용되고 있습니다. '고객이 원하는 것은 무엇이든 도와준다.'는 의미로 고객 만족을 넘어선 고객 감동 서비스를 지향하는 것입니다.

이는 호텔업계에만 한정된 것은 아닙니다. 'We deliver. Whatever'의 슬로건을 사용한 세계적인 물류업체 DHL은 국제 우편 및 화물 배송으로 유명한 기업입니다. 물류 기업의 특성상 회사는 배송의 신속과 정확성을 추구했습니다. 그러다 2000년 중반 신속성과 정확성에 감성을 더하고자 하면서 재미있는 광고 영상을 제작하는데요. 광고의 스토리는 이렇습니다. 한 택배 사원이 고객의 집으로 전달할 물건을 받으러 갑니다. 집에서 나온 여성은 슬픈 표정으로 택배 사원을 바라보다 갑자기 키스하기 시작하죠. 택배 사원의 당황한 표정이 나오고 난 뒤 장면이 바뀌어 한 남성 고객에게 택배를 전달하러 갑니다. 택배 사원은 남성 고객에게 키스하기 시작하는데요. 'We deliver. Whatever'라는 문구와 함께 광고가 끝이 납니다. 짧은 광고 영상이었지만, 물건뿐만 아니라 고객의 마음도 전달한다는 메시지를 재미있고도 강렬하게 전달했지요.

서비스 사례에서 소개했던 리츠칼튼 호텔의 슬로건은 '신사 숙녀를 모시는 내가 신사 숙녀'로 직원을 존중하는 의미로 사용되면서도 상대를 신사 숙녀로 모시려면 내가 먼저 신사 숙녀가 되어야 한다는 준비의 자세 양면의 의미를 가지기도 합니다. 이처럼 기업의 슬로건과 철학은 직원들의 서비스에 반영이 됩니다.

기업의 슬로건

나이키 – 'Just Do It'

애플 – 'Think different'

맥도날드 – 'I'm Loving It'

아시아나 – 'Always with You'

대한항공 – 'Excellence in Flight'

다이소 – '언제나 우리 곁에 다이소'

에이스 침대 – '침대는 과학입니다.'

KB국민카드 – '국민의 행복 생활 파트너'

㈜두산 – '사람이 미래다.'

기업의 슬로건과 함께 자신의 서비스 철학을 세워 성장해나가는 사람도 있습니다. 리츠칼튼의 버지니아 아주엘라가 대표적인 인물이라고 할 수 있습니다. 우리나라에서는 청원경찰로 일하면서 친절 하나로 지점의 500억 수탁고 중 절반이 넘는 300억을 유치하며 일명 '300억의 사나이'라 불렸던 한원태 씨 등 서비스 달인들이 많이 있습니다. 한원태 씨의 사례는 셀프 리더십 강의에서 좀 더 자세히 소개해 드리도록 하겠습니다.

여러분은 자신만의 서비스 철학이 있습니까? 철학이라고 표현하니 너무 거창한가요? 자신이 생각하는 서비스의 첫 번째 조건은 무엇입니까? 책의 마지막 장을 넘길 때까지 곰곰이 생각해보면 좋겠습니다.

행복 서비스 실천

핵심 마인드 마지막 메시지는 행복 서비스 실천입니다. 인생을 살아가면서 누군가를 행복하게 해주고 싶다는 생각을 해보신적이 있나요? 사랑하는 가족, 연인, 친구 등 나와 함께 하는 사람들을 행복하게 해주고 싶은 마음은 누구나 가지고 있습니다. 그런데 우리가 그 과정에서 간과하고 있는 부분이 누군가를 행복하게 해주기에 앞서 내가 행복한 것이 먼저라는 것입니다.

유럽 신경제재단^{NEF}에서 2010년 실시한 국가별 행복지수 조사에서 1위를 차지한 나라 '부탄'을 아시나요? 부탄은 히말라야산맥 동쪽에 해발 2,000m 이상의 고지대에 위치한 인구 75만 명이 사는 작은 왕국입니다. 전통문화를 지키고, 자연환경 보존을 중시하는 형태에서 발전을 추구하며, 교육비와 의료비, 국비 유학제도 등 복지제도가 비교적 잘 갖추어져 있는 것으로 알려졌습니다. 그러나 1인당 국내총생산^{GDP}이 2,000달러에 못 미치고 변변한 교통 신호등 하나 없는 가난한 나라임에도 불구하고 국민 100명 중 97명이 '나는 행복하다.'라고 대답하는 나라이죠. 부탄 국민들의 이러한 대답에 대해 부탄 정부 고위자 인터뷰에서 "행복이란 집이나 자동차, 전자제품을 얼마나 가지고 있느냐가 아닙니다. 지금 가지고 있는 것으로 얼마나 만족할 수 있느냐가 행복의 열쇠입니다."라고 답했다고 합니다. 유엔 산하 자문기구인 지속가능발전해법네트워크^{SDSN}가 157개국을 대상으로 한 2016년 유엔 행복지수에서는 부탄이 84위로 중위권을 차지하기도 해서 지수 산정 기준에 따라 결과가 차이 나기도 합니다만 NEF기준 부탄은 2010년 1위, 2016년 56위, 우리나라는 2010년 68위, 2016년 80위라고 하니 우리나라보다 '나는 행복하다.'라고 여기는 사람들이 부탄에 더 많은 것은 분명합니다.

지금 여러분은 행복하십니까?

행복 서비스를 실천하고자 하는 방향과 맞닿아 있어 교육생들에게 자주 들려주는 존 고든의 책 '에너지 버스'의 한 구절로 행복 서비스 실천 메시지를 마무리해볼까 합니다. "당신 기분이 좋아지면, 당신 주변에 있는 사람들도 덩달아 기분이 좋아진답니다. 감정은 마치 바이러스처럼 전염되죠. 진짜로 즐거운 기분, 행복감, 열정, 감사하는 마음, 설렘 그런 감정 말이에요. 당신이 주변 사람들에게 줄 수 있는 가장 값진 보물은 이력서에 써넣을 업무성과나 커리어, 물질적인 선물 같은 것들이 아니에요. 기분 좋은 모습, 행복한 표정이 바로 진짜 선물이자 값진 보물이죠." 다양한 감정을 느끼는 사람이기에 하루 24시간이 행복하다고 말할 수는 없을 것입니다. 평범한 직장인의 아침 출근길에 대해 잠시 이야기해보겠습니다. 저녁에 잠들기 전 알람은 필수로 맞춰놓고 잠을 청합니다. 혹시나 한 번에 일어나지 못할까봐 5분 단위로 세 번 정도 이어서 울리도록 해두었죠. 가장 마지막 알람을 끄고 찌뿌둥한 몸을 일으켜 욕실로 가서 씻습니다. 아침은 먹는 둥 마는 둥 시간에 따라 생략도 가능하죠. 출근길 가장 복잡하다는 2호선에 몸을 실었습니다. 지하철 문이 열리기 시작하면 뒷사람들에 떠밀리듯 재빠르게 탑승을 합니다. 꽉 찬 지하철 안에서는 난생처음 보는 사람들과 초밀착 하는 민망한 장면이 연출되기도 하지요. 지하철 환승이라도 해야 할 처지라면 제일 빠르게 움직일 수 있는 출입문도 사수해야 합니다. 지각이라도 할까 싶어 빠른 걸음으로 회사 문 앞에 다다르면 출근길부터 녹초가 되어 있습니다. 이제 회사 문을 열고 들어갈 시간인데요. 이 포인트가 가장 중요합니다. 녹초가 된 상태로 그대로 들어가느냐, 입구에서 마인드 리셋을 한 번 한 후 환하게 웃으며 들어가느냐, 내가 어떤 마음을 먹느냐에 따라 하루의 시작이 달라질 수 있습니다. '오늘 하루도 기분 좋고 행복하게 보내리라.' 마음을 먹는다면 나의 표정이 먼저 달라지겠지요. 그 기분 좋은 표정으로 동료들을 전염시키고 하루 동안 만나는 고객을 행복하게 한다면 만 가지 고객 응대 스킬보다 더 좋은 서비스를 제공하는 셈

이 될 것입니다. 오늘 하루도 행복할 준비가 되셨나요? 그럼 당신은 당신의 주변과 고객을 행복하게 만들 수 있을 것입니다.

> **① 서비스 강의 HOW TO**
>
> 강사가 교육생에게 풀어낼 서비스인의 핵심 마인드는 셀 수 없이 많습니다. 오늘 교육에서는 주인의식/역지사지/배려/서비스 철학/행복 서비스 실천 5가지 메시지로 정리였는데요. 풀어 내는 방식을 참고할 수 있도록 하였습니다. 본 정리 방향을 참고하여 여러분만의 추가 메시지 를 정리해보는 시간을 가져보세요.

🧠 실전과제

Question 1. 여러분이 교육생에게 전달하고 싶은 서비스 마인드 핵심 메시지가 있나요?

Question 2. 핵심 메시지를 뒷받침할 부연 설명이나 사례를 찾아볼까요?

CS ★ Master

Part 02

CS 매너

CS · master

DAY

06

이미지메이킹

"이미지메이킹은 긍정적 이미지를 유지 강화하면서 부정적 이미지는 제고 축소하는 과정이다."

Education Guide Map

이미지메이킹
• 이미지의 정의
• 이미지메이킹의 정의와 활용
• 성인 교수방법

안녕하세요. 오늘은 고객 서비스에서 가장 중요한 시각적 요소인 이미지메이킹에 대하여 학습하도록 하겠습니다.

✓ 이미지의 정의

CS강사로서 가장 많이 공부해야 하고 가장 많은 강의를 다루게 될 이번 차수의 주제인 이미지메이킹에 대해 알아보도록 하겠습니다. 많은 기업과 기관에서 CS관련 강의를 의뢰하는 본질적인 이유 중 하나는 바로 조직을 대표하는 '기업 이미지의 상승과 유지'가 아닐까합니다. 이미지메이킹은 많은 것을 내포하고 있는데요, 우리가 앞으로 학습해야 할 내적, 외적, 사회적인 모든 요인들이 모여 직원 한 사람, 한 사람을 통해 해당 기업에 대한 전반적인 이미지를 각인한다고 하니 항상 유념해야겠습니다.

그럼, 본격적으로 이미지의 어원과 정의부터 살펴보겠습니다.

우리가 일반적으로 자주 사용하는 이미지^{image}란 단어는 이마고^{imago}의 어원에서 파생된 단어로, '모방하다^{imitate}'의 의미와 '마음의 모습'이란 의미를 내포하고 있는데요, 마음의 모습은 머릿속에 연상되는 직관적 형상이나 심상[1]을 뜻하기도 합니다.

즉 상대방의 이미지를 보고 우리의 상상력^{imagination}을 통해 상대방의 정보를 추측하게 되는데, 여기서 상상력은 우리가 공부하는 이미지^{image}를 어원으로 하며, 시각적인 것을 말하고 있다[2] 할 수 있습니다.

❗ 서비스 강의 HOW TO

이미지의 정의나 어원의 설명이 끝나면, 청중들의 정확한 이해를 돕기 위해 사례를 덧붙여 설명하는 것이 좋습니다. 예를 들면, 모두의 공감을 끌어낼 수 있는 연예인이나 공인들의 이미지를 서로 이야기 나누는 것도 이미지 정의를 학습하는 데 도움이 될 수 있습니다. 다만, 종교인이나 정치인의 경우는 호불호가 극명히 갈리는 경우가 간혹 발생하기도 하므로 가급적 모두가 용인할 수 있는 긍정적 인물과 부정적 인물을 사례로 함께 이야기 나누는 것이 효과적입니다. 이때 우리는 두 가지를 발견할 수 있습니다.

첫째, 사람들이 보는 사람과 사물에 대한 이미지 평가는 비슷하다.
둘째, 사람들은 상대방을 평가하는 데는 능숙하지만 정작 자신의 이미지는 잘 알지 못한다.
따라서, 공인 인물에 대한 전체 평가가 끝나면, 장소와 인원수가 적정할 경우 조별 개인 이미지 피드백을 알아보는 시간을 갖도록 합니다. 평소 자신이 생각한 이미지와 상대방이 생각하는 자신의 이미지의 차이를 알아볼 수 있고, 이미지메이킹을 독려하고 동기를 부여하는 데 도움을 받을 수 있는 활동이기 때문입니다.

---

[1] 앤드류 크리셀, 박성봉 편역(1994), 대중예술의 이론들.
[2] 월간미술(1999), 세계미술용어사전

그럼, 우리 실험을 한 번 해보겠습니다. 아래 사진 속 인물에 대해 이미지 평가를 해볼텐데요. 3초 정도 잠시 이미지를 보고 이 사람의 직업, 학력, 재력, 매너의 좋고 나쁨에 대해 논해보겠습니다.

대다수 사람들은 왼쪽 인물에 대해서는 부정적으로, 오른쪽 인물은 긍정적으로 이미지를 평가합니다. 바로 표정, 용모, 복장, 자세에서 상반된 이미지를 갖고 있기 때문인데요, 위 실험을 통해 알아보았듯이, 이미지가 각인되는 시간은 찰나이기 때문에 우리마음 속 해당 대상자의 용모와 복장 등 시각적으로 비춰지는 모습에 따라 이미지가 만들어 지게 되는 경우가 많습니다. 첫인상을 결정짓는 이미지는 불과 3초 만에 형성되며, 그 후 30초 정도가 지나면 상대방에 대한 평가가 마무리된다고 합니다. 즉 우리가 면접이나 비즈니스로 상대방과의 첫 만남에서 1차적으로 첫인상이 결정되는 시간은 3초 이내, 2차적으로 이미지가 각인되는 시간은 30초 이내, 3차적으로 상대방과의 커뮤니케이션 등을 통해 최종적으로 이미지 평가가 마무리 되는데, 이처럼 전체적으로 3단계에 걸쳐 영향을 받는다고 하니, 첫 3초의 골든타임을 놓쳐서는 안되겠습니다.

이와 같은 사실을 기반으로 솔로몬 애쉬가 1946년 첫인상이 미치는 영향에 관한 연구를 한 바 있는데요, 먼저 피실험자들을 A, B 그룹으로 나누어 한 특정 인물에 대해 설명하기를 A 집단에게는 "똑똑하고 근면하며 충동적이고 비판적이며 고집이 세고 질투심이 강한 사람이다.", B 집단에게는 "질투심이 강하고 고집이 세며 비판적이고 충동적이며 근면하고 똑똑한 사람이다."라고 하였습니다. 위 내용을 살펴보면 단순히 나열 순서를 반대로 했을 뿐 같은 내용을 말하고 있죠. 그러나 결과는 놀랍게도 B 집단보다 A 집단의 사람들이 해당인물에 대해 훨씬 더 긍정적으로 인식한다는 결과가 나타났습니다. 즉 먼저 제시된 정보가 후에 들어오는 정보보다 더 강한 영향을 미친다는 연구결과를 도출해냈는데요, 이를 '초두효과 Primary Effect'라고 합니다. 첫 이미지의 중요성을 알리기 위한 실험으로 '첫인상 효과'라고도 부르는 이 실험을 통해 솔로몬 애쉬는 우리의 뇌는 과도한 정보가 입력됨으로 하나의 정보에 집중할 수 없는 한계점이 있는데, '첫 인상', '첫 이미지'에서 느껴지는 인상적인 키워드를 각인시켜 후에 얻는 정보들에 대해서는 첫 이미지에 짜 맞추기 형태로 인식하기 때문이라고 이 실험의 결과를 설명하고 있습니다. 첫 이미지에서 받은 정보들이 사람들이 생각하는 것보다 훨씬 더 오래 각인되고 있으니 이 실험의 결과가 비즈니스 영역에서 뿐만 아니라 사회 전반적인 활동에서도 이미지 관리에 항상 유의해야 한다는 시사점을 주고 있습니다.

자 그럼, 이미지의 정의와 사례 설명이 끝나면, 이미지에 대한 설명은 충분히 전달되었다고 판단할 수 있습니다. 이미 설명하였듯, 우리는 상대방에 대한 평가는 익숙하지만 자신의 이미지에 대해서는 평가가 익숙하지 못합니다. 스스로를 객관적으로 평가하기 힘든 부분도 있지만, 자신보다 상대방에 대한 평가가 더 편하기 때문이죠. 그런데 입장을 바꿔 생각해볼까요? 만일 다른 누군가가 자신에 대한 평가를 했을 때 기분이 어떨까요? 그런데 그 평가가 부정적이라면요?

정치인, 연예인, 취업준비생 모두 이미지를 긍정적으로 만들기 위해 많은 노력을 합니다. 그렇다면 실제 자신의 이미지를 정확히 알 수 있도록 대중들의 이미지피드백이 필요한데, 긍정적 혹은 부정적 평가를 받게 되었을 때 이 결과를 어떻게 받아들이고 고쳐나갈 것인가는 매우 중요한 문제가 될 것입니다. 이를 '이미지메이킹'과정이라 일컫는데요, 이미지메이킹에 대해서 좀 더 세부적으로 다루어 보겠습니다.

☑ 이미지메이킹의 정의와 활용

개인의 이미지가 경쟁력이 되는 시대에 자신의 이미지를 관리하는 것은 매우 당연한 일이자 반드시 해야할 일이 되었죠. 이미지메이킹은 바로 이미지를 만든다는 의미로 자신에게 부족한 점과 개선점을 찾아 개인 혹은 조직을 긍정적으로 재창조하는 작업으로, 목표했던 이상적인 모습으로 만들어가는 행위라 정의하고 있습니다.[1]

이미지메이킹을 위해서는 먼저 이미지를 형성하는 요소가 어떻게 구성되어 있는지부터 학습 하겠습니다.

자가 이미지 형성요소[2]

자기이미지		
내적 이미지	자아개념	자아 존중감, 자아 정체감, 비전 설정 등
	인지적 요소	교육수준, 신념, 의지, 지식, 리더십 등
	정서적 요소	심성, 감정, 자신감, 욕구, 열등감, 책임감 등
	성격 및 성향	천성, 기질, 내향성, 외향성, 적극적 등
외적 이미지	신체적 요소	얼굴이미지, 키, 체형, 피부색, 생김새 등
	표현적 요소	표정, 메이크업, 옷차림, 헤어, 컬러, 액세서리 등
	행동적 요소	걸음걸이, 제스처, 태도, 자세 등
	청각적 요소	목소리, 억양, 말의 속도, 말의 내용, 말투 등
사회적 이미지	사회적 환경	직업, 부서, 역할, 의무, 사회, 문화, 경제력 등
	커뮤니케이션	유머, 대화수준, 의사소통 수준, 적응수준 등
	매너, 에티켓	직장예절, 공공질서, 에티켓, 배려, 매너 등
	대인관계수준	인맥, 인간관계능력, 신뢰감, 호감도, 친밀성 등

위 표에서 말해주듯 사람들에게 보여지는 외적 이미지의 비율이 매우 높은 것은 사실이나, 강의 시 우리가 중요하게 다루어야 할 부분은 바로 내적 이미지입니다. 중요한 것은 우리가 누군가를 평가하기 전에 자신이 스스로를 어떻게 생각하는 지가 그 사람을 진정으로 판단하는 데 중요한 구실을 한다는 내적 자아이미지를 강조한 생떽쥐베리의 말은 이미지를 공부하는 우리에

---

[1] 심윤정 · 신재연(2015), 고객서비스실무
[2] 송은영(2009), 얼굴 이미지메이킹 프로그램이 자아 존중감, 긍정적 사고, 얼굴 이미지 효능감에 미치는 효과분석, 명지대학교 박사학위논문 P.9

게 많은 가르침을 주고 있습니다. 모든 것은 자신의 진실된 동기에서 시작되어야 이미지의 전환도 가능할테니까요. 외적 이미지가 변화되기 위해서는 내적 이미지의 변화가 먼저 선행되어야 그 변화도 긍정적으로 바뀔 수 있지 않을까요? 따라서, 이미지메이킹의 성공을 위해서는 내·외적 모습을 모두 가꾸는 것이 매우 중요합니다. 그러면, 이번에는 외적 이미지의 중요성을 강조한 캘리포니아 주립대학 알버트 메라비언 교수[1]의 연구결과를 보면서 같이 공부해 보도록 하겠습니다.

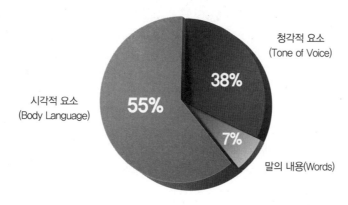

[Albert Mehrabian, Professor at UCLA]

메라비안의 법칙The Law of Mehrabian에서 첫인상 결정 요소는 크게 3가지로 나뉘고 있습니다. 이 이론은 처음 상대방에 대한 이미지를 평가하고 결정하는데 있어서 시각적 요소(표정, 용모, 복장, 자세)는 55%, 청각적인 요소(음성, 억양, 톤, 속도)가 38%를 차지하는데 반해, 언어적인 요소는 7%의 적은 비율을 차지한다는 것인데, 그만큼 인상과 호감을 각인시키는 데는 말의 내용보다 비언어적 요소인 시각과 청각에 더 많은 영향을 받는 다는 것을 시사하고 있습니다.

사람의 겉모습을 보고 그 사람의 전체를 판단하는 것은 매우 위험한 일이지만, 또 그러한 추측이 절대 무리는 아니라는 것이 이미 많은 연구와 실험을 통해서도 익히 알아온 바 우리가 항상 올바른 자세와 복장으로 상대에게 편안한 미소로 다가갈 때 신뢰감과 호감을 먼저 받을 수 있다는 것을 잊지 말아야 하며 강의 시 반드시 강조해야 할 부분임을 숙지해야겠습니다.

---

[1] Mehrabian, A. (1971). Silent Messages. Wadsworth, Belmont, California

알버트 메라비언의 법칙을 설명할 때는 인상과 호감을 결정하는 시각과 청각의 중요성을 강조해야 할 필요가 있습니다. 그러나 자칫 말의 내용은 중요하지 않고 비언어인 외적요인만 중요한 것이 아닌가라는 의구심을 줄 수 있으므로, 말의 소통을 위해서는 시각적 요인과 청각적 요인이 잘 갖추어 졌을 때 7%의 언어적 요소인 말의 내용을 100% 가까이 설득력 있게 잘 전달할 수 있다는 것을 설명하는 것이 좋습니다. 예를 들면, 선거를 치러야 하는 정치인이나, 면접을 앞둔 취업준비생들이 정책 내용이나 면접인터뷰 내용에 치중하기 전에 먼저 자신의 표정과 복장 그리고 자세, 목소리의 크기, 말의 빠르기, 억양 등을 점검하고 연습에 연습을 더하여, 언어적 요소를 준비했을 때 훨씬 더 긍정적이고 좋은 결과를 낳을 수 있다는 것을 말합니다. 이와 관련하여 사례연구를 통해 함께 공부를 해보는 것도 효과적입니다.

🧠 실전과제

Question 1. 첫 이미지가 상대방을 판단하는 데 결정적 역할을 하는 것은 당연한 것인가요? 아니면 내면을 보지 않는 외모지상주의의 잘못된 편견인가요?

Question 2. 한 번 각인된 이미지는 회복이 가능할까요? 회복의 가능과 불가능에 대해서 자신의 의견을 선택하여 각각의 이유와 예시를 들어봅시다.

cs ★ master

DAY
07

표정 · 인사매너

"얼굴과 낙하산은 펴져야 산다.[1] 내가 먼저 인사하고 먼저 미소를 보내면 상대도 따라 인사하고 웃게 되고, 결국 고객마음의 주도권을 먼저 잡고 실행할 수 있다."

Education Guide Map

표정 인사매너
- 표정 – 진짜 미소 vs 가짜 미소
  - 미소의 중요성과 효과
  - 표정 사례 연구
  - 표정 실습 기법
- 인사 – 인사의 정의
  - 인사의 중요성
  - 인사의 3종류
  - 인사 자세 실습
  - 앉는 자세 실습

안녕하세요. 드디어 함께 학습한지 7일차가 되었습니다. 오늘은 이미지메이킹 중에서도 시각적 요소에 해당하는 표정과 인사에 대해 학습하려고 합니다. 시작할까요?

✓ 표정

진짜 미소 vs 가짜 미소

지난 시간 이미지의 중요성에 대해 함께 알아봤습니다. 오늘은 시각적 요소

---

[1] 문충태(2009), 고객 졸도 서비스

에 큰 부분을 차지하는 '표정'과 '인사'에 대해 좀 더 알아보도록 합시다. 표정은 그 사람의 감정을 읽을 수 있는 몸짓 언어에 해당하는데요, 미국의 Real Simple에 기고된 전문가들의 의견에 따르면 얼굴의 움직임을 통해 사람들의 심리 변화가 예측가능하다고 합니다. 특히, 진짜 미소를 지을 때는 눈의 근육이 함께 움직이지만, 5초 이상 소리 없이 입술만 움직여 미소를 짓는다면 가짜 웃음에 해당한다고 하는데, 우리가 본격적인 표정 강의를 하기에 앞서 먼저 사례 하나를 살펴보고 이야기 나누도록 하겠습니다.

사례)

'오늘은 또 얼마나 힘든 하루를 보낼까?' 고객대면 서비스직에 근무하는 직장인A 씨는 출근준비에 앞서 거울 속에 비친 자신의 모습을 바라본다. 화장으로도 감출 수 없는 불안감과 고된 감정노동을 오늘도 '미소'라는 표정메이크업으로 감추어보려 노력해본다.

자신의 표정과 자세가 자신뿐 아니라 기업의 이미지가 될 수 있다고 생각하니 감정을 그대로 드러내었다간 매우 아찔한 순간을 맞이할 것이다.

폴 에크만 박사는 여러 미소 중 '진짜'를 구별하는 포인트를 발견하게 되는데, 이것을 처음 밝혀낸 19세기 프랑스 신경학자 기욤뒤센의 이름을 기념하여 '뒤센 미소'라고 부르게 된다. 뒤센 미소의 포인트는 바로 '눈가 주름과 광대의 움직임'을 보고 판단하게 되는데, 엄마가 자녀를 바라볼 때나 반가운 사람을 만났을 때 등 자연스럽게 나오는 미소로 확인할 수 있다. 반면, '팬아메리칸 미소'는 작위적인 웃음을 말하는 용어로 팬아메리칸 항공사 여승무원들의 연출된 미소를 빗대서 표현하고 있다.

그렇다면, 위 직장인A 씨의 '가짜 미소'는 과연 업무스트레스 감소와 표정이미지에 도움이 될까?

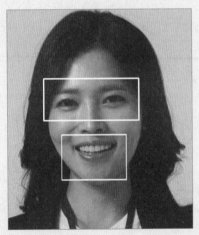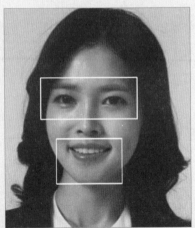

사례를 잘 읽어보셨나요? 여러분은 어떠신가요? 표정강의를 하게 되면 '매번 어떻게 진짜 미소를 짓느냐'는 질문을 자주 받곤 하는데요, 고객을 하루에 한두 사람 대면하는 것도 아닌데, 이름도 드센 '뒤센 미소'로 매번 응대하기란 참 어려운 일이죠. 기업에서 종사자들에게 진짜 미소로 고객을 대해야 한다고 일방적으로 강조하다 보면 감정노동으로 이어지고, 오히려 듣는 사람으로 하여금 불평을 이끌어 낼 수밖에 없습니다.

결국, 진짜 미소만이 고객을 끌어당길 수 있다는 뉘앙스는 '진짜 미소 vs 가짜 미소'를 구별하는 포인트가 있으니, '서로를 감시·감독하에 근무하라.'는 것과 별반 다르지 않을 테니까요. 그렇다면 어떻게 강의를 해야 공감을 이끌어 낼 수 있을지 고민해봅시다.

서비스 강의 HOW TO

① 표정강의를 시작하기에 앞서 현재 자신의 미소가 어떠한지를 알아보도록 합니다.

② 진짜 미소와 가짜 미소와의 차이를 삽화나 영상을 통해 살펴보고, 어떠한 미소가 더 진심으로 와닿는지 알아봅니다. 이 경우 대다수가 진짜 미소가 더 진심에 가깝다는 의견을 말하지만, 우리가 앞으로 연습하는 연출미소의 긍정적 영향에 대하여서도 설명해야 강의 후반부에 진행될 표정실습의 동기부여를 이끌어 낼 수 있습니다.

③ 우리가 고객접점에서 표출한 미소는 진짜 미소도 있지만 연출된 가짜 미소도 있습니다. 이를 고객 혹은 상대를 배려하는 연출된 '사교 미소'라고도 하는데, 일반적으로 정치인, 연예인, 서비스업 종사자들이 대표적 예시입니다. 이때 삽화 등의 적절한 사례를 제시하여 강사의 설명에 설득력을 더하도록 합니다.

미국 캔사스 대학의 심리학자 타라 카라프트와 사라 프레스만의 연구 '웃음이 스트레스 회복에 미치는 영향'을 통해 연출된 억지 미소, 가짜 미소라도 일상생활에서 직면하는 다양한 스트레스를 극복하는 데 도움이 된다는 흥미로운 결과를 도출한 바 있습니다. 윌리엄 제임스 학자의 "행복해서 웃는 것이 아니라 웃어서 행복한 것이다."라는 명언과 연결되는 이 결과는 우리가 고객접점에서 직무를 성공적으로 수행하는데 필요한 필수 요건이며, 가짜 미소가 무조건적으로 부정적이라는 인식에 대한 생각의 전환이 필요한 시점입니다. 근무 중 적절히 잘 연출된 미소는 사기 미소가 아닌 상대를 배려하는 착한 미소라는 점! 그리고 그 미소를 유지하다 보면 긍정적 에너지를 표출하

는 법을 터득할 수 있게 된다는 것을 목표로 강의 시 교육생들에게 동기부여
를 해준다면 좋겠습니다.

미소의 중요성 및 효과

사람은 외모보다 표정을 더 기억한다는 말이 있습니다. 그만큼 얼굴표정은
사람들의 감정에 많은 영향을 미치게 되는데, 미소를 짓고 있는 사람에게 더
우호적으로 인식하고 친근감을 느낀다는 많은 연구결과는 바로 미소의 중요
성을 말해주고 있습니다.

미소는 인간관계의 첫 이미지를 결정짓는 중요한 수단

자신의 이미지를 좀 더 긍정적으로 메이킹하기 위한 수단 중 하나가 '표정관
리'입니다. 잘 관리된 미소는 자신의 이미지 뿐 아니라 자신이 속한 조직의
이미지도 좋은 평가를 받을 수 있는 매너 중 하나가 될 수 있습니다. 미소가
가장 좋은 메이크업이라는 말이 틀린 말은 아니겠죠!

미소 바이러스의 효과

우리가 익히 알고 있는 하품의 경우 전염성이 있다는 것은 모두가 아는 사실
이죠. 하지만 미소도 전염이 된다는 것을 알고 계신가요? 미소를 짓고 있는
사람은 사람을 끌어당기는 힘이 있고 그 사람을 더 매력적으로 보이게 한다
니 여러 긍정적 바이러스 역할을 한다는 것을 알 수 있습니다.

건강의 청신호

S대학병원의 한 의료진은 "암 환자가 웃으면 우울과 불안이 줄어들고, 병에
대해 희망적으로 변한다."라며, 웃음이 얼마나 건강한 자세인지에 대해 그
중요성을 강조하고 있습니다. 실제 미소나 소리 내어 웃는 웃음은 암과 당뇨
등의 질환의 위험도를 낮추는 데 큰 효과가 있다고 합니다. 연구에 의하면
뇌가 느끼는 기분 좋은 감정이 면역글로불린의 분비를 증가시키기 때문이라
고 하는 데 미소와 소리내어 웃는 행동이 신체건강에 '청신호'를 보낸다고 하
니 아낄 필요가 없겠습니다.

표정 사례연구

표정 미소강의 시 사례연구를 통해 교육생과의 공감대를 형성하는 것이 좋은데요, 한 인물에 대한 예시를 지금부터 함께 살펴보겠습니다. 바로, 골프 전인지 선수입니다. 물론 우리와 직무형태는 다르지만, 미소자체가 금기시 되고 있는 스포츠 경기에서 전인지 선수의 '연출된 가짜 웃음'이 긍정의 힘을 끌어내 에비앙 챔피언십 우승의 원동력이 된 사례가 있습니다. 한 골프 전문 칼럼니스트 역시 전인지의 에비앙 챔피언십 우승의 원동력으로 웃음을 꼽고 있고요.

즉 골프는 혼자서 모든 걸 끌고 가야 하는 경기종목이라 감정통제가 매우 중요한데, 실수할 때마다 '연출된 가짜 미소'로 감정을 다스리고, 긍정 에너지를 통한 마인드콘트롤이 결국 우승의 지대한 역할을 했다는 결론입니다. "전인지의 미소를 '올해의 미소 The year of smile'였다."고 평가하기도 했더군요. 우리 역시 서비스 업무에 전인지 선수의 '가짜 미소'를 적용해보는 겁니다. 결국 시작은 연출된 가짜 미소일지 몰라도 노력하다 보면 그것이 자신만의 긍정적 에너지를 표현할 수 있는 계기가 되기도 하거든요. 나의 긍정 표현은 결국 내 동료와 고객들에게 고스란히 전해질 테니까요.

표정 실습 기법

표정의 중요성과 효과 그리고 사례연구가 끝난 후 실습으로 들어갑니다. 표정 실습의 경우, 충분히 청중과의 공감대가 형성이 된 후 실시하는 것이 바람직한데요, 모든 실습에는 교육생들의 실습의지가 수반되어야 하기 때문입니다. 단, 준비되지 못하였거나 소극적인 참여자에게 강압적인 실습권유는 자칫 전체 분위기를 흐트릴 수 있고, 강사에 대한 불신을 주기도 함으로 강사의 적절한 대처능력이 필요합니다.

① 표정연출 훈련 전, 표정연출이 중요한 이유와 장점에 대해 충분히 설명합니다.
② 실습은 ①번의 설명을 통해 동기부여를 충분히 충족시킨 후 시작합니다.
③ 표정실습은 얼굴 근육운동으로 적절한 삽화를 활용하여 청중이 알기 쉽게 따라할 수 있도록 배려합니다.

그럼, 표정실습의 예시를 살펴봅시다.

① 눈썹 : 눈썹을 추켜세웠다가 다시 제자리로 두기를 반복하는 훈련 5회 실시
② 눈 : 눈동자를 위/아래/좌/우로 움직이고 좌우 각 한 바퀴씩/눈을 감았다 떴다 반복 5회 실시
③ 코 : 코를 찡긋하게 힘을 주어 양 미간과 눈과 볼 주변을 자극시키는 훈련 5회 실시
④ 볼 : 양볼 가득 공기를 넣어 볼 근육을 긴장시킨 후 좌우, 위아래 반복하여 5회 실시
⑤ 입 : 입술을 쭉 내밀었다 다시 미소를 만드는 훈련을 반복하여 5회 실시
⑥ 턱 : 입을 조금 벌린 다음 턱을 좌우로 움직이는 훈련을 반복 5회 실시

01_ 눈썹 운동
눈썹을 위 아래로 움직여
이마와 눈 근육을 풀어준다.

03_ 코 운동
냄새를 맡는 듯한 표정을
만들어 코 주위의 근육도
풀어준다.

02_ 눈 운동
눈동자를 좌우, 상하로
움직여 본다.

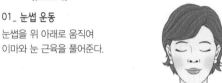

04_ 볼 운동
볼 근육을 풀어주기 위해 입안
가득 공기를 넣은 상태로 역시
좌우 상하로 움직여본다.

05_ 입 운동
입술을 쭉 내밀었다 다시
미소를 지어본다.

06_ 턱 운동
입을 조금 벌린 다음 턱을
좌우로 움직인다.

〈미소훈련법〉

서비스 강의 HOW TO

서비스 강의는 보고 듣는 것에서 그치지 않고 실습이 동반되는 것이 일반적이지만, 간혹 실습
분위기가 형성되지 못할 때가 있습니다. 특히, 표정실습의 경우 교육생 모두 적극적 참여가
이루어지지 않는다하여, 강사가 실습을 강요하거나 억지로 이끌어나갈 필요는 없습니다.

특히, 교육생 분위기와 수업의 참여태도, 연령, 직급 모든 것을 고려하였음에도 실습이 원활히
진행되지 않을 때를 주의해야 하는데, 이때는 강의를 미리 더 준비하여 당황스러운 상황을 잘
헤쳐 나가도록 대비하는 자세가 필요합니다.

☑ 인사

자, 우리가 표정연구가 필요한 이유에 대해 함께 이야기를 나누었는데요, 이제 '인사'에 대해 함께 학습해 보겠습니다.

'인사' 강의를 진행할 때에는 '인사의 정의-인사의 중요성-인사의 종류-실습' 구성으로 강의를 진행하면 좋습니다.

먼저 인사의 정의에 대해 살펴볼게요. 인사는 대인관계의 가장 기본이자 마주 대하거나 헤어질 때 예를 표하는 말이나 행동이라고 정의되어 있습니다. 그도 그럴 것이 인사의 한자를 살펴보면 사람(人)＋일(事)로 사람이 하는 가장 기본적인 일이라 해석하기도 해요. 인사를 할 때 우리의 얼굴 표정도 매우 중요한 역할을 합니다. 밝은 표정과 함께 인사를 하는 것은 인사를 받는 상대로 하여금 기분 좋게 하거든요. 상대가 고객이든, 동료이든 말입니다.

인사의 중요성

인사는 무엇보다 상대에 대한 마음의 표현이자, 상사에게는 존경의 의미, 동료에게는 친애의 상징이며, 자신의 인격과 교양의 표현을 의미하는 중요성을 갖고 있기에 우리가 무심코 하는 인사에는 많은 의미의 중요성이 내포되어 있습니다. 하루에도 수십 번 생각 없이 했던 인사로 자신의 교양과 인격이 표현된다니 정말 조심하고 또 조심해야겠죠?

그렇다면 질문 하나 하겠습니다. 인사에도 종류가 있는데, 사람의 지위와 연령이 인사의 종류에 중요한 기준이 되는 걸까요?

구약성서에 따르면, 인사를 할 때는 상대의 지위와 중요도에 따라 세 가지 단계가 있다고 합니다. 최고의 경의를 표하고자 할 때는 몸을 땅에 엎드려 인사하고, 중간 수준의 경의를 표할 때는 상반신을 굽히고, 가벼운 인사 시에는 머리만을 수그렸다고 하니, 이러한 과거의 역사가 현재 우리가 허리를 숙여 상대에게 예를 갖추는 인사법에 많은 영향을 준 것 같습니다. 그럼, 인사의 종류로 들어가 보도록 합시다.

인사의 3종류

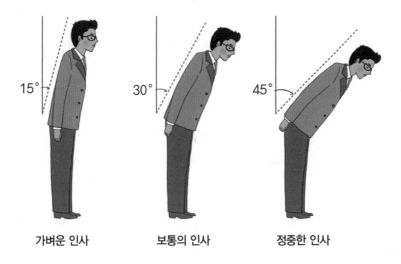

가벼운 인사   보통의 인사   정중한 인사

인사에는 세 가지 종류가 있습니다. 대표적으로 목례(가벼운 인사), 보통례(보통의 인사), 정중례(정중한 인사)로 나뉩니다. 그럼 하나씩 살펴보겠습니다.

목례(가벼운 인사)

목례의 인사 각도는 15도로 눈 목(目)을 써서 상대의 눈을 바라보고 하는 가벼운 인사로, 복도나 좁은 장소에서 마주쳤을 때 나누는 인사이며, 화장실, 엘리베이터 안 등 여러 사람이 이용하는 장소에서 만났을 때에도 활용할 수 있습니다. 이외, 전화 통화 중 고객이 찾아왔을 경우나 대화 도중 마주치는 사람과 인사를 나누어야 할 경우, 이미 인사를 나눈 사람과 또 마주쳤을 경우 목례할 수 있습니다.

보통례(보통의 인사)

보통례의 인사 각도는 30도로 평상시 맞이와 배웅 때 활용할 수 있습니다. 인사말로는 "안녕하십니까?", "안녕히 가십시오." 등이 있으며, 인사 시 전방 1.5m~2m에 시선을 두고 하는 것이 좋습니다.

정중례(정중한 인사)

정중례의 인사 각도는 45도로 감사와 사과의 인사로 활용됩니다. 인사말로는 "감사합니다.", "죄송합니다." 등이 있으며, 전방 1m~1.5m에 시선을 두고 하게 됩니다. 예외적으로 면접 시 면접자가 면접관에게 "안녕하십니까?"의 첫인사와 공식석상에서의 인사 및 직위가 높은 상사를 맞이할 경우 등은 보통례가 아닌 정중례로 하는 것이 매너이니 예외적인 상황도 함께 설명하는 것이 좋겠습니다.

인사 자세 실습

올바른 인사 자세를 〈인사 순서도〉를 통해 알아보겠습니다.

> 상대의 눈을 마주보며 선다. – 상대와 아이컨텍^{eye contact} 후 미소를 머금고, 인사말을 건넨 후 허리를 숙인다. – 다시 상대의 눈을 바라보며 미소로 마무리한다.

〈인사 순서도〉

아래 삽화를 참고하여 보면 여성과 남성이 인사할 때의 공수 자세는 조금 다릅니다. '남 · 좌, 여 · 우'라고 하여 남자는 왼손, 여자는 오른손이 위로 올라오도록 공수 자세를 취해야 하며, 이때 남자의 경우는 공수 자세 대신 양손에 달걀을 말아 쥔 듯한 손 모양을 만들어 바지 재봉선 옆에 붙여 기본 자세를 취하기도 합니다. 이때 공수 자세를 취할 경우, 엄지손가락이 보이지 않도록 안으로 말아 넣고 양손을 교차하여 공수 자세를 만드는 것이 바람직합니다.

인사 시 주의해야 할 점으로 머리, 어깨, 허리 등이 일직선이 되도록 각도를 유지하되, 인사 시작 전과 인사 중 그리고 인사 후 표정이 일관성 있게 미소 유지가 될 수 있도록 강조하여 강의하는 것이 중요합니다.

〈남, 여 공수 자세〉

앉는 자세 실습

먼저 앉을 때는 등과 등받이 사이 주먹 하나 정도 들어갈 공간을 두고 등을 곧게 편 상태에서 앉도록 합니다. 남성의 경우는 주먹을 살짝 말아 쥔 손을 무릎 가까이 두고 양발은 어깨넓이 만큼 벌린 상태에서 자세를 갖추고, 여성의 경우는 공수 자세로 허벅지 2/3지점에 두어 무릎부터 양다리는 수직이 되게 하여 발끝을 모아 정면을 향하거나 사선으로 두어 자세를 갖춥니다. 앉는 자세 실습은 인사실습이 마무리되면 자연스럽게 뒤이어 실습으로 이어가면 되겠습니다.

〈앉는 자세〉

인사의 설명이 마무리 되면 실습으로 들어갑니다. 이때 강사가 직접 시연하는 것보다 남성, 여성 한 명씩 조교를 선출하여 여성의 자세와 남성의 자세를 먼저 보여준 후 조교를 통해 인사의 세 가지 종류를 직접 보여주면서 설명하는 것이 효과적입니다. 조교 선출의 경우는 일방적 지목보다는 추천을 받아 진행하는 것이 강의 흐름에 좋습니다.

 실전과제

Question 1. 최근 많은 뉴스에서 다루고 있는 갑질 논란, 갑질 횡포를 하는 고객들에게도 미소를 보여야 하는 서비스 종사자들이 겉으로는 밝은 모습이지만 속으로는 우는 '스마일 페이스 증후군'이 심화되고 있는 실정입니다. 일부 고객들의 잘못된 갑질을 참고 계속 미소를 유지하는 것이 옳은 것인지 토론하여 봅시다.

Question 2.

① 자신의 표정을 진단하여 봅시다.

	항목	체크
1	내 웃음소리는 밝아서 주위에 웃음을 전염시킨다.	
2	웃는 얼굴이 매력적이라는 칭찬을 받은 적이 있다.	
3	나는 나의 웃는 얼굴이 마음에 든다.	
4	사진에서의 나의 모습은 항상 웃는 모습이다.	
5	거울 앞에서 자주 웃는 표정을 짓고 연습한다.	
6	사람들에게 인상 좋다는 이야기를 많이 듣는다.	
7	웃을 때 치아가 보인다.	
8	미소를 머금은 상태에서 말하는 것이 익숙하다.	
9	사진촬영 시 미소 띤 얼굴이 자연스럽다.	
10	웃음소리가 크고 시원하다.	

8~10개 : 최고의 미소를 가진 사람
6~7개 : 표정이 밝은 사람, 더 노력하면 최고의 미소를 가질 수 있는 잠재력이 충분함
5개 이하 : 조금만 노력하면 얼마든지 밝은 표정을 가질 수 있는 사람

② 결과를 참고하여 앞으로의 나의 표정 이미지메이킹을 위해 할 수 있는 방안은 무엇인가요?

용모 · 복장매너

"자기관리는 사회경쟁력을 높이고, 업무수행에 긍정적 영향력을 끼치고 더 나아가 속한 조직의 이미지를 상승시킨다."

Education Guide Map

용모 · 복장매너
- 복장매너
- 복장의 TPO
- 남성과 여성의 올바른 복장 예시
- 복장의 기능

안녕하세요. 오늘은 지난 시간 표정, 인사에 이어 복장매너에 대해 함께 학습할 시간입니다. 복장매너는 인간생활의 가장 기본 요소인 의 · 식 · 주 중 "의(依)"를 담당하는 것으로 자기관리에 많은 부분을 차지하고 있습니다. 그럼, 복장매너에 필요한 것들은 무엇인지 함께 학습하여 봅시다.

✓ 복장매너

복장은 단순히 '옷을 입다'의 의미를 넘어서서 자신의 개성을 표출하고, 상대방에게 '예(禮)'를 표현하기도 하며, 조직의 단결과 직업의 정보를 나타내기도 하는 등 다양한 역할을 하고 있습니다. 복장을 단순히 '그냥 입기만 하면되는 거 아니야?'라고 생각하고 있다면 복장 뒤에 왜 매너라는 단어가 붙어있는지를 아래 사례를 통해 다시 한 번 더 생각해 봅시다.

자, 여성들이 자주 이용하는 한 인터넷 카페에 다음과 같은 제목의 글이 올라왔습니다.

"친구가 제 결혼식에 하얀색 원피스를 입고 와서 제 옆에서 결혼식 단체 사진을 찍었는데 어떻게 생각하세요?"라는 글이었는데요, 이 제목의 글은 순식간에 많은 조회수와 다양한 의견을 제시하는 댓글들이 달리기 시작하여 해당 카페에서 큰 이슈가 되었습니다. 여러분은 어떤 의견을 갖고 있는지 궁금합니다.

대부분의 의견은 친구의 잘못을 질책하는 댓글들이었지만, 제 눈길을 끄는 건 '결혼식에 흰색을 입지 않는 것은 그저 신부를 위한 배려이지 의무는 아니니까 전혀 잘못은 없다.'라는 소수의 솔직한 의견이었습니다. 이 의견에 생각보다 많은 사람들이 동의를 하고 있었는데요, 결론적으로는 틀린 말은 아닙니다. 배려이지 의무는 아닌 거죠. 하지만 모든 상황에는 그에 맞는 드레스 코드가 있듯이 결혼식은 누구보다 신부가 주인공이므로 신부가 돋보일 수 있도록 하객들은 가급적 흰색 옷을 피하는 것이 결혼식장의 복장매너입니다. 적어도 그 날의 주인공인 신부를 배려했더라면 민폐하객이 되는 일은 없었을 테니까요. 이렇게 많은 사람들의 입에서 설왕설래가 되고 있다는 것은 분명 '매너', 즉 '배려'의 아쉬움이 있다는 것을 반증하는 것 아닐까요?

위 사례처럼 시간Time과 장소Place, 상황Occasion에 맞는 복장매너가 있습니다. TPO라고 하는데요, TPO를 고려한 잘 갖춰진 복장은 사람들에게 신뢰를 주지만, 반대의 경우는 신뢰를 잃기도 합니다. 예로, 미국의 퍼스트레이디 멜라니아 트럼프 여사가 자연재해로 삶의 터전을 잃고 상심한 주민들을 만나러 가기 위해 재난현장을 방문하자 많은 기자들과 시민들이 그녀의 '스틸레토 힐'에 대해 문제를 삼았었죠. 즉 자연재해로 모든 것을 잃은 주민들을 위로하러 가는 복장으로는 부적절하다는 것이었습니다. 이른바 '홍수패션'이라는 불명예를 얻는 퍼스트레이디의 복장은 대중들의 분노를 사기에 충분했고, G7 정상회의 참석 때는 대다수 미국인이 한 해 동안 버는 돈보다 비싼 명품 옷을 착용하여 논란이 되기도 하였습니다.

비단 복장의 비매너가 유명 공인들에게서만 볼 수 있는 것은 아닙니다. 주변을 돌아보면 직장 동료 및 상사, 그리고 가까운 지인들, 가족들에게서도 이러한 오류들을 발견할 수 있습니다. 따라서 복장을 갖추어 입을 때는 내가 참석하는 장소는 어디인지, 비즈니스 업무로 누군가를 만나야 한다면 상대방이 속한 조직문화는 제대로 파악했는지 등의 복장 상식을 지켜나가는 것이 자신과 회사를 돋보이게 하는 전략이자 수단이 될 수 있음을 잊지 말아야겠습니다.

☑ 복장의 TPO

TPO에 따른 직장에서의 복장 매너를 함께 알아보겠습니다. 우리가 일반적으로 비즈니스 업무를 볼 때 Business Professional과 Business Casual로 나누는 데요, 완벽한 정장차림이냐 세미정장이냐의 차이 정도로 보면 되겠습니다. Business Professional에서 남성의 경우 동일한 컬러의 재킷과 바지가 구성된 정장에 드레스셔츠와 넥타이가 착용된 Full정장 차림을 뜻하며, 여성의 경우 역시 치마정장 혹은 바지정장을 한 Full정장 차림을 일컫습니다. Business Casual은 남성과 여성 모두 재킷은 필수가 아니며, 셔츠나 블라우스의 컬러 역시 자유롭게 선택이 가능하다는 점에서 Business Professional과 차이를 이루지만 비즈니스 업무에서의 복장은 그 복장이 Full정장차림이든, 세미정장이든 항상 정장구두를 착용해야 한다는 점이 매우 중요합니다.

〈Business Casval vs. Professional〉

우리나라의 기업별 복장매너를 살펴보겠습니다. 공기업이나 금융권, 대기업의 경우처럼 보수적인 분위기에서는 단정하고 깔끔한 정장차림이 가장 좋은 대안입니다. 복장으로 자신의 개성을 강하게 드러내는 것은 조직문화에 어울리지 않는 사람이라는 낙인이 찍힐 수 있기 때문에 컬러를 선택할 때에도 검정색, 남색 등 안정감과 무게감이 있는 컬러를 선택하는 것이 좋습니다.

그러나 IT계열이나, 연구직 등 오랫동안 앉아서 일을 해야 하는 곳의 경우는 실용성을 살려 앞서 설명한 비즈니스 캐주얼 형태의 세미정장 착용을 선호하는 편입니다.

유통 및 패션관련 계열의 경우는 어떨까요? 유행 트렌드를 잘 파악하고 관심을 기울여 다양한 아이템을 시도하는 패셔너블한 복장이 추구되고 있으니 자신이 몸담고 있는 업무의 성격과 조직성격에 맞는 복장과 애티튜드를 잘 갖추는 것이 복장매너를 잘 보여주는 예시가 될 것입니다. 실제로 자신의 비즈니스 상대나 면접 시 해당 조직의 분위기를 잘 파악하여 그에 걸맞게 복장을 갖추어 입는 것이 플러스 요인이 되기도 하는데요, 예로, 한 면접자가 가고자 하는 외국계열의 기업에서 착용하는 유니폼 컬러가 '자주색'인 것을 착안하여 면접 때 자주색 컬러의 재킷을 입고 면접장에 들어가 면접관의 시선을 한몸에 받았다는 사례는 우리가 매 조직마다 추구하는 성향을 잘 알아보고 준비했을 때 더 많은 호감을 받을 수 있다는 것을 알려주는 좋은 사례가 될 것입니다.

반대로 복장매너를 잘 지키지 못한 경우를 살펴보겠습니다. 복장을 갖추기 위한 우리의 용모관리도 복장매너 범주에 들어간다는 사실을 아시나요? 잘못된 용모관리는 제 아무리 잘 갖추어 입는 복장도 아무 쓸모없는 천 조각으로 만들어 버리기 때문에 항상 신경 쓰고 관리해야 합니다.

남성의 경우는 손톱상태, 헤어의 단정함, 땀을 관리할 수 있는 손수건, 불청결한 냄새, 면도상태 등을 항상 관리하도록 하며 여성의 경우 과도한 액세서리, 지나치게 화려한 네일아트, 진한 향수 등은 피하고, 남성의 경우와 마찬가지로 손톱관리 및 튀는 헤어컬러는 지양해야겠습니다. 강의를 다니다보면 생각보다 많은 직장인들에게서 복장매너와 용모관리에 있어 스스로 관대한 기준을 가지고 있는 경우를 종종 발견하는 경우가 있습니다.

잊지 맙시다. 지금 내가 입고 있는 복장, 지금 나의 용모상태는 '나 자신'만을 부끄럽게 하는 것이 아니라 내가 몸담고 있는 '조직' 전체의 대표 얼굴이 될 수 있다는 사실을요.

☑ 남성과 여성의 올바른 복장 예시

남성의 경우 짙은 색의 수트가 가장 무난하며, 드레스 셔츠는 화이트 컬러를 선택하도록 합니다. 목덜미의 재킷 칼라는 정장 깃보다 대략 1.5cm 정도 위로 올라와야 하며, 재킷의 소매를 자연스럽게 내렸을 때 재킷 밖으로 나온 셔츠의 길이 역시 1.5cm~2cm 정도 나와야 합니다. 넥타이는 블루계열의 단정한 컬러를 매치하되, 길이는 벨트라인이 적당하며, 양말의 경우 정장의 컬러보다 항상 어두운 컬러를 선택하고, 구두는 블랙색상의 구두를 신는 것이 좋습니다.

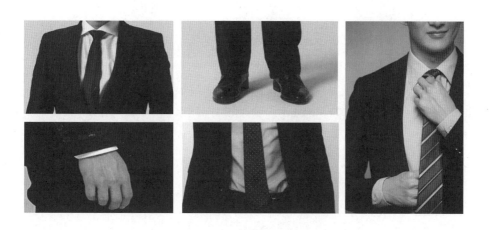

여성의 경우는 남성처럼 정장을 입을 때 규칙 등이 정해져 있는 것은 아니지만, 가장 기본적인 스타일 정장을 계절별로 두세 벌 가량 갖추고 있으면 서로 매치하여 연출하기 좋습니다. 남성의 경우는 넥타이로 때에 따라서 자신의 개성을 살릴 수 있지만, 여성은 이너웨어나 액세서리로 자신의 개성을 나타내기도 하는데, 이너웨어의 경우 화이트, 파스텔 계열의 컬러 등을 구비하면 좋습니다. 여기에 스카프나 코사지 등으로 코디를 하면 포인트를 살릴 수 있을 뿐 아니라 활기찬 이미지도 연출할 수 있습니다. 특히 전체적으로 체격

이 있는 여성이라면 상, 하의의 색상을 통일하여 입고, 짙은 컬러로 입으며 큰 무늬나 스트라이프 무늬는 체격을 더 크게 보이게 하므로 피하는 것이 좋습니다. 반면, 키가 작고 체격이 왜소한 경우의 여성은 반대로 굵은 스트라이프나 체크무늬가 있는 옷을 선택하는 것이 좋고, 특히 이너웨어의 컬러를 밝은 컬러로 선택하되, 너풀거리는 블라우스 형태도 작고 왜소한 몸을 커버하는 데 좋은 아이템입니다. 또한, 상체의 재킷 색상을 밝은 원색계열로 연출하여 시선을 상체로 주목시켜 체형의 단점을 보완할 수도 있습니다. 복장을 선택할 때에도 자신의 체형을 고려하여 연출해봅시다.

☑ 복장의 기능

신체보호의 기능

복장은 체온을 조절시키는 역할과 동시에 땀과 피지 등으로부디 피부를 보호하는 기능이 있으며, 특히 소방복, 우주복, 실험복, 잠수복 등을 통해 특수한 환경과 위협으로부터 신체를 보호하는 기능이 있습니다.

위생 관리의 기능

복장에서 위생은 매우 중요한 역할을 합니다. 조리사, 의료인 등 위생을 철저히 해야 하는 직업군의 복장은 사람의 생명과도 연결되어 있기 때문에 특별히 관리해야 하는데요, 조리사의 경우 자신의 복장을 제대로 갖추지 못한 상태에서 음식을 조리한 후 손님이 음식에서 불청결한 이물질을 발견하였을 때를 가정해봅시다. 그 순간 기업의 경우는 이미지에 큰 타격을 받아 매출로 연결되어 손해를 볼 것이고 소매업은 폐업을 해야 할 수도 있습니다. 요즘 식료품 업체 등에서 만드는 과정을 견학형태로 체험할 수 있도록 소비자들을 참여시키는 이유는 여러 가지가 있지만 철저히 갖춰진 위생적인 복장을 통해 소비자들에게 해당 기업의 청결한 이미지를 인식시키기 위한 이유가 가장 큰 목적입니다.

개성 표현의 기능

복장을 통해서 자신의 아름다움을 표현하고 다른 사람과의 구별을 통해 자신의 개성을 표출하며, 추구하고자 하는 이상적인 자아를 복장을 통해 완성시키기도 합니다. 연예인들이 시상식에서의 드레스 표현이나 일반인들의 개성 표현이 바로 이러한 예시입니다. 다만 그 개성이 지나치게 표현되어, 과도한 노출이나 TPO를 고려하지 못한 잘못된 개성표출 복장은 다른 사람들로 하여금 불편하게 하고 눈살을 찌푸리게 만들 수 있습니다.

직업과 신분 표출의 기능

복장은 직업과 신분을 나타내기도 합니다. 유니폼은 개인에게 조직에 대한 소속감과 사명감을 갖게 하며, 유니폼을 착용한 순간부터는 '나' 자신이 아니라 '조직의 얼굴'이므로 맡은 일에 대해 책임감 있는 행동과 말이 필요합니다. 특히 출·퇴근길 회사 유니폼을 입고 출근을 해야 하는 직무의 경우는 직무의 성격이 고객 서비스와 연관된 업무일수록 자신이 일하는 직업과 조직이 한눈에 타인들에게 노출되기 때문에 말 한마디, 행동하나에도 조심하고 겸손한 자세가 필요합니다.

예의 표현의 기능

다양한 의식을 표현하고자 할 때 그 상황에 맞는 복장을 입게 됩니다. 결혼식, 장례식, 졸업식 등 때와 장소에 맞는 옷을 갖춤으로써 복장으로 상대에게 예를 표시하기도 하는데요, 그 상황에 맞는 의복을 갖추어 입는 것을 모든 사람들은 당연한 예라고 생각하지만, 부적절하고 규범에 맞지 않는 복장은 사람들에게 좋지 않은 인상으로 각인되고 신뢰를 잃기도 합니다.

복장 강의를 할 때 일반적으로 복장의 기본매너에 대해 강의를 하기도 하지만, '퍼스널컬러 (Personal Color) 이미지메이킹'을 통한 복장연출 강의를 하기도 합니다. 복장연출 강의의 핵심은 개인마다 자신의 타고난 신체색상과 조화를 이루는 컬러들의 조합을 찾아, 보다 생기 넘치고 활기찬 이미지를 연출하려고 마련된 강의로 이론적으로 공부를 해서 할 수 있는 영역은 아닙니다. 따라서, 퍼스널 컬러와 관련한 이미지메이킹 과정을 공부하고 실습해야 가능한 부분이므로, 혹시 이미지메이킹에 관심이 많은 예비 강사분들이 있다면 퍼스널 컬러 과정을 공부해보길 추천합니다.

실전과제

Question 1. TPO에 맞는 복장 매너의 예시를 3가지 이상 들어봅시다.

Question 2. 미국의 한 유명기업에서는 반바지나 청바지를 입어도 되는 자유로운 복장을 허용하고 있습니다. 그러나 자유로운 분위기 속에서도 잘못되거나 지나친 옷차림에는 제재를 가하기도 한다는데요. 직원들은 기업에서 자율복장을 허용하였음에도 불구하고 자신의 개성을 표출하는 직원들 개개인의 복장을 인사담당자가 지적하는 것은 불합리하다는 의견이 지배적입니다. 기업에서는 직원 개인의 개성표현을 어디까지 허용해야 옳은 것인가요? 그리고 기업에서 허용하는 자율복장의 정의는 무엇일까요?

cs ✱ master

DAY
09

보이스 트레이닝 I

"표현을 잘하는 사람의 특징은 말의 억양이나 속도변화를 잘 이끌어 내는 데 있다."

Education Guide Map

보이스 트레이닝 I
- 스피치의 기본조건
- 호흡과 발성
- 복식호흡 하는 법
- 발성하는 법
- 발음

안녕하세요. 오늘은 우리 강사들이 반드시 갖추어야 할 음성표현 시간입니다. 기본훈련을 철저히 익혀 앞으로 강의활동을 하는 데 멋진 청각적 요소를 갖출 수 있도록 합시다. 그럼, 시작할까요?

✔ 스피치의 기본조건

전문가들에 의하면 대다수 사람들의 경청력은 6~8초에 불과하기 때문에 스피치가 짧고 명료할수록 좋다고 말하고 있습니다. 짧지만 명확한 의사전달을 위해서는 많은 준비들이 필요로 하는 데 강사들이 스피치에 가장 큰 공을 들여야 하는 이유가 바로 여기에 있습니다. 아무리 좋은 콘텐츠라도 이를 전달하는 주체인 강사의 전달력이 부족하다면 사람들의 집중력도 떨어질 수밖에 없고 결국 받아들이는 내용도 극히 적어질 수밖에 없기 때문입니다.

"한 시간의 스피치에는 아무런 준비가 필요 없다. 20분 정도의 스피치에는 두 시간 정도의 준비가 필요하다. 그러나 5분간의 스피치에는 하룻밤의 준비가 필요하다."고 말한 미국 28대 대통령 윌슨의 말은 스피치의 간결함과 명확한 의사전달이 얼마나 중요한지 알려줍니다.

스피치는 일반적으로 모두가 알아들을 수 있도록 표준어를 쓰되, 이해 가능한 가장 쉬운 말과 구어체에 적합한 자연스러운 말을 쓰는 것이 좋습니다.

그러기 위해서는 분명한 발음과 의미 전달, 좋은 음성과 세련된 표현 그리고 적당한 속도 조절 등이 필요합니다. 스피치를 잘하고자 한다면 기본훈련에 대한 준비가 잘 되어 있어야 좋은 연설, 강의 등을 하는 데 무리 없이 잘 진행할 수 있습니다.

자 그럼, 본격 스피치를 하기 전에 보이스 트레이닝으로 기본기를 다져봅시다.

☑ 호흡과 발성

발성은 소리를 내는 것을 말하고 호흡은 숨을 쉬는 것을 말합니다. 먼저 발성 훈련이 잘 이루어지기 위해서는 호흡이 매우 중요한 역할을 하는데, 우리가 일반적으로 하는 흉식호흡[1]이 아닌 복식호흡[2]을 통해서 자신의 안정된 음성을 찾아갈 수 있습니다. 강사로서의 호흡과 발성은 우리가 일상적으로 하는 방법과 달리 연습이 필요 하기 때문에 기본 복식호흡 방법부터 확인하겠습니다.

☑ 복식호흡 하는 법

허리와 어깨를 곧게 하여 바른 자세로 숨을 쉽니다. 배에 손을 올리고 배가 천천히 부풀려질 수 있도록 숨을 깊게 들여 마십니다. 숨을 충분히 들여 마신 후 잠시 멈춘 뒤 긴 호흡으로 내쉬면서 배 안의 공기를 천천히 다 빼도록

---

[1] 흉식호흡 : 늑골의 운동을 통해 행하는 호흡방식
[2] 복식호흡 : 배의 근육을 움직여 횡경막을 늘였다 줄였다 하는 호흡방식

합니다. 마치 배 안에 풍선이 들어있다고 생각하면서 호흡을 하면 더 쉽습니다. 숨을 들이쉴 때는 배 안의 풍선을 크게 불고 있다는 느낌으로 들이마시고, 내쉴 때는 풍선의 공기를 빼는 느낌으로 긴 호흡으로 내쉬어봅니다.

복식호흡이 잘 되면 이번에는 복식호흡을 통해 소리 내는 연습을 해볼 텐데요, 복식호흡을 통해 나는 소리를 '발성'이라고 합니다. 복식호흡에서 숨을 들이마시고 내쉬면서 '아~'라고 10초간 소리를 내는데, 이때 소리의 음성 크기를 점점 더 크게 연습을 해보는 것이 좋습니다.

예시)
나지막하게 10초간 아~
중간 음 소리로 10초간 아~
큰 소리로 10초간 아~

연습이 잘 진행되면 그 이후 10초에서 15초로 시간을 늘려 해보도록 합니다. 이렇게 호흡이 있는 울림이 공명인데, 공명이 없는 음성은 발성이 안 되는 것이고 이는 결국 목에서만 나오는 음성이므로 전문가다운 음성을 갖출 수 없습니다. 공명이 있는 음성은 발성이 되는 음성이며 배에서 나오는 그야말로 복식호흡이 잘되는 음성이라 할 수 있습니다. 가수들이 노래를 잘 하려고 복식호흡부터 배운다고 하니 복식호흡이 왜 중요한지 아시겠죠?

복식호흡은 혈액순환과 스트레스 해소에도 좋은 영향을 미치고 있을 뿐 아니라 다이어트와 감정 조절에도 더할 나위 없이 좋은 운동입니다. 아침마다 복식호흡을 통해 잠시나마 외부자극으로부터 벗어나 잠깐의 명상을 해본다면 일거양득의 효과를 누릴 수 있습니다.

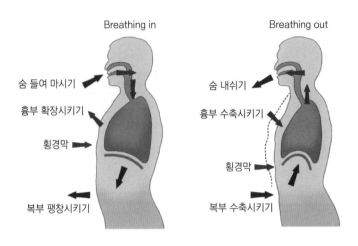

숨 들여 마시기　　　　　　　　숨 내쉬기

흉부 확장시키기　　　　　　　흉부 수축시키기

횡경막　　　　　　　　　　　횡경막

복부 팽창시키기　　　　　　　복부 수축시키기

〈복식호흡 하기〉

> **(!) 서비스 강의 HOW TO**
>
> 스피치는 서비스강사에게 매우 중요한 역할을 합니다.
>
> 정확한 전달력, 듣기 좋고 편안한 음성, 말의 강약이 있어서 집중할 수 있는 리듬감 등은 적게는 몇 십분 강의에서부터 길게는 8시간 이상의 긴 릴레이 강의에도 많은 교육생들에게 지루함을 덜 느끼게 하고, 오히려 재미와 정보 전달에 좋은 역할을 합니다.
>
> 그러므로 평소에 복식호흡을 충분히 연습하여 자연스러운 발성이 이루어 질 수 있도록 하는 것이 중요합니다.

✓ 발성하는 법

올바른 발성의 시작은 호흡이며 그 다음이 바로 입을 크게 벌리는 것입니다. 작은 소리, 발음이 불분명한 소리 등은 입을 작게 벌리고 소리를 내는 경우가 대다수이므로 먼저 입을 크게 벌리고 소리를 내는 습관을 갖추는 것이 좋습니다. 발성연습은 앞으로 수많은 사람들 앞에서 강의해야 할 자신의 자신감과 자존감까지 높여주는 역할을 하기도 합니다. 입을 크게 벌려 발성을 하고 발음을 하다 보면 자신도 모르게 달라진 스스로의 모습을 발견할 수도 있을 테니까요.

기초발성으로 '아-에-이-오-우'라고 소리를 내는데, 이때 반드시 복식호흡을 통해 소리를 천천히 발성하여 봅니다. 다시 한 번 더 강조하지만 발성연습은 반드시 입을 크게 벌리고 시작합니다. 새내기 강사시절 필자 역시 가녀

린 음성 때문에 고민이 많았던 적이 있는데, 호흡에 문제가 있다는 것을 깨닫고 아침 기상 후 매일 10분씩 복식호흡과 '아에이오우' 훈련을 한 후 신문의 사설 한 부분을 큰 소리로 읽으면서 발성훈련을 꾸준히 하였습니다. 효과는 당연히 좋았으니 지금부터 연습해보도록 합시다.

발성훈련에 있어 다양한 방법들이 제시되고 있지만, '아에이오우' 훈련을 제대로 하는 것만으로도 큰 효과를 얻을 수 있습니다.

✓ 발음

우리나라의 발음은 기본적으로 14개의 자음과 10개의 모음으로 이루어져 있습니다. 자음의 경우 공기가 목청을 통과하여 목안과 입안의 장애를 받으면서 소리가 나지만, 모음의 경우는 발음 기관의 장애를 받지 않고 소리가 납니다. 그래서 평소 목소리가 작아서 혹은 입을 크게 벌리지 않아서 발음이 명확하지 못하다는 평가를 받은 경우는 거의 대부분이 모음의 문제로, 입을 크게 벌려 발음을 하면 상당 부분 고칠 수 있습니다.

한국어진흥원에 따르면 자음의 경우는 한 단어의 발음에 두 가지 형태가 나타난다고 제시하고 있습니다. 예로 '창고'라는 단어를 〔창고〕로 읽거나 〔창꼬〕라고 읽는데요, 이때 '창꼬' 발음이 정확하고 '창고'는 틀린 발음이 되기 때문에 자음은 틀리지 않게 정확하게 발음하는 것이 중요하다고 지적하고 있습니다. 모음의 경우는 정확하다 부정확하다의 차이가 아닌 얼마나 명확하게 발음을 하느냐에 따라 그 차이가 발생하는데요, 우리가 '우'라는 발음을 입을 크게 벌리지 않으면 '우'인지 '으'인지를 상대방이 정확하게 전달받을 수 없으므로 모음을 입을 크게 벌린 상태에서 소리를 내어 명확하게 발음을 하는 것이 좋겠습니다.[1]

자, 본격적으로 실습을 통해 발음을 하나씩 교정해 나가보도록 할게요.

---

[1] kbs한국어진흥원(2009). 리더십, KBS한국어.

연습 1)

	ㅏ	ㅑ	ㅓ	ㅕ	ㅗ	ㅛ	ㅜ	ㅠ	ㅡ	ㅣ
ㄱ	가	갸	거	겨	고	교	구	규	그	기
ㄴ	나	냐	너	녀	노	뇨	누	뉴	느	니
ㄷ	다	댜	더	뎌	도	됴	두	듀	드	디
ㄹ	라	랴	러	려	로	료	루	류	르	리
ㅁ	마	먀	머	며	모	묘	무	뮤	므	미
ㅂ	바	뱌	버	벼	보	뵤	부	뷰	브	비
ㅅ	사	샤	서	셔	소	쇼	수	슈	스	시
ㅇ	아	야	어	여	오	요	우	유	으	이
ㅈ	자	쟈	저	져	조	죠	주	쥬	즈	지
ㅊ	차	챠	처	쳐	초	쵸	추	츄	츠	치
ㅋ	카	캬	커	켜	코	쿄	쿠	큐	크	키
ㅌ	타	탸	터	텨	토	툐	투	튜	트	티
ㅍ	파	퍄	퍼	펴	포	표	푸	퓨	프	피
ㅎ	하	햐	허	혀	호	효	후	휴	흐	히

발음을 연습할 때는 복식호흡을 통해 소리가 배에서 잘 나올 수 있도록 하며, 다시 한 번 강조하지만 발음이 명확하지 않을 때는 모음의 문제가 있는 경우가 대부분이므로 입을 크게 벌려 연습하는 것이 좋습니다.

우리 입 주위의 근육을 최대한 활용하여 발음하는 것이 좋은데, 사전에 먼저 입 주변 근육운동을 충분히 하여 입술과 혀의 운동이 원활히 이루어지도록 합니다. 이때 주의해야 할 것은 혀 운동 발음의 경우 턱이 아닌 혀로 발음한 다고 생각하고 연습하는 것이 포인트이니 잊지 마세요.

연습 2)

혀운동

다	댜	더	뎌	도	됴	두	듀	드	디
라	랴	러	려	로	료	루	류	르	리
사	샤	서	셔	소	쇼	수	슈	스	시

입술운동

마	먀	머	며	모	묘	무	뮤	므	미
바	뱌	버	벼	보	뵤	부	뷰	브	비

턱 운동

카	캬	커	켜	코	쿄	쿠	큐	크	키

이번에는 문장으로 연습하겠습니다. 정확한 발음을 위해 볼펜을 물고 연습하는 경우도 있으나 볼펜보다 나무젓가락으로 연습하는 것이 위생 면이나 효과 면에서 더 긍정적이라는 전문가들의 의견이 많으니 참고하세요. 나무젓가락을 물고 발음 할 경우 무엇보다 혀의 움직임이 활발해지고 혀 운동이 되어 발음에 좋은 영향을 줄 수 있습니다. 자 그럼, 자음은 틀리지 않고 정확하게! 모음은 입을 크게 벌려 명확하게 발음하는 것을 다시 한 번 더 가슴에 새기고 연습을 시작하겠습니다.

연습 3)

1	저기 있는 저 분은 박 법학박사이고, 여기 있는 이 분은 백 법학박사이다.
2	서울특별시 특허 허가과 허가과장 허과장
3	신진 샹송가수의 신춘 샹송쇼우
4	칠월칠일은 평창친구 친청 칠순 잔칫날
5	한국관광공사 곽진광 관광과장
6	김서방네 지붕 위에 콩깍지가 깐 콩깍지냐 안 깐 콩깍지냐?
7	귀돌이네 담 밑에서 귀뚜라미가 귀뚤뚤뚤 귀뚤뚤뚤 뚤뚤이네 담 밑에서 귀뚜라미가 뚤뚤뚤뚤 뚤뚤뚤뚤
8	새우로얄뉴로얄
9	청단풍잎 홍단풍잎 백단풍잎
10	고려고 교복은 고급교복이고 고려고 교복은 고급원단을 사용했다.
11	앞뜰에 있는 말뚝이 말 맬 말뚝이냐 말 안 맬 말뚝이냐?

무엇보다 가장 좋은 것은 흉내 내어 말하기입니다. 자신이 평소 닮고 싶은 아나운서나 방송인의 스피치를 잘 보고 표정과 음성, 강약 등을 파악한 후 따라해 보는 것인데요, 제가 가장 추천하는 방법은 바로 '기상캐스터 따라하기'입니다. 기상캐스터들의 스피치를 잘 살펴보면, 표정은 미소를 띠고 있으며, 정확한 발음과 표준화된 억양스킬을 갖고 있다는 것이 가장 큰 강점인데요, 말하면서 미소를 짓는 것은 사실 쉬운 일이 아닙니다. 특히 우리처럼 서비스를 강의해야 할 강사들에게서는 필요한 스킬이기도 하지요. 보통 기상캐스터들의 방송은 기사내용과 함께 인터넷에 제공되고 있으니 기상캐스터들 중 자신의 음색과 가장 잘 어울리는 사람을 찾아 기상예보 하나를 정하여 50번 이상 듣고 기상예보 스크립트를 따라하면 자연스럽게 발음, 발성, 억양 등이 연습될 것입니다.

외국어학습에서 가장 좋은 학습법은 많이 듣고 직접 말해보는 것인데, 우리가 발음, 발성, 억양을 교정할 때에도 역시 외국어 학습하듯 공부하는 것이 가장 좋습니다.

 실전과제

Question 1. 발음 발성 연습을 충분히 하여 기상예보를 읽어보겠습니다.

오늘도 전국이 맑고 쾌청한 하늘을 보이겠습니다. 아침저녁으로는 제법 쌀쌀하게 느껴지겠는데요. 현재 서울의 아침기온은 16도에 머물고 있습니다.
하지만 낮에는 27도까지 올라 평년 기온을 조금 웃돌겠고요. 일교차도 전국적으로 10도 이상 크게 벌어지는 곳이 많겠습니다.
현재 내륙을 중심으로 안개가 짙게 끼어있습니다. 출근길 안전운전 하셔야 겠고요.
미세먼지 농도는 전국이 '보통' 수준으로 야외활동하기에도 무난하겠습니다.
이어서 지역별 날씨입니다.
오늘 서울의 낮 기온 27도, 인천 26도가 예상됩니다.
경기 북부지역, 일교차가 크게 벌어집니다. 감기 걸리지 않도록 옷차림에 보다 신경 쓰셔야 겠습니다.
경기 동부지역의 한낮 기온은 26도 안팎으로 어제보다 1에서 2도가량 높겠습니다.
경기 남부지역은 가을볕이 강하게 내리쬐면서 자외선 지수도 높겠습니다.
주말을 지나 다음 주 초반까지도 맑은 날씨가 이어지겠고, 일교차도 크겠습니다.
날씨였습니다.

※출처 : 장지원기상캐스터 OBS 뉴스

보이스 트레이닝 II

"강사로서의 음성 강약과 고저 훈련이 잘 조화된 스피치는 청중을 이끄는 힘의 원동력이 될 수 있다."

안녕하세요. 지난 시간 우리 함께 보이스 트레이닝의 기본이 되는 훈련들을 함께 학습하였습니다. 오늘은 그 실전편으로 본격적인 스피치 훈련에 들어가 보도록 하겠습니다.

✅ 두려움을 극복하는 방법

강의를 하다 보면 다양한 상황에 직면하게 됩니다. 당황스러운 상황이 연출되거나 교육생들과의 불협화음이 생길 때 강사들은 보통 자존심에 상처를 받거나 일에 대한 회의감이 발생되어 말 그대로 직무스트레스를 겪게 되죠. 특히 강의 중에는 강의를 중단할 수도 없을뿐더러 마무리를 해야 하므로 더더욱 감정 조절은 필수입니다. 이유는 바로 강사의 감정이 스피치를 통해 다

들어나기 때문이죠. 목소리가 긴장되어 떨린다든지, 음성의 크기가 작아진다든지, 말을 예기치 않게 더듬게 된다든지 등등 감정이 말로 표현되는 난감한 상황에 봉착하게 됩니다. 물론 감정과 상관없이 스피치가 가능한 베테랑 강사들은 염려할 필요가 없겠지만, 새내기 시절에는 늘 강단에 서는 것이 두렵고 불안하기도 하거든요.

특히, 교육생들의 반응이 시큰둥하거나 강의에 반감을 가지는 교육생과의 마찰을 겪게 되는 상황은 더더욱 강사의 마음가짐을 힘들게 하는 요소 중 하나입니다.

이러한 두려움을 극복하려면 어떻게 해야 좋을지 함께 알아보도록 하겠습니다.

☑ 이미지 트레이닝으로 극복하기

먼저, 강의의 다양한 상황에 대한 이미지 트레이닝을 해보는 것이 매우 중요한데요, 실제 연습과 병행을 하면 충분히 그 효과가 나타날 수 있기 때문에 많은 전문가들이 추천하는 방법입니다. 예로, 운동선수들이 큰 경기를 앞두고 본인이 직면할 수 있는 다양한 상황을 머릿속으로 그려보는 작업을 꾸준히 하여 기량이 훨씬 나아졌다는 연구결과들이 이 방법의 충분한 근거가 될 수 있는데요, 이미 뇌 의학적으로도 밝혀진 사실로 이미지 트레이닝이 특정 능력의 향상을 자극시킨다는 연구결과가 있습니다.[1]

☑ 마음일기 작성해보기

우리가 두려움 극복이 힘든 이유는 준비한 만큼 역량을 다 발휘하고자 하는 완벽성 때문일지도 모르겠습니다. 완벽하게 수행하려다 보면 조금의 실수에도 자신감을 잃어버리기 쉽거든요. 두려움을 마냥 피하려고 하지 말고 정면으로 부딪쳐보는 건 어떨까요? 좀 실수하면 어때요! 자꾸 두려움 안으로 자신을 감추려고 하면 할수록 그 부정적 감정은 더 증폭될 테니 이때는 내 마음의 두려움들을 일기에 담담히 작성해 보는 겁니다. 나의 감정과 상대방에

---

[1] 누구치 테츠노리(2007). 확률은 성공의 답을 알고 있다.

게 보여질 나의 표정과 음성 그리고 행동들을 작성하여 자신이 무엇을 특별히 두려워하는지 작성해보면 큰 도움이 될 거예요. 눈에 보이지 않는 두려움보다 내 눈앞에 보이는 두려움 극복이 더 쉬울 테니까요. 그리고 적당한 두려움은 자신의 성장에 큰 디딤돌이 된다는 사실을 잊지 맙시다.

스피치를 하는 데 있어서 두려움을 극복하는 것은 매우 중요한 장애를 제거하는 것과 같습니다. 마음의 수련도 중요하지만, 무엇보다 이를 극복하고자 하는 자신의 의지가 정말 중요하다는 것을 다시 한 번 더 마음속에 새겨보겠습니다.

✔ 스토리텔링 스피치

스토리텔링은 '스토리story + 텔링telling'의 합성어로 상대방에게 재밌고 설득력 있게 전달하는 행위를 말합니다.[2] 강사에게서 스토리텔링이 중요한 이유가 청중들은 단순히 정보를 전달받는 것보다 강사와 자신과의 정서적 공감을 통해 소통하고자 하는 욕구가 매우 크기 때문이라는 사실을 아시나요? 앞서 강사가 단순히 'Speaker'가 아닌 'Storyteller' 혹은 'Mentor'가 되는 것이 바람직하다는 것도 바로 청중과의 교감이 중요하기 때문입니다.

강사가 만나는 청중은 다양한 계층, 연령대의 사람들로 구성되어 있는데, 모든 사람들은 단순히 정보를 전달받는 것보다 스토리를 듣는 것에 더 흥미를 느끼며, 우리가 강의를 스토리텔링으로 풀어나갈 때 교육생들은 이를 더 쉽고 재밌게 받아드린답니다. 실제 연구결과에 따르면 사람들은 사실 그 자체를 설명해주는 것보다 이를 스토리로 풀어서 들을 때 약 20배 이상 더 잘 기억한다는 연구결과가 있습니다.[3]

그럼, 스토리텔링에 앞서 기본 구조를 통해 스피치트레이닝을 먼저 해보도록 하겠습니다.

---

[2] 국학자료원(2006). 문학비평용어사전
[3] 스미스(2013). 스토리로 리드하라

✅ PREP법 스피치

PREP법은 Point(요점, 주장, 화제)-Reason(이유)-Example(사례)-Point(요점, 결론)의 구조로 이루어진 간단하지만 효과적인 스피치기법 중 하나입니다. 특히, Example 사례부분에서 자신만의 스토리나 이야기를 스토리텔링을 통해 전달한다면 논리적이고도 풍성한 스피치를 할 수 있습니다. 예시를 보면서 같이 연습해보겠습니다.

예시1) 간단한 PREP법 스피치

P : 반려견은 아이들의 정서에 좋은 영향을 끼칩니다.

R : 반려견이 아이들의 부정적 스트레스를 감소시키는 연구결과가 근거를 뒷받침 해주는데요.

E : 실제로 미국 플로리다 대학교 연구팀이 발표한 내용에 따르면 반려견이 아이들의 스트레스를 낮추는 정서적 지원으로 작용하여 반려견과 상호 작용함으로써 아이들의 정서와 건강에 긍정적 영향을 준다고 한 바 있습니다.

P : 이처럼 반려견은 아이들의 정서에 매우 좋은 영향을 끼침에 틀림없습니다.

예시2) 스토리텔링을 통한 PREP법 스피치

P : 반려견은 아이들의 정서에 좋은 영향을 끼칩니다.

R : 반려견이 아이들의 부정적 스트레스를 감소시키는 연구결과가 근거를 뒷받침 해주는데요.

E : 실제로 미국 플로리다 대학교 연구팀에서 반려견이 아이들의 정서와 건강에 좋은 영향을 준다고 하였죠. 저 역시 이 결괴에 동의합니다. 어렸을 적 다소 신경질적이고 혼자 있는 것을 더 좋아했던 저는 늘 외톨이였습니다. 이런 저를 늘 안타깝게 여기신 부모님께서 강아지 한 마리를 선물해 주셨는데, 처음에는 그 강아지가 성가지고 시끄러워 피해 다니기만 했고 곁을 주지 않았었죠. 게다가 자주 우는 소리를 내서 제가 T.T 이모티콘이 생각나 '티티'라는 이름을 붙여주었습니다. 그런데 티티는 제가 기분이 좋든 나쁘든 무엇을 하든 항상 제 옆에 있어주었고, 일하시는 부모님 때문에 늘 혼자였던 제게 어느덧 가장 친한 친구가 되어주었죠. 티

티와 산책을 하려고 놀이터를 가면 친구들이 티티에게 관심을 보였고 그 관심이 제게 바이러스처럼 연결되어 친구들도 점차 생겨나기 시작했습니다. 돌이켜보면 티티는 제가 세상을 좀 더 밝게 보고, 긍정적으로 사고할 수 있도록 도와준 큰 매개체가 되어준 것 같아요. 티티와 함께 하면서 생명에 대한 존중과 배려도 알 수 있게 되었죠. 저의 제일 친한 친구 티티는 그렇게 18년을 저와 함께 하고 얼마 전 무지개다리를 건넜습니다. 슬픔은 이루어 말할 수 없지만 티티가 제게 주고 간 큰 사랑은 절대 잊지 못합니다. 제가 성장하면서 사람들과의 관계에서 배려가 깊어진 데는 티티의 영향이 제일 크니까요. 저 같은 신경질적인 외톨이가 사람을 사랑하고 동물을 사랑할 수 있도록 마음의 눈을 뜨게 해준 천사같은 아이니까요.

P : 연구결과와 제 사례가 말해주듯 반려견이 아이의 정서에 주는 긍정적 영향은 매우 크며, 성장과정에도 매우 좋은 자양분이 될 것입니다.

우리가 논리적인 정보전달형 스피치에는 수긍을 하고 이해도 하지만 그 사람의 이야기나 스토리에 더 귀를 기울이는 이유는 앞서 밝힌 바와 같이 '정서적 공감'이 큰 역할을 하기 때문인데요, 강의를 하면서 사례를 들어 설명을 해야 할 때 단순히 사실 그 자체에 집중할 것이 아니라 그와 관련한 스토리를 전달하는 것이 강사의 스피치 역량에 매우 도움이 된다는 사실을 이제 잘 아실 거라 믿습니다.

그럼, 86쪽 실전과제를 통해 PREP법 스피치를 같이 연습해보겠습니다.

☑ 표현 스피치

스피치의 기본구조를 공부하였다면, 이번에는 다양한 표현을 통해 현재 상황을 실감나게 표현하는 방법에 대해 알아보겠습니다.

우리가 이러한 표현을 생생하게 하려고 발음, 발성, 강약, 고저 훈련을 했었죠? 그럼, 같이 표현 스피치를 해봅시다.

자, 간단한 문장부터 시작해 볼게요.

> 최근 부산 해운대 바닷가에 전망대 다리가 생겼습니다.

이 문장을 우리가 말로써 생생하게 표현될 수 있도록 옮긴다면 어떻게 하면 좋을까요?

> → 최근 부산 해운대에 바다 위를 걷는 듯한 짜릿함을 만끽하면서 해안경관과 일출, 일몰을 즐길 수 있는 전망대가 생겼습니다.

한 가지 사실을 표현하고 전달함에 있어서 듣는 사람으로 하여금 생생하게 상상할 수 있도록 도움을 주는 것은 말하는 사람의 실감나는 전달력에 있습니다. 문장을 하나씩 연습해본 후 이를 1분 혹은 3분 스피치로 진행해보도록 합시다.

실습)

> 강원도 평창에 폭설이 내려 거리가 텅 비었다.

→

> 사람들은 표정 없이 자리만 지키고 있었다.

→

그 상황을 실감나게 표현한다는 것은 듣는 사람이 지루하지 않고 자신의 이야기에 집중할 수 있다는 것입니다. 문장연습이 잘 이루어지면 이제 스토리텔링으로 연습해 볼 텐데요. 내 입장이 아닌 듣는 사람의 입장이 되어 스피치 하는 것을 잊지 맙시다!

주제

1. 최근 자신이 본 영화 이야기와 느낀 점
2. 나에게서 가장 소중한 것 소개하기

✅ 즉흥 스피치

강의를 하다 보면 즉흥적으로 스피치를 해야 하는 순발력이 필요할 때가 종종 있습니다. 즉흥 스피치가 성격에 따라 매우 어렵게 느껴질 수도 있는데요, 모든 것이 연습한대로 진행되면 가장 좋겠지만, 애석하게도 그렇지 못한 경우가 발생하고 있으니 여기에 대비해야 하는 것은 당연하겠지요.

즉흥 스피치의 가장 중요한 점은 사전 연습입니다. 즉흥 스피치를 사전에 연습한다니 참 아이러니 한데요, 연습이 맞습니다. 즉 즉흥도 연습이 수반될 때 잘 이루어지기 때문입니다. 한 가지 단어를 가지고 다양한 상황을 직접 스피치로 연습을 해보는 것인데요, 서비스강사과정에 수강하셨던 교육생 한 분이 스피치가 몰라보게 좋아져서 그 비결을 여쭤보니 청소 할 때나 운전을 하면서 혼자 있을 때 한 가지 단어를 가지고 즉흥적으로 스토리를 만들어 스피치 연습을 꾸준히 했다고 하더군요. 노력은 결과를 배반하지 않습니다.

자, 그럼 이번에는 즉흥 스피치를 위해 함께 실전으로 들어가 보도록 하겠습니다.

필요한 준비물은 명사로 구성된 단어카드와 의성어, 의태어가 작성된 단어카드를 준비합니다. 준비가 되면, 주제를 하나 선정하여 그 주제에 대해 스피치 하면서 명사/의성어/의태어(다른 동사, 부사가 더 있어도 상관없음)를 중간 중간 뽑아 그 주제에 맞게 계속 스피치를 이어나가는 실습입니다. 쉬울 것 같지만 꽹장히 어렵습니다. 어렵지만 연습하면 즉흥적으로 스피치를 해야 할 때 매우 도움받을 수 있는 연습게임이기도 합니다. 명사의 경우는 요즘 이슈되고 있는 단어에서 찾아도 좋고, 사람, 사물 등에서 최대한 찾아 단어 카드를 만들고, 의성어/의태어의 경우는 인터넷에 예시가 많이 나와 있으니 참고하여 카드를 만들면 좋겠습니다.

예를 들어, '미소'에 관해 스피치를 시작했다고 가정해봅시다. 미소에 대해 스피치를 하면서, 중간 중간 의성어와 의태어 그리고 명사가 계속 제시될 것입니다. 그러면 그 제시어를 문장에 자연스럽게 넣어 스피치 주제가 연결되도록 계속 이야기를 이어나가는 실습형태를 말합니다. 이해가 되시나요?

 실전과제

Question 1. 3분 스피치 주제를 선정하여 PREP법 스피치에 맞게 구성하여 실전 스피치를 해봅시다.

	내용
P	
R	
E	
P	

cs ☆ master

DAY
11

비즈니스 매너 l

"직장 생활의 성공요인은 바로 상황과 격식에 맞게 요구되는
행동과 태도에 따른 비즈니스 매너에 있다."

**Education
Guide Map**

비즈니스 매너 l
• 매너와 에티켓의 정의와 유래
• 소개매너
• 악수매너
• 악수의 순서와 에티켓

안녕하세요. 11일차 오늘은 비즈니스 매너 첫 시간입니다. 실제로 강의 의뢰
가 많이 들어오는 주제이기도 하지만 우리가 소홀히 하기 쉬운 주제이기도
합니다. 그럼 시작하겠습니다.

✔ 매너, 에티켓 정의와 유래

비즈니스 매너를 논하기 전에 먼저 매너에 대한 정의를 학습하는 것이 좋겠
습니다.

자, 그럼 매너와 많이 혼용하여 쓰이고 있는 에티켓과의 의미 차이부터 알아
보도록 하죠.

에티켓은 베르사유 궁전 거울의 방에서 그 유래를 찾아볼 수 있습니다. 거울의 방은 루이 14세 시절의 사상을 반영하듯 절대왕정의 독점 권력을 그대로 잘 나타내고 있는데요, 루이 14세 시절 완공된 베르사유 궁은 방이 700개 이상이 만들어졌음에도 아이러니하게 화장실을 만들지 않아 그 당시 궁의 사람들이나 궁을 방문하는 사람들은 자신의 전용변기를 가지고 다녔다는 역사가 있습니다. 그러나 다 그렇지는 못한 것 같군요. 화장실이 없다보니 용변을 정원 속에서 해결하는 경우가 지속적으로 발생하자 루이 14세가 악취를 없애고자 1,000여 그루의 오렌지 나무를 심었다고 합니다. 그러나 그 효과가 미미하여, 이번엔 정원관리인을 시켜 '정원 출입금지'라는 푯말을 세우게 되었고, 이를 '에티켓'이라 불렀다는 것은 매우 유명한 일화입니다. 이후 에티켓의 의미는 '궁전을 출입할 수 있는 예의범절을 가진 자'라는 의미로 변화되어 왔습니다. 그런데 왜 거울의 방에서 그 유래를 찾아볼 수 있냐면 루이 14세는 귀족들의 재산을 탕진시키고 억압하여 권력을 장악하고자 거울의 방에서 자주 호화파티를 열게 되었는데요, 그러다 보니 가장 기본적인 욕구 해결을 위해 정원뿐만 아니라 궁전 곳곳에 용변을 해결하는 사태가 발생하였고, 오물을 밟지 않기 위해 하이힐이 등장하고 냄새를 없애기 위해 향수가 발달한 역사가 있습니다. 그러니 거울의 방에서 이루어진 파티로 인해 수많은 귀족인파가 방문하게 되면서 에티켓의 역사가 시작되었다는 것은 충분히 수긍이 갈만합니다.

자, 그럼 에티켓Etiqette의 정의를 정리해볼까요? 위 역사적 사례처럼 에티켓은 모든 사회구성원이 지켜야 할 불문율로써 예의범절을 말하고 있는데, 다시 말해 사회생활에서 발생할 수 있는 갈등을 방지하는 완충제 역할을 합니다. 조직생활을 하다 보면 상하관계나 동료관계에서 반드시 필요로 하는 에티켓들이 있는데요, 상명하복을 강요하는 일부 예절은 오히려 조직생활을 저해하는 요인이 되기도 하므로 이럴 때일수록 정확한 에티켓과 이를 행동으로 옮기는 매너에 대해 잘 알아보는 것이 좋겠습니다. 그렇다면 에티켓과 많이 혼용하여 사용하고 있는 매너의 정의는 무엇일까요? 사례를 먼저 보도록 하겠습니다.

사례 1)

> 영국 엘리자베스 여왕이 중국 고위관리와 식사를 하게 되었다. 식사 전 손을 씻는 핑거볼이 나오자 서양 에티켓을 사전에 파악하지 못한 중국 고위관리는 이 물을 마시게 된다. 이를 본 엘리자베스 여왕은 상대방이 나중에라도 무안하지 않도록 자신의 핑거볼을 같이 마셨다고 한다.

위 사례에서 보면 엘리자베스 여왕은 '에티켓'은 어겼지만 상대방에 대한 '매너'를 보여준 훌륭한 사례입니다. 즉 매너는 상대방에 대한 배려있는 태도로 해석할 수 있습니다. 또 다른 사례를 함께 보시죠.

사례 2)

> 직장인A 씨가 출근하여 동료들과 인사를 나누었다. 먼저 출근한 후배와 상사들에게 늘 하듯 습관처럼 인사를 하고 자신의 책상에 앉아 정리를 하고 있는데, 입사동기 B가 출근하였다. B는 직장동료 한 사람 한 사람에게 눈 맞춤을 하며 진심으로 인사를 하고 있었다. 그의 인사를 받은 상사는 '저 친구와 인사를 하면 하루 종일 기분이 좋다.'라고 말한다.

위 사례에서 우리는 직장인 A와 B의 인사방식 차이를 알 수 있습니다. 두 사람 모두 인사 에티켓을 행하는 데는 전혀 문제는 없지만, 매너에는 차이가 발생하고 있다는 것을 알 수 있는데요, 즉 인사를 하는 자체는 에티켓이지만 인사를 할 때 대충하느냐, 밝은 표정으로 진심을 다해 하느냐는 개인의 매너 문제라는 것입니다. 그래서 에티켓은 '있다', '없다'라고 표현하고 매너는 '좋다', '나쁘다'라고 표현하는 이유가 바로 여기에 있습니다.

사실 매너 강의가 참으로 어려운 것은 매너는 교육이 불가능하다는 데 있습니다. 그러나 재밌는 사실은 우리의 서비스 강사직도 일종의 매너교육인데 매너+교육이 붙어 있다는 것이 넌센스죠. 에티켓은 일종의 소양교육이라 우리가 학교에서나 군대에서 배우고 익히는 등의 교육이 가능하지만, 매너는 일종의 배려이자 에티켓을 행하는 마음가짐이므로 개개인의 상황에 따라 매너는 늘 변화할 수 있고, 그것을 하나하나 통제할 수 없다는 것은 매너교육이 불가능하다는 것을 말해줍니다. 그럼에도 매너교육을 해야만 하고 자주 학습해야 하는 이유는 지속적으로 접하고 공부해야 마음가짐을 새롭게 가질 수 있기 때문입니다. 왜 그런 말 있잖아요, 작심삼일도 삼일마다 한 번이면 평생 갈 수 있다!

❗ 서비스 강의 HOW TO

① 비즈니스 매너 강의를 시작하기에 앞서 매너의 정의를 먼저 살펴볼 필요가 있습니다.

특히, 매너 정의를 알기 위해서는 에티켓의 정의도 함께 파악해야 함으로 이때 강사가 교육생들에게 매너와 에티켓의 정의에 대해 잠시 생각할 시간을 주거나 조별 구성이 세팅되어 있다면 매너와 에티켓의 정의에 대한 답을 구해보도록 합니다. 생각보다 많은 사람들이 에티켓과 매너의 정의 및 그 의미를 혼용하고 있으므로 명확히 해 줄 필요가 있습니다. 특히 매너는 개개인의 마음가짐이므로 에티켓을 학습하고 배우는 데 가장 기본이 되는 것이 매너, 즉 타인에 대한 배려라는 것을 반드시 강조하도록 합니다.

사례를 통해서 설명하는 것이 가장 좋습니다(에티켓 : 방법/매너 : 배려).

예시) 인사를 한다 → 에티켓

인사를 경망하게 하느냐, 밝게 하느냐 → 개인 매너의 문제

화장실에서 노크를 한다 → 에티켓
노크를 할 때 쾅쾅쾅 혹은 똑똑똑 → 상대방을 배려한 개인 매너의 문제

② 비즈니스 매너 강의 시 다양한 상황에 대한 질문을 받는데 이를 테면,

'상사의 지시가 모두 옳지 않다고 판단될 시 어떻게 하는 것이 상사에 대한 에티켓이자 매너가 되는가요?'

'상사는 갑, 부하직원은 을이 맞는 건가요? 그렇다면 21세기 사회가 원하는 수평적 소통이 아니라 수직적 소통인데, 비합리적 관습을 지키는 것이 비즈니스 매너인가요?'

라는 질문들입니다. 이러한 질문을 받을 경우가 있기 때문에 강사가 강의 시작 전에 해당 기업의 담당자를 통해 회사 조직문화 정도는 미리 파악할 필요가 있습니다. 비즈니스 매너는 원칙대로 강의하되, 조직문화 매너는 각 기업마다 추구하는 가치가 다르기 때문에 사전조사는 매우 중요한 역할을 합니다. 예로, 회식문화가 대표적인데 음주를 전혀 하지 못하는 데 상사가 권하는 술을 억지로라도 응하는 것이 옳은 일인가는 신입사원 매너강의 때 자주 받는 단골질문입니다. 가장 좋은 방법은 사전에 임원들을 대상으로 설문조사를 하는 방법이 있는데, 신입사원들과 함께 근무하는 상사들의 연령과 고용주의 연령대 외 스타일 등을 고려하면 그들과 상생할 수 있는 에티켓과 매너 강의의 프레임을 짤 수 있기 때문입니다.

중요한 것은, 매너는 서로 존중하는 마음으로 지켜나갈 때 그 의미를 발할 수 있으므로 예절을 강조하고 지키라고 말하기 전에 우리 모두가 그 타당성에 대해서는 따져보고 들여다 볼 필요가 있습니다. 조직의 어떤 관습이 불편하고 불공정하게 느껴진다면 그 관습은 이제 더 이상 현 시대와 맞지 않을 수 있다는 것을 우리 모두가 한번쯤 생각해봐야 하지 않을까요?

자, 우리가 매너와 에티켓의 정의와 그 사례도 함께 알아봤습니다. 그러면, 본격적으로 비즈니스 매너에 대해 하나씩 공부해보도록 하겠습니다.

비즈니스 매너는 쉽다고 생각하지만 놓치기 쉬운 일상 속 생활 매너이자 필요한 에티켓이기도 합니다. 특히 사내 및 외부 관계자들과의 협업 시 필요로 하는 업무의 연장선이기도 하구요.

일반적으로 비즈니스 매너에서는 소개-악수-명함-안내예절-상석배치 등의 순서로 강의를 하면 가장 자연스럽습니다. 예로, 우리가 회사 근무 시 거래처 사람을 처음 만나게 되었을 때를 떠올려 보도록 하겠습니다. 회사에서 고객을 맞이하거나 거래처에서 손님이 오셨을 경우의 상황을 생각하면 쉽습니다. 제일 먼저 소개를 받고 악수하며 명함을 주고받게 됩니다. 그리고 회의장소까지 안내하며 자리배치까지 해드리는 데 여기까지가 기본적인 비즈니스 매너에 해당합니다. 그럼, 소개매너부터 하나씩 살펴보겠습니다.

✅ 소개매너

우리는 많은 사람들을 만나면서 자신을 소개하기도 하고, 또 서로 다른 사람을 소개해주거나 받기도 하는데요, 사람을 처음 만났을 때 첫 인상이 매우 중요하듯 소개하는 순서와 역할을 정확히 파악하여 세련된 매너를 보여준다면 더할 나위 없겠죠?

일반적으로 소개할 때의 순서를 살펴보도록 하겠습니다.

1. 연소자를 연장자에게
2. 남자를 여자에게
3. 직위가 낮은 사람을 직위가 높은 사람에게
4. 후배를 선배에게
5. 미혼자를 기혼자에게

소개를 주고받을 때는 일어서서 하는 것이 원칙이며, 소개자가 되었을 경우는 상대방의 소속, 이름+직책을 간단히 설명하여 서로 인사를 나눌 수 있도록 합니다. 그리고 다수의 사람들에게 한 사람을 소개해야 할 경우, 한 사람을 먼저 소개한 후 다수의 사람들을 한사람에게 차례로 소개하는 것이 순서입니다.

국제매너에서는 여성이 남성을 소개받을 때는 여성이 반드시 일어날 필요는 없지만, 반대로 남성이 여성을 소개받을 때는 일어나는 것이 예의입니다. 다만, 남성이 직위가 높거나, 연장자일 경우는 예외이니 잘 알아두는 것이 좋겠습니다.

서비스 강의 HOW TO

소개매너강의 시 소개 순서를 설명할 때는 제 3자가 두 사람을 소개할 때의 경우를 말하는 것이므로 듣는 교육생들에게 혼돈을 주지 않도록 합니다. 소개매너 순서 중 가장 많이 잘못 알고 있는 경우가 바로 남성과 여성의 순서인데요, 일반적으로 국제매너에서는 여성에게 남성을 먼저 소개하는 데 이는 여성을 우선 배려하는 데 기인한 결과입니다. 다만 모든 순서에서 가장 최우선시 되는 것은 연령과 성별이 아닌 '직위'임을 강조하도록 합시다.

✔ 악수매너

소개를 받게 되면 그 다음 단계가 악수인데요, 악수는 상대에 대한 호감의 표시이자 관계가 시작됨을 알리는 첫 신호탄입니다. 비즈니스 매너에서 중요하지 않은 단계는 없지만, 악수를 잘 하는 것만으로도 상대에게 호감을 주고 관계형성을 시작할 수 있으니 세심한 부분까지도 연습하고 코칭해줄 필요가 있습니다.

그럼, 첫 호감의 표시인 악수는 어떠한 유래를 갖고 있을까요?
악수의 기원은 분명하지 않으나, 구석기 시대부터 시작되었다는 유래부터 르네상스 14세기부터 16세기까지 전쟁이 발발하던 시기에서 시작되었다는 유래가 있습니다. 시대와 상관없이 분명한 것은 적으로부터 자신을 보호하려고 무기를 들고 다녔으며, 상대와 싸울 의지가 없을 시에는 오른손을 내밀어 무기가 없음을 보여주면서 안심하라는 뜻으로 손을 잡은 것이 지금의 악수가 되었다고 합니다. 이러한 악수가 담고 있는 현대적 의미는 상대와의 호감을 표시하는 메시지이자 안전한 인사법으로 그 의미가 진화되어 왔습니다.

✔ 악수의 순서와 에티켓

소개에도 순서가 있듯 비즈니스 매너의 모든 행동에도 원칙과 순서가 있습니다.

여성이 남성에게, 선배가 후배에게, 직위가 높은 사람이 직위가 낮은 사람에게, 연장자가 연소자에게, 기혼자가 미혼자에게 등의 순서로, 소개매너 순서와 반대라고 생각하고 익혀두면 쉽습니다.

악수를 할 때는 호의적인 표정으로 상대의 눈을 바라보고 간단한 목례와 함께 오른손으로 악수를 권하거나 혹은 악수를 받게 되면 오른손에 적당히 힘을 주어 잡습니다. 맞잡은 손은 대략 2~3번 가볍게 흔들어 주되, 왼손은 바지 재봉선 옆에 살짝 붙이거나 악수하는 오른손에 왼손을 덧 되어 예를 갖추는 것이 좋습니다. 일반적으로 국제매너에서는 보통 왼손은 바지 재봉선 옆에 붙이는 경우가 많고 한국의 경우에는 왼손을 덧 되어 악수하는 것이 예절입니다. 그리고 악수할 때 짧고 힘 있는 악수가 상대방에게 좋은 인상을 줄 수 있다고 하니 잘 알아두면 좋겠습니다.

 실전과제

Question 1. 에티켓과 매너를 설명할 수 있는 적절한 사례를 3가지 이상 찾아봅시다.

Question 2. 소개-악수 순서로 실습하여 봅시다.

① 남자와 여자의 경우(직급 및 연령이 동일할 경우)

② 연령은 높지만 직위가 낮은 사람과 연령은 낮지만 직위가 높은 사람의 경우

비즈니스 매너 II

cs master

DAY 12

"직장 생활의 성공요인은 바로 상황과 격식에 맞게 요구되는 행동과 태도에 따른 비즈니스 매너에 있다."

안녕하세요. 오늘은 비즈니스 매너 두 번째 시간입니다. 사람을 처음 만났을 때 소개-악수의 에티켓과 매너 그리고 순서에 대해 학습을 하였는데요, 그 다음이 바로 명함교환입니다. 오늘은 명함을 교환하는 비즈니스 매너와 안내 예절에 대해 함께 알아보겠습니다.

✓ 명함예절

사회생활하는 분들이라면 공감하겠지만 명함은 미팅을 하거나 회의를 참석할 때 나와 회사를 소개하고 알리는 중요한 역할을 하기도 합니다. 자신의 얼굴이자 비즈니스 매너의 중심부인 명함예절을 잘 익혀 두는 것은 비즈니스의 기본이므로 무엇보다 강의를 할 경우는 더더욱 그 원칙과 순서를 면밀하게 잘 익혀두어야 합니다.

본격적으로 학습하기 전에 우리가 기본적으로 알고 있는 명함예절의 OX 퀴즈를 풀고 넘어가보겠습니다.

Q&A

1. 거래처 방문 시에는 방문자가 먼저 명함을 주는 것이 원칙이다.

→ 정답은 'O'. 거래처 방문 시 방문자가 먼저 명함을 주는 것이 맞습니다. 혹시 명함을 가져 오지 못했을 경우는 상대방에게 사과의 인사와 양해를 구한 후 간단한 이름과 번호를 남기되, 다음번에는 같은 실수는 절대 하지 않도록 합니다.

2. 다수의 거래처 직원들과 회의 시 받은 명함은 곧바로 정리하여 명함지갑에 넣어둔다.

→ 정답은 'X'. 거래처 직원들과 회의 시 받은 명함은 곧바로 정리하여 넣기보다 앉은자리대로 받은 명함을 배치하여 회의 시 상대방의 직위와 이름을 불러 예의를 더하도록 합니다.

3. 상대방의 명함이 한문으로 되어 있을 경우 모르는 한자를 물어보는 것은 결례이다.

→ 정답은 'X'. 모르는 한자는 물어보는 것이 예의입니다. 다만, 같은 한자를 여러 번 물어보는 것은 결례가 맞습니다.

4. 상대방 명함에 간단한 미팅날짜 등은 기록해두어도 무방하다.

→ 정답은 'X'. 명함은 상대방의 얼굴이므로 상대방이 보는 곳에서 기록을 하는 것은 절대 금물입니다. 이는 상대방 얼굴에 낙서를 하는 이치와 같습니다. 가급적 명함정리 노트를 이용하여 명함에 직접 작성은 피하도록 합니다. 요즘은 스마트폰에 명함관리 앱도 있으니 관련 어플을 활용하여 정리하는 것도 좋겠습니다.

명함은 또 다른 나의 얼굴이기도 합니다. 앞서 소개를 할 때 에티켓이 있어 있더라도 소개를 받거나 할 시에는 일어서서 하는 것이 원칙이라고 설명을 했는데요, 명함의 경우도 마찬가지로, 명함을 건넬 때는 자리에서 일어나 공손히 주고받는 것이 좋습니다.

그럼 하나씩 알아보도록 하겠습니다.

☑ 명함 순서와 에티켓

모든 비즈니스에는 순서와 원칙이 있습니다. 명함의 순서는 아랫사람이 윗사람에게 먼저, 방문자가 먼저, 남성이 여성에게 먼저, 여러 명일 때는 상사가 먼저 명함을 주고받습니다.

그러나 일상생활에서 그 기준들이 지켜지지 못할 때가 있죠. 예들 들면, 명함을 아랫사람이 윗사람에게 먼저 건네는 것이 순서이나, 윗사람이 먼저 건네는 경우가 바로 이러한 경우인데요, 이럴 때는 '아랫사람이 먼저입니다.'라고 상대를 가르치는 멘트를 하는 것보다 '먼저 드리지 못해 죄송합니다.'라고 사과의 인사를 전한 후 자신의 명함을 공손히 전달하는 것이 좋습니다. 에티켓을 본의 아니게 어기게 되더라도 좋은 매너로 상대를 대하면 그 진심은 전달되는 법이니까요.

☑ 명함 주고받는 예절

명함을 건넬 때는 오른손으로 건네며, 명함이 상대방에게 자신의 이름이 보일 수 있도록 하며, 이때 명함의 오른쪽 끝을 잡고 전달하도록 합니다. 또한, 건넬 때는 자신의 이름과 소속을 간단히 밝히면서 건네고, 왼손을 오른손에 덧대어 받음으로써 예를 표하도록 합니다. 또한, 두 손으로 주고 두 손으로 받는 것도 좋습니다.

명함을 받고 나면, 바로 명함지갑에 넣기보다 상대의 명함을 보고, 성함이나 직함 등 관심을 표명하는 것이 예우이므로 잊지 않도록 합니다.

명함 순서와 예절 강의를 마무리 하면서 실습으로 정리를 하면 좋습니다. 실습 시 범하기 쉬운 실수들은 강사가 잘 짚어내어 피드백해주도록 합니다.

예를 들어, 실습 시 앉아서 교환연습하는 경우가 있을 때는 명함은 서서 주고받는 것이 에티켓이므로 실습할 때에도 서서 실습하도록 유도하며, 명함을 거꾸로 건네거나, 명함상태가 불량인 경우도 강사가 반드시 바로 잡아주도록 합니다.

※ 단, 서비스강사의 역할은 가르치는 것보다 정보를 공유하는 것에 초점을 맞출 필요가 있습니다. 성인 강의에서 가장 조심해야 할 것은 '내가 당신을 가르친다.'는 잘못된 강의마인드 방식입니다. 이는 오히려 듣는 사람들로 하여금 거부감을 줄 수 있으므로 조심하도록 합니다. 특히 비즈니스 에티켓 강의를 하다 보면 순서와 원칙에 대한 다양한 질문들을 받기도 하는데, 이때 강사는 정보를 설명해주고, 원칙은 있으나 상황에 따라 얼마든지 융통성있게 대처할 수 있다는 의견을 제시해주는 것이 좋습니다.

실제 질문사례1.

Q. 명함을 주고받을 때 두 손으로 주고받거나 오른손으로 드리면서 왼손을 덧대어 예를 표하는 것이 좋다고 하셨는데, 비즈니스 매너 관련 서적에서 오른손으로 주고 왼손으로 받는 쌍방교환도 가능하다고 본적이 있습니다. 실제 비즈니스에서 가능한 에티켓인가요?

→ 오른손으로 주고 왼손으로 동시에 받는 쌍방교환도 가능합니다. 다만, 이때는 연령이나 직급이 비슷할 경우는 문제가 없으나 성별, 연령, 직위가 다를 경우는 문제가 발생할 수도 있습니다. 따라서 가장 고민하지 않고 비즈니스 매너를 보여줄 수 있는 명함에티켓은 두 손으로 주고받거나, 오른손으로 드리고 오른손으로 받는 것입니다(왼손 덧대어서). 그리고 직급이 같은 경우나 나이가 비슷한 연령대에서도 예를 갖추는 것이 좋습니다. 명함은 단순한 '연락처'를 주고받는 것이 아니라 나의 이미지와 내가 속한 조직도 함께 전달하는 의미를 내포하고 있기 때문에 가급적 두 손이나 왼손을 덧댄 오른손으로 주고받는 것이 예를 표하는 데 더 바람직하다고 생각됩니다.

Q. 거래처 방문 시 깜빡하고 명함을 가져가지 못한 경우가 있었습니다. 그때 사정을 말씀드리고 나왔지만 기분이 매우 찜찜했는데, 이런 불상사가 있을 경우 어떻게 하면 좋을까요?

→ 제일 좋은 것은 그런 실수는 하지 않는 것이지만, 한 번씩 원치 않게 큰 실수를 하기도 합니다. 이럴 때는 사과의 인사와 함께 자신의 이름과 연락처를 메모하여 드리고, 다음번 만날 때 죄송한 마음과 함께 명함을 드리면 되겠습니다.

✅ 안내예절

이제 첫 만남의 소개, 악수, 명함교환까지 잘 이루어 졌으니 회의장소까지 안내를 해야겠습니다. 안내는 수행과 동행으로 이루어져 있습니다. 수행안내는 윗사람이나 직위가 높은 사람이 먼저이고 아랫사람이 그 뒤를 따르는 것을 수행이라 하며, 동행안내는 일반적으로 자리를 안내하거나 위치를 안내할 때 안내자가 고객이나 윗사람보다 먼저 앞서서 안내하는 것을 말합니다. 그럼, 우리가 공부할 '동행안내로서의 안내예절'에 대해 학습해보겠습니다.

✅ 안내자세 매너

안내는 기본적으로 서서 안내하되, 상체를 약간 숙이고 고객과의 눈 맞춤 상태에서 안내 목적지를 두 손으로 방향을 가리키면서 안내하는 것이 좋습니다.

이때 안내하는 손은 손바닥 전체를 이용하여 안내를 하되 손가락 사이가 벌어지지 않도록 유의합니다. 오른쪽 방향은 오른손을, 왼쪽 방향은 왼손으로 가리키며 팔꿈치로 원근감을 나타내도록 하며, 손목이 꺾이거나, 필기용품 등으로 안내방향을 알려서는 안 되고, 특히 손가락으로 안내하는 것은 상대에게 불쾌감을 조성할 수 있으므로 충분히 연습을 하도록 합니다.

〈안내 자세〉

예시1) 고객을 모시고 안내를 해야 할 경우
　　　"고객님, 이쪽으로 모시겠습니다."

예시2) 고객이 특정 장소를 물어본 경우

　"화장실 말씀이십니까? 화장실은 오른쪽 끝에 위치해 있습니다."

예시1)의 경우는 안내 기본 자세를 갖추어 두 손으로 공손히 방향을 가리키면서 동행안내를 해드리면 되지만, 예시2)의 경우는 동행을 하지 않고 특정 장소를 안내해드리는 것이므로 고객과의 눈 맞춤이 매우 중요합니다. 이때 '시선 3점법'을 활용하여 '고객의 눈-가리키는 방향-고객의 눈'의 순서로 안내방향을 가리키면 좋습니다.

〈시선 3점법을 활용한 안내예절〉

'시선 3점법'을 잘 활용하기 위해 아래의 예시를 보면서 다시 실습하도록 합시다.

예시) 화장실 말씀이십니까?(고객의 눈 : 질문 확인차)-화장실은 오른쪽 끝에(가리키는 방향)-위치해 있습니다.(고객의 눈 : 고객 이해 확인차)

✔ 동행안내 시 매너

고객을 모시고 동행안내를 할 경우에는 고객의 대각선 방향에서 2~3걸음 앞서서 안내하되, 코너를 돌거나 방향전환이 있을 경우에 반드시 손 전체를 이용하여 방향을 사전에 미리 알려주어 고객의 혼란을 막도록 합니다. 또한, 가벼운 '스몰토크small talk'를 통해 분위기를 전환하는 데 주로 날씨 이야기, 교통상황 이야기 등으로 간단히 대화를 나누면 좋습니다.

엘리베이터를 탑승하게 될 경우는 고객에게 "00층의 회의실로 모시겠습니다."라고 사전안내를 한 후, 안내자가 먼저 들어가 열림 버튼을 누르고 고객을 모시고, 내릴 때는 고객을 먼저 내리게 합니다. 엘리베이터가 아닌 계단으로 고객을 모셔야 할 경우 올라갈 때는 고객이나 상사가 먼저, 내려갈 때는 안내자가 먼저 내려가는데, 이는 고객이 항상 높은 위치에 있어야 한다는 원칙에서 생겨난 매너입니다. 원칙은 있지만 고객이 처음 방문한 경우에는 먼저 계단을 오르는 것이 당황스러울 수 있으므로 이때는 사전에 먼저 양해를 구하고 직원이 먼저 올라가 고객을 모셔도 무방합니다. 이때 스커트를 입고 있는 여성이 있다면 오르거나 내릴 때 뒤에서 걷도록 배려하도록 하고, 특히 계단의 경우는 난간 손잡이가 있는 쪽이 상석방향이므로 미리 알아두어 안내 시 예우를 갖추는 것이 좋겠습니다.

⊙ 서비스 강의 HOW TO

안내예절 설명이 마무리 되면, 실습으로 들어가도록 합니다.

이때 동행안내 실습은 강의장의 한계가 따르기 때문에 일반적으로 자세를 갖춘 상태에서 동행자세 정도만 실습을 해보는 것이 좋고, 특정 목적지 안내를 해야 할 경우는 가까운 거리, 먼 거리를 강사가 상황설정을 하여 실습을 하도록 하는데, 예시를 들면 아래와 같습니다.

상황설정 예시)

1. 가까운 거리의 화장실 안내

→ 가까운 거리의 화장실 안내는 시선 3점법을 활용하여 안내를 하되, 강사가 실습자의 몸의 자세와 눈 맞춤 그리고 손바닥 안내자세 등을 잘 살펴서 피드백을 하도록 합니다.

2. 코너를 돌아야 찾을 수 있는 화장실 안내

→ 코너를 돌아야 찾을 수 있는 화장실 안내의 경우는 주변 큰 사물이나 고객이 쉽게 알아볼 수 있는 부분을 지칭하여 안내를 하면 좀 더 정확하게 안내할 수 있습니다.

예시) 고객님, 복도끝 큰 그림이 보이십니까? 그 그림을 중심으로 오른쪽 방향 코너로 돌아가시면 바로 화장실이 있습니다.

3. 엘리베이터나 계단을 이용해야 찾을 수 있는 화장실 안내

→ 엘리베이터나 계단을 이용할 경우 엘리베이터나 계단을 손으로 방향을 안내해 드린 후 그 이후의 거리는 고객에게 직접 말로 전달을 해야 합니다. 이때 가장 좋은 방법은 목적지가 다른 층에 위치해 있는 안내의 경우는 안내자가 시간이 허락된다면 직접 동행안내를 해드리거나, 여의치 못할 경우 엘리베이터나 계단 이후의 상황은 해당 층 직원에게 안내자 역할을 부탁하면 좋습니다.

※ 실습 진행 시 강사가 조교 두 명을 선출하여 설명과 함께 먼저 시범을 보인 뒤 실습진행을

해야 혼잡이 발생하지 않습니다. 여러 번 강조하지만 조교를 선출할 때는 무작위 선출방식보다 사람들의 추천을 받아 선출하여 진행하면 분위기 전환에 많은 도움이 됩니다. 안내예절 실습 시 소개, 악수, 명함 3종 세트를 먼저 실습한 후 동행안내예절 자세와 목적지 안내예절을 나누어 실습하는 방법도 있으며, 소개, 악수, 명함실습을 연결하여 동행안내예절 자세까지 한 번에 실습하는 방법도 있습니다.

 **실전과제**

Question 1. 안내예절 중 가까운 거리, 먼 거리를 설정하여 안내실습을 하여 봅시다. 이때 시선 3점법, 안내하는 손의 모양 등을 점검하여 정확하게 안내가 되는지를 확인하여 봅시다.

① 가까운 거리의 사무실 안내

② 층이 바뀌는 먼 거리의 사무실 안내

Question 2. 명함교환의 순서를 각 상황에 맞게 실습하여 봅시다.

① 남자-여자(직급이 같은 거래처 직원)

② 기혼-미혼

③ 상사-부하

cs ★ master

DAY
13

비즈니스 매너 Ⅲ

"하루에 한 시간씩, 일주일에 5일, 5년 동안 한 주제에 대해 노력하고 공부한다면 그 분야의 전문가가 될 수 있다고 한 나이팅게일의 말처럼 비즈니스 매너 역시 끊임없이 다듬고 노력해야 달인이 될 수 있다."

Education Guide Map

비즈니스 매너 Ⅲ
• 상석의 예절
• 다양한 상석의 사례

안녕하세요. 오늘은 비즈니스 매너의 마지막 시간 '상석예절'에 대하여 학습할 시간입니다. 앞서 비즈니스의 기본예절들을 모두 학습하였는데요, 업무상 필요한 모든 매너들을 몸으로 익히고 마음으로 배운다는 노력으로 임하도록 합시다. 그럼, 시작하겠습니다.

✓ 상석의 예절

상석place of honor은 '윗사람이 앉는 자리'로, 모든 공간에는 상석으로 지칭이 되는 좌석이 있는데 자동차, 엘리베이터, 레스토랑, 회의장 등 각각의 공간에는 상석의 심리학이 잘 반영되어 있습니다. 상석은 공통적으로 입구로부터 멀고, 전망이 좋은 위치 및 사람들의 모습이 한눈에 들어오는 좌석으로 사람의 이목을 끌기도 하지만 동시에 상석배치에는 헤게모니Hegemonie 심리가 적용되기도 합니다. 즉 회의나 협상 등 분위기를 유리하게 끌고 나갈 수 있는 최적의 좌석 위치가 상석이 되기도 하는데, 결국 대중의 심리를 컨트롤하고 자신의 권위를 다지는 권력의 힘을 보여 줄 수 있기 때문입니다. 과거에는 각국 정상들의 좌석 배치를 두고 서로 자신과 국가의 입지를 더 굳건히 하려고 협상에 유리한 좌석을 확보하고자 치열한 외교전이 벌어지는 웃지 못할 일도 빈번히 발생하였지만, 시대변화의 흐름에 따라 최근에는 편견 없고 상석 구분이 없는 원형테이블에서 담화가 종종 진행되기도 합니다. 원탁회의의 강점이 바로 '공평'과 '친밀'로 수평적 위치에서 서로 논의하는 것을 말하는데, 과거 역사적으로 원탁회의를 주도했던 아더의 원탁도 처음에는 수평과 공평을 필두로 원탁에서 기사들과 국정을 논의하였었죠. 하지만 어느 순간 아더왕 좌석에서 가장 가까운 자리일수록 자신의 권력을 나타내는 무언의 표시가 되기 시작하였는데요, 이 의미가 현대에 들어서 원탁테이블에 가장 중심이 되는 인물의 오른쪽, 왼쪽 좌석이 그다음 상석 서열이 되었으니, 아무리 원탁이라도 상석은 존재하고 모두가 수평적 위치를 가지기는 어려운 것 같습니다.

> **(!) 서비스 강의 HOW TO**
>
> 상석강의 시에는 상석의 정의, 상석의 실제사례 등으로 구성하면 좋습니다. 상석은 의전이나, 기본 비즈니스 매너에서 빠질 수 없는 부분으로 앞서 안내예절과 연결하여 강의를 진행하면 자연스럽고 좋습니다.

✔ 다양한 상석의 사례

그럼, 우리 생활전반에 깊숙이 자리 잡고 있는 상석의 다양한 사례를 함께 살펴보겠습니다.

직장생활을 하다 보면 직장동료 및 상사분들과 자동차를 이용할 경우가 많은데요, 자동차 탑승 시 상석을 알아보겠습니다. 자동차는 두 가지로 구분 지을 수 있는데요, 운전자가 누구냐에 따라 상석이 변합니다. 먼저, 운전기사가 운전할 경우의 상석 순서는 조수석 뒷자리〉운전석 뒷자리〉조수석입니다. 조수석은 가장 말석이자 안내자 역할을 하는 좌석이므로 원칙적으로 가장 말석자리인데, 간혹 운전기사 제외 4명의 사람이 자동차에 탑승할 경우 뒷자석 중간자석을 말석으로 보는 경우도 있습니다. 그러나 4명이 탑승할 때는 조수석 뒷자리〉운전석 뒷자리〉중간좌석〉조수석 순서가 원칙입니다. 앞서 지적하였듯 상황과 때에 따라 조수석보다 뒷좌석 중간좌석을 말석으로 보는 경우도 있으니 강의 시나 평상시 융통성 있게 대처할 필요가 있습니다. 즉 원칙은 있으나 실생활에서의 적절한 대처는 필요하다는 의미입니다.

자, 그럼 이번에는 CEO가 직접 운전하거나, 가장 윗사람이 운전대를 잡은 경우는 상석이 어떻게 될까요? 가장 말석이었던 조수석이 가장 상석이 됩니다. 순서를 살펴볼게요. 조수석〉조수석 뒷자리〉운전석 뒷자리〉뒷좌석 중간좌석 순이 되겠습니다. 하지만 여기서 중요한 것은 여성 동승자의 경우 스커트 착용 시 직위가 낮거나 연령이 어리더라도 상석과 상관없이 뒷좌석 중간좌석은 앉지 않도록 배려하는 자세가 필요합니다.

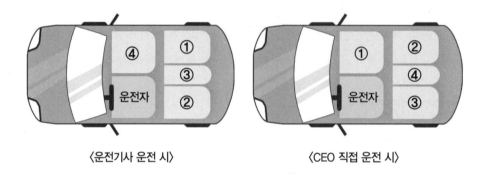

〈운전기사 운전 시〉　　　　　　　　〈CEO 직접 운전 시〉

자, 다음은 엘리베이터에서의 상석입니다. 엘리베이터에서 가장 상석은 버튼이 있는 곳 대각선 뒤쪽 방향입니다. 그러면 그 다음 상석은 당연히 최상석 바로 옆이 되겠습니다. 버튼 누르는 곳이 가장 말석인데, 가끔씩 버튼 조작기가 양쪽에 다 있는 경우도 있습니다. 이럴 때는 뒤쪽 중간이 최상석이 됩니다.

레스토랑의 경우 주빈이 가운데 좌석에 앉으면, 주빈을 기준으로 오른쪽 좌석이 그다음 상석이고, 그다음이 왼쪽 순서입니다. 말석은 문에 가깝고 주빈석으로 멀어질수록 말석좌석입니다.

상담이나 회의 시의 상석은 또 어떨까요? 아래 그림을 보면서 함께 알아가보도록 하겠습니다.

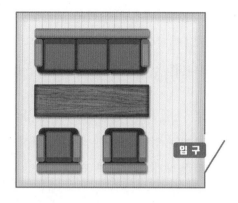

우리가 일반적으로 알고 있기에는 1인용 좌석이 상석이 아닐까 생각될 수 있지만, 원칙은 긴 의자는 고객용 의자, 1인용 팔걸이가 있는 의자가 사내 직원용 의자입니다. 따라서 위 사진을 다시 살펴보면 문에서 멀고 긴 의자가 고객용 의자이며, 1인용 팔걸이가 있는 사내직원용 의자가 입구에서 가장 가깝기 때문에 말석으로 보면 됩니다.

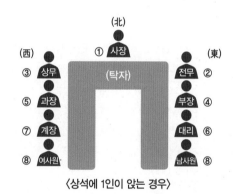

〈상석에 1인이 앉는 경우〉

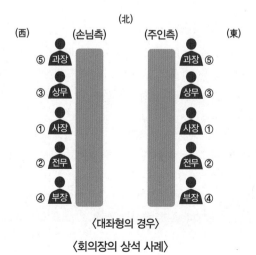

〈대좌형의 경우〉

〈회의장의 상석 사례〉

회의장이 넓고 좌석이 많은 경우의 상석을 살펴보겠습니다. 회의실 배치의 상석은 북쪽〉동쪽〉서쪽 순서이며, 레스토랑의 경우처럼 최고상석의 오른쪽 좌석이 그다음 상석입니다.

상석의 사례들에서 알 수 있듯이, 공통적인 것은 상석이라 지칭되는 좌석은 문에서 멀지만 문이 보이는 안쪽 가운데 좌석이 상석인 것이 일반적인데, 이는 원시시대로 거슬러 올라가 살펴보면 답을 찾을 수 있습니다. 원시시대에 적으로부터 공격을 받으면 가장 먼저 공격을 받는 자리가 문에서 가장 가까운 좌석이라 지금의 말석이 되었고, 문에서 먼 가운데 가장 자리인 좌석은 좌우로 지켜주는 이도 있을 뿐 아니라 방어할 수 있는 여유도 있었기 때문에 지금의 상석이 되었으니 역사적으로나 문화적으로 여러 의미를 담고 있는 것은 분명합니다.

> ! **서비스 강의 HOW TO**
>
> **실제 질문사례1.**
>
> 1. 거래처에서 회의차 저희 회사에 방문한 적이 있는데, 상석을 안내해드렸더니 오히려 부담스러우시다며 다른 좌석을 고집하셔서 난감한 적이 있었습니다. 이럴 때는 어떻게 하는 것이 좋을까요?
>
> → 많이 난감하셨을 것 같습니다. 이럴 때는 상석의 조건은 있고 우리가 정한 원칙도 있지만, 고객이 편안함을 느끼는 자리, 안정감을 느끼는 자리 또한, 상석이 될 수 있습니다. 크게 벗어나지 않는다면 번거롭겠지만 고객이 선택한 자리를 주축으로 다시 세팅을 할 필요가 있습니다. 다만 사람들의 이동이 많은 문쪽 자리나, 지저분한 배경이 보여 시선을 분산시키는 자리 등은 이유를 충분히 설명한 후 자리를 다른 쪽으로 안내하는 것이 옳다고 봅니다.
>
> 2. 신입시절 제가 운전을 하는 차량에 저희 부서의 부장님과 과장님, 그리고 대리님을 모시고 처음으로 거래처 방문을 한 적이 있는데, 제가 공부한 바로는 말단사원인 제가 운전을 하였기 때문에 조수석이 말석이라 알고 있었는데, 놀랍게도 부장님께서 제 옆자리에 앉으셔서 당황했던 적이 있습니다. 이럴 때는 상석을 안내하여 드리는 것이 부하직원으로서 맞는 것인지 방법을 알려주세요.
>
> → 신입시절 그러한 일을 겪으셔서 당황하셨겠습니다. 이건 강사의 추측이지만 아마도 부장님께서 상석 위치 정도는 다 알고 계셨을 것이라 판단되고, 신입사원과 함께 하는 첫 외근이라 여러 사항을 알려주시기 위해 조수석에 일부러 착석하신 게 아닐까 합니다. 이럴 때는 '부장님, 뒷자리가 더 편안하고 사고 시 안전이 보장될 텐데, 제 옆좌석인 조수석도 괜찮으신지요?' 정도로 예를 갖추어 코멘트 하면 좋을 것 같습니다.

Question 1. 한국과 달리 일본에서는 우측이 운전석입니다. 좌측에 핸들이 있는 한국에서는 운전자 대각선방향, 즉 조수석 뒤가 최고상석인데, 일본차의 경우 상석은 어디인지 맞춰봅시다.

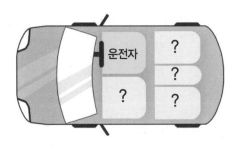

※정답은 운전자 뒤 좌석입니다. 즉 한국과 같은 우측 뒷좌석이 최고 상석인데요. 한국에서는 조수석 뒤가 가장 안전하다고 판단하지만, 일본에서는 조수석 뒷자리보다 운전자 뒤에 앉았을 때 사고 시에 위험으로부터 덜 노출될 수 있어 최고 상석이라고 하는데, 이유는 조금 다르지만 상석방향은 같습니다.

Question 2. 주빈을 중심으로 차례대로 상석부터 말석까지 각각 순서를 적어봅시다.

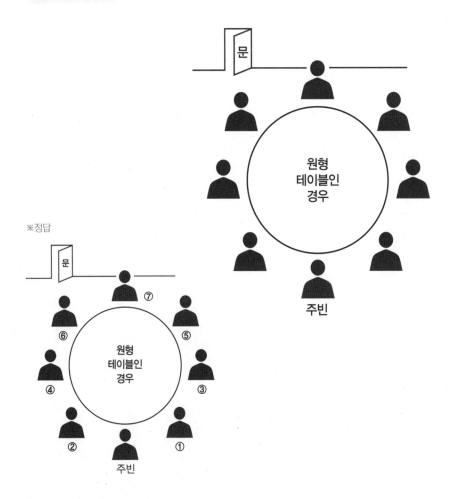

Memo

CS ★ Master

Part 03

CS 소통

서비스 커뮤니케이션 I

"먼저 듣고 나중에 말하라! 대화의 첫 규칙은 듣는 것이다. 말하고 있을 때는 아무것도 배울 수 없다."

안녕하세요. 오늘은 서비스커뮤니케이션을 학습할 시간입니다. '1번 말하고 2번 듣고 3번 끄덕여라' 데일 카네기는 경청의 중요성을 이와 같은 1, 2, 3의 법칙으로 말하고 있습니다. 오늘 우리가 함께 학습하게 될 내용은 바로 서비스 커뮤니케이션의 가장 기본자세가 되는 '경청력'에 관한 이야기입니다. 그럼, 시작하겠습니다.

✓ 서비스 커뮤니케이션의 이해

대화를 하다 보면 상대방의 인격과 배려 그리고 교양이 보이기도 합니다. 말한마디 잘못 건넸다가 상대방에게 상처를 주기도 하고, 자신의 명예와 능력이 한 번에 무너지기도 하니 서비스영역에서의 말은 더욱 신중하고도 조심해야 하는 부분입니다.

우리가 강의해야 할 커뮤니케이션 기법에는 앞에 '서비스'라는 단어가 붙어있습니다. 즉 대화를 할 때에도 무형의 서비스를 제공할 수 있는 '상대방이 들어서 좋은 대화' 그리고 '예의 있고 품격 있는 대화'를 할 수 있어야겠지요.

많은 서비스업체에서 '커뮤니케이션 스킬'과 관련하여 강의 의뢰를 해오는 이유는 바로 이 부분 때문입니다. 비대면에서부터 면대면까지 많은 부분을 우리는 고객과 대화를 통해 소통하는 데, 이때 필요한 서비스언어는 무엇인지, 우리가 중점적으로 공부하고 강의해야 할 부분은 무엇인지 함께 살펴보겠습니다.

✓ 경청의 힘

커뮤니케이션에서 가장 중요한 것은 바로 '경청력'입니다. 경청은 단순히 상대방의 이야기를 듣는 것을 넘어서서 상대방이 말하고자 하는 내용에 대해 주의 깊게 듣고 정서적으로 공감할 수 있는 능력을 말하는 것으로, 대화의 90%가 경청으로 이루어져 있습니다. "그냥 듣기만 하면 되는 거 아니야?"라고 생각한다면 큰 오산입니다. 경청에도 기술이 필요하고 연습이 필요하거든요. 경청의 기술에서 가장 중요한 점은 경청하는 자세와 상대방의 분위기를 파악하여 적절하게 리액션하기입니다. 사회심리학자들에 따르면 사람이 인간관계에서 얻고자 하는 가장 기본적인 욕구가 바로 '호감과 존경'이라고 합니다. 바로 바른 경청자세와 리액션은 상대에게 호감과 존경의 표시를 주는 행위이자 듣는 사람 역시 말하는 사람에게 호감과 존경을 얻어낼 수 있는 좋은 방법이기도 합니다. 그럼, 자신의 평소 경청지수는 어떤지 테스트를 통해 알아보고 구체적인 경청기술을 터득해보도록 하겠습니다.

나의 경청지수 알아보기[1]

(항상 그렇다 5점, 거의 그렇다 4점, 보통이다 3점, 드물게 그렇다 2점, 전혀 아니다 1점)

1	나는 상대방의 말을 중간에 가로 막지 않고 끝까지 말할 수 있도록 하는가?
2	나는 '상대방의 숨은 뜻'을 잘 알아차리고 이해하고 있는가?
3	상대가 한 말의 의미를 명확히 하려고 상대방의 말을 다시 확인해 보는가?
4	상대방과 의견이 일치하지 않을 때 흥분하거나 화가 나는 것을 피하고 있는가?

---

1 심윤정, 신재연(2016). 고객서비스실무, p.116.

5	나는 먼저 많은 이야기를 하기보다 상대가 편안하게 이야기할 수 있도록 분위기를 조성하는가?
6	상대방이 말하는 동안 Eye contact를 잘 하고 있는가?
7	상대방의 말을 온 몸으로 공감하며 경청하고 있는가?

7가지 질문에 대한 점수 합계가 31점 이상이면 '경청능력 탁월함'이고, 23~30점이면 '경청능력이 좋지만 일부 개선이 필요함', 22점 이하이면 '경청에 좀 더 집중하는 것이 필요함'이니 자신은 어디에 해당되는지 확인해봅시다.

여러분은 어디에 해당하시나요? 대부분의 훌륭한 청자(聽者)들은 동시에 훌륭한 화자(話者)이기도 합니다. 그럼, 훌륭한 청자들의 경청하는 방법을 같이 살펴보겠습니다.

✅ 경청자세

'내가 당신의 이야기에 집중하고 있다.'는 것을 알려주는 것으로 몸을 상대방 쪽으로 기울여 고개를 끄덕이며 듣거나 상대방의 표정과 몸의 움직임을 잘 관찰하여 이를 그대로 따라하듯 들음으로써 적극적 경청을 보여주는 자세를 취하는 것입니다. 실제로 인간의 뇌는 선천적으로 다른 사람의 말과 행동을 지속적으로 모방하도록 설계되어 있는데, 이것은 상대방과 공감하고 친밀감을 높이기 위한 행위라고 하여 상대방의 자세, 얼굴표정 등 세세한 부분까지 놓치지 않고 따라한다고 합니다.[1] 실제 대화에서도 상대방의 행동과 감정을 자신과 일치시켜가며 경청하는 자세를 취한다면 이것이야 말로 적극적인 경청이 되는 것이 아닐까요? 그와 반대로 지루하다는 듯 의자 뒤로 몸을 기대거나, 시계나 핸드폰을 자주 들여다보는 행동, 그리고 상대방이 말을 하고 있는데 다른 사람과 이야기를 하는 것은 상대방에 대한 에티켓도 아닐뿐더러 매너도 아니기 때문에 주의해야겠습니다.

특히 시계나 핸드폰을 들여다보는 것이 습관처럼 몸에 배어있는 사람들은 특히나 더 주의해야 하는데, 회의 시나 중요한 상담이 있을 시에는 핸드폰을 소지하지 않고 참여하는 것도 하나의 방법이 될 수 있습니다.

---

[1] 이수경(2011). 소통하는 인간관계. http://www.ccdailynews.com/news/articleView.html?idxno=193058

경청의 중요성은 아무리 강조해도 지나치지 않습니다. 그러나 강의를 하다 보면 교육 참가자들 역시 '경청이 중요한 것은 당연하다.'라는 인식은 하지만 실제로 이들이 그 중요성만큼이나 실생활에서도 이를 실천하는지 한 번쯤은 생각해보도록 독려할 필요가 있습니다. 실제로 강의를 하다 보면 강의를 듣는 교육생들의 경청자세 등을 통해 평소 이들의 경청지수를 추측해볼 수 있는데, 강사가 강의를 잘해야 하는 것은 어찌 보면 매우 당연한 일이지만, 듣는 교육생들이 경청을 잘 해야 하는 것을 우리는 당연하다고 말하지는 않습니다. 경청을 잘해주면 고마운 것이고 그 반대면 어쩔 수 없다고 생각하죠. 하지만 모든 강의에서 강사의 몫과 교육생들의 몫이 각각 다 있으며, 그 몫을 다 하지 못할 때 강의는 성공적으로 끝날 수 없습니다. 중요한 것은 이 사실을 전달하는 과정을 매우 신중하고 조심스럽게 접근해야 하는데, 강사의 의중과 상관없이 교육생들이 강사로부터 잔소리를 듣는 것처럼 느낄 수 있기 때문입니다. 경청의 중요성과 경청지수를 테스트 후 '우리의 강의가 오늘 성공적으로 끝나기 위해서는 여러분들의 경청능력도 매우 중요한 역할을 합니다. 좀 더 멋진 청자(聽者)가 되기 위한 기술을 함께 살펴봅시다.'라는 멘트 정도를 남기면 좋겠습니다.

☑ 상황에 맞는 리액션

리액션은 우리말로 '맞장구'라고 합니다. 맞장구는 풍물놀이의 용어 중 하나로 둘이 마주서서 주거니 받거니 장구를 치는 행위를 맞장구라고 하는데요, 맞장구의 핵심은 '호흡과 리듬'에 있으며, 이를 대화에 적용하여 서로 소통이 잘 이루어지도록 '대화에 적극 호응하는 자세를 취하자.'하여 대화의 맞장구라는 표현을 쓰게 되었습니다. 사실 이러한 리액션, 즉 맞장구를 적절히 하면서 경청하는 것은 사람의 성향에 따라 매우 어려운 일이 될 수도 있습니다. 하지만 리액션의 규칙만 잘 알아둔다면 훌륭한 청자가 될 수 있겠죠. 그 방법을 같이 살펴볼게요.

먼저, 일명 '정.공 맞장구'하기입니다. 정리와 공감 맞장구의 줄임말로 상대방의 말을 다시 되짚어 반복하는 것으로 '핵심이 되는 내용'을 다시 재복창하면서 상대방이 말하고자 하는 핵심과 정서에 적극 공감하는 경청기술입니다.

잘못된 예시) 친구 : 나 드디어 10번 도전 끝에 합격했어!!

　　　　　　나 : 그랬구나. 그래도 방심하지마. 앞으로가 더 중요해.

　　　　　　친구 : ...?

좋은 예시) 친구 : 나 드디어 10번 도전 끝에 합격했어!!

나 : 드디어 너의 노력이 결실을 맺었구나!!! 정말 축하해!

잘못된 예시) 동료 : 이번 프로 젝트 준비하느라 정말 최선을 다했는데 기대만큼 성과가 없어서 기운이 빠지네.

나 : 그러게 좀 더 집중했어야지. 아쉽다 생각하지 말고 더 연구해봐.

좋은 예시) 동료 : 이번 프로젝트 준비하느라 정말 최선을 다했는데 기대만큼 성과가 없어서 기운이 빠지네.

나 : 정말 열심히 준비했는데 성과가 안 나서 많이 힘들겠구나. 잘되기 위한 준비단계라 생각하고 힘내자!

감정에 대한 공감과 상대방의 상태에 대한 공감이 이루어진 '정.공 맞장구' 리액션은 간단해 보이지만 좋은 효과를 가져다주는 경청기술 중 하나입니다. 그 반대의 경우는 앞서 예시에서도 보여주듯 상대방을 더 기운 빠지게 하거나 말하는 사람을 머쓱하게 만들기도 합니다.

먼저 말하는 사람 이야기의 핵심이 즐겁고 긍정적인 내용을 다루고 있다면 상대방의 음정과 음색이 높고 밝을 테니 듣는 사람은 말하는 사람을 거울 보듯 역시 같은 음정과 음색을 맞추어 리액션을 해주면 됩니다. 그러나 상대가 흥분되어 말을 전달하는 데 아무렇지 않은 듯 건조하게 대답을 하거나 리액션을 하지 않게 되면 말하는 사람 역시 흥미를 잃거나 자신이 존중받지 못한다는 생각을 갖게 되겠죠?

한 가지 사례를 예시로 들어보겠습니다. 면접을 마친 구직자들이 면접장을 나서면서 하나같이 하는 말이 바로 '머릿속이 하얘져서 제가 무슨 말을 했는지 기억이 나질 않아요.'라는 말을 가장 많이 합니다. 면접이라는 중요한 일을 앞둔 구직자 입장에서는 면접관을 대면하는 그 상황자체도 매우 긴장이 될 텐데, 많은 면접관들이 이러한 구직자들의 상황을 다 살펴가면서 적극적인 경청을 해주지 않기 때문에 구직자 입장에서는 가뜩이나 긴장된 자리에서 더 많은 부담을 가지고 면접에 임할 수밖에 없기 때문입니다. 최근 들어서는 면접관들이 우수한 인재를 선별하려고 상대를 압박하는 면접형태에서 벗어나 지원자들이 긴장을 하지 않도록 분위기를 유도하여 준비한 것을 면접에서 다 보여줄 수 있도록 배려하는 등의 적극적 경청자세를 취하고 있습니다. 배려있는 면접관의 태도가 기업의 이미지를 상승시키기 때문이죠. 지금까지 사례를 통해서 상황에 따른 적절한 리액션은 말하는 사람에게 때에 따라 기운을 불어넣어 줄 수 있을 뿐 아니라 듣는 사람에게서 위안을 받기도 한다는 것을 알아보았습니다. 리액션의 가장 기본인 '아, 그래요?', '정말요?', '그래서?', '아 그렇구나.', '아 네~'를 오늘부터 하나씩 연습하면서 '정.공 맞장구' 연습을 찬찬히 해본다면 더할 나위 없는 적극적 경청자가 될 수 있을 거예요. '가는 말이 고와야 오는 말도 곱다.'라는 속담이 있듯이 상대방의 말에 귀를 기울이는 진심을 보일 때 상대도 나의 말에 진심으로 귀를 기울일 수 있습니다.

두 번째는 '흥.동 맞장구' 기법입니다. 흥을 돋우고 상대방 의견에 동의를 하는 맞장구 리액션은 상대방의 이야기를 더 끌어내도록 도와주고, 동의를 해주어 상대방의 이야기에 이해와 동참을 하는 경청기술입니다.

예시) 동료 : 제가 이번에 해외 발령을 받게 되었어요.

나 : 그래요? 정말 잘되었네요! 그래서 언제 가게 되었나요?

동료 : 가족들과 함께 가려고 준비 중인데 아마 6개월 뒤에 가게 될 것 같아요.

나 : 그렇군요! 가족들과 다 같이 간다니 더 축하할 일이군요! 준비하는 데 어려움은 없나요?

예시) 친구 : 나 강의기법에 관련한 책을 읽고 강의하는 데 도움을 얻어 보려고 해.

나 : 와. 좋은 생각이다! 나도 한 번 찾아봐야겠는데, 추천해줄만한 서적이 있니?

친구 : 고객 서비스 리더 CS강사 30일 완성이라는 책인데 도움이 많이 되고 있어.

나 : 추천 고마워. 그래 앞으로 이 책을 읽고 실무에서 어떻게 활용해 볼 생각이야?

사례에서 보았듯, '그래서?', '그다음은 어떻게 되었나요?', '그밖에 또 뭐가 있을까요?' 등의 흥을 돋우어 상대가 이야기를 더 세세히 할 수 있도록 하는 맞장구와 상대의 의견에 동의 리액션을 취하는 맞장구 경청기술은 서로 간의 대화에 윤활유 역할을 합니다. 그러나 반대로 적절하지 못한 질문이나 이야기 흐름의 맥을 끊는 질문은 오히려 관계까지 악화될 수 있다는 사실! 잊지 맙시다.

❗ 서비스 강의 HOW TO

커뮤니케이션을 강의할 때 서비스화법 전에 다루어야 할 부분이 바로 '경청'입니다. 경청에 관한 내용이 다루어 졌을 때 비로소 화법연구도 할 수 있다는 것을 강의 시 강조해주는 것이 좋습니다. 대화기술은 90% 이상이 경청능력으로 이루어져 있다고 해도 과언이 아닙니다. 그러므로 경청하는 방법에 대해 강의 한 후 실습을 통해 점검하고 화법 강의로 넘어가는 것이 좋습니다. 경청실습은 위 내용에 따라 '정리와 공감의 맞장구'와 '흥을 돋우고 동의하는 맞장구' 등을 조를 나누어 연습해보는 것을 추천하며, 그 외 다양한 경청 맞장구 등이 있으니 강사 분들의 역량에 따라 다양하게 시도하는 것이 좋겠습니다.

경청실습을 할 때는 각각의 맞장구를 적절한 사례와 부적절한 사례를 다 진행하여 보는 것이 좋으며, 청자와 화자 역할을 바꿔가며 모두 다 해보는 것이 좋습니다. 각각 화자였을 때 좋은 리액션과 나쁜 리액션을 받았을 때의 느낌이나 감정 등을 실습 후에 서로 이야기 나누는 것으로도 충분히 학습효과가 있기 때문입니다.

🧠 실전과제

Question 1. 다른 사람이 이야기를 하고 있을 때 경청하는 사람이 쉽게 저지를 수 있는 실수는 어떤 것들이 있을까요? 올바른 경청을 방해하는 요인에 대하여 작성하여 봅시다.

Question 2. '정·공 맞장구', '흥·동 맞장구'의 각각 예시를 만들어 실습하여 봅시다.

CS master

DAY
15

서비스 커뮤니케이션 II

"말 한마디, 행동 하나가 모여 나를 만들고 조직을 완성시킨다."

**Education
Guide Map**

서비스 커뮤니케이션 II
• 비언어적 커뮤니케이션 – 거리
　　　　　　　　　　– 제스처 및 태도
　　　　　　　　　　– 표정과 복장
• 언어적 커뮤니케이션 – 칭찬화법
　　　　　　　　　　– 긍정화법
　　　　　　　　　　– 청유형 화법(아론슨 화법)
　　　　　　　　　　– 나 전달화법
　　　　　　　　　　– 신뢰화법

안녕하세요. 지난 시간에 이어 오늘은 비언어 커뮤니케이션의 중요성과 언어적 커뮤니케이션에 관한 화법연구를 통해 학습해보도록 하겠습니다.

✔ 비언어적 커뮤니케이션

커뮤니케이션에는 비언어적 커뮤니케이션과 언어적 커뮤니케이션으로 크게 나눌 수 있습니다. 앞서 이미지메이킹 시간에 학습한 '메라비안의 법칙$^{The\ Law}$ $_{of\ Mehrabian}$'을 기억하시나요? 시각적 요소에 해당하는 표정, 복장, 용모, 자세 등이 다 비언어적 커뮤니케이션에 포함됩니다. 실제로 대화에서 비언어적인 요소가 차지하는 비율이 70%, 언어적 커뮤니케이션이 30%를 차지한다고 하니 말의 내용을 전달하는 과정에서의 환경적인 요인, 말하는 사람의 표정, 제스처, 복장 등은 전달하고자 하는 메시지 그 이상의 의미를 가진다고 할 수 있겠습니다.

예를 들어, 사회적 물의를 일으킨 한 정치인이 기자와의 인터뷰에서 사죄의 기색이 전혀 없이 말로만 '죄송합니다.'라고 했을 경우 우리는 그 정치인의 말과 행동의 불일치를 느끼게 되겠죠. 설사 진심으로 사죄의사를 밝혔다고 하여도 국민들이 받아들이기에는 전혀 사죄의 마음이 없는 것처럼 받아들이기 때문에 오히려 더 불신과 혼란만 가중시키게 됩니다. 이처럼 메시지보다 비언어적 요소를 통해 상대방의 진심을 추측할 수 있다는 사실! 간과해서는 안 되겠습니다.

우리 같은 강사들도 마찬가지겠죠! 강사들이 '표정의 중요성'을 강의한다는 가정을 해봅시다. 그러나 정작 강사의 표정이 밝지 않거나 미소가 없다면요? 강사가 복장 이미지메이킹의 해법을 논하면서 본인의 스타일이 문제시 된다면 어떨까요? 이러한 비언어적 커뮤니케이션이 무시된 상태에서 강의를 한들 그 누가 받아들이고 이해해줄 수 있을지 한 번 스스로를 살펴봐야겠습니다. 따라서 강의를 준비함에 있어, 우리의 본 모습을 항상 먼저 살펴보는 자세를 갖추는 것이 좋겠습니다. 자 그럼, 비언어적 커뮤니케이션의 요소들을 하나씩 살펴보면서 이야기 나누겠습니다.

거리

미국 인류학자 에드워드 홀은 '친밀한 거리'부터 '사회공적 거리'까지 '거리'의 차이에 따라 인간관계의 친밀도를 간파할 수 있다고 했습니다. 우리가 대화를 할 때 '거리'가 주는 의미가 매우 크다고 할 수 있는데요, 부모와 자식과의 대화거리, 연인과의 대화거리, 직장에서 회의할 때의 대화거리, 강사와 청중들의 대화거리는 모두 다릅니다.

친밀한 거리(나로부터 46cm)

가장 친밀도가 높은 부모와 자식 간의 거리, 연인과의 거리, 친한 친구와의 거리 등이 대표적인데요, 매우 친밀한 사이에서 가능한 거리입니다. 그러나 이 대화거리 테두리 내에서 낯선 사람의 등장은 상황을 불편하고 당황하게 만들기도 하며 때로는 위협을 느끼기도 하는데, 실제로 공포영화를 보면 사람들을 깜짝 놀라게 할 때 이 거리를 침범하는 방법을 활용하기도 합니다. 이외, 친밀도가 다소 높지 않은 사람이라도 아주 중요한 기밀사항을 서로 이야기해야 할 때 이 거리를 서로 허용하기도 합니다.

개인적 거리(46cm~1.2m)

개인적 거리로 우리가 일상생활 속에서 마주하게 되는 대회거리입니다. 이를테면, 마트에서 물건을 계산할 때, 음식점에서 주문을 할 때, 사람들과 식사하려고 테이블에 마주 앉았을 때 정도의 거리로써 46cm에서 가까운 근접영역일수록 접촉하여 이야기를 나눌 수 있는 거리이며, 1.2m에 가까울수록 접촉은 없지만 사적인 이야기 등을 주고받는 거리라고 정의하고 있습니다.

사회적 거리(1.2㎡~3.6m)

사회적 거리는 사적 질문이나 접촉 등을 허용하지 않으므로 서로 간의 격식과 예의가 필요합니다. 예로, 서비스 종사원과 고객과의 업무대화나 사회활동에서 필요한 사람들과의 상호작용에 주로 활용되고 있습니다. 특히, 사회적 상호작용에서는 대화 도중 제 삼자의 개입이 어렵지 않으며, 이탈 또한 상황에 따라 자유롭게 허용되고 있습니다.

공적 거리(3.6m~7.6m)

이 거리의 경우는 교실에서 선생님과 학생들과의 수업이나 강연 및 연설 등에서 활용됩니다. 강연자가 청중들의 모습이나 전반적인 분위기 파악을 위해 이와 같은 거리는 필수적이며 강의를 듣는 청중들 역시 예의를 갖추어야 하겠습니다.

에드워드 홀의 근접학에 대해서는 나라, 인종, 성별, 연령 등에 따라 차이는 있습니다. 많은 동양권 국가에서는 예의범절이 매우 중요하므로 적당한 거리를 두고 허리를 숙여 인사함으로써 상대에게 예를 표하지만 대다수 서양권 국가에서는 볼을 맞대어 인사하는 '비쥬Bisous'를 하는 곳이 많기 때문에 친밀거리는 더 짧을 수 있으며, 남성보다 여성들끼리, 그리고 연령이 낮을수록 그 거리는 더 좁습니다. 그러니 대화에서도 상대방과의 관계에 따라 그 거리는 달라질 수 있고 그 거리가 비언어적인 요소로 활용되기도 합니다.

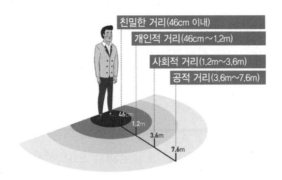

자료: 美 인류학자 에드워드 홀의 근접학(proxemics)

제스처 및 태도

제스처가 산만하거나 복잡하면 당연히 부정적 결과를 낳습니다. 듣는 사람들로 하여금 시선을 분산시키고 말하는 상대방에 대한 정보가 부정적으로 입력되기 때문이죠.

상황에 따른 적절한 제스처는 오히려 메시지 전달을 더 극대화 시키기도 하고, 이해와 설득을 하는 데 좋은 역할을 합니다. 수치를 나타내야 하거나 단호한 의사를 표현해야 할 때, 그리고 강조를 해야 할 때 적절한 제스처를 함께 한다면 언어(메시지)와 비언어(제스처)를 잘 활용할 수 있는 커뮤니케이션의 달인이 되겠죠?

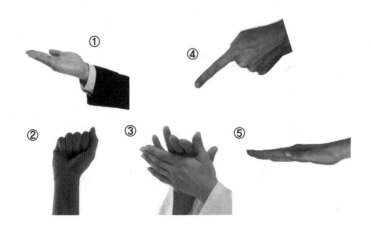

제스처 활용의 귀재라고 불리는 '오바마 전 미국 대통령'의 스피치를 많은 연구자들이 분석한 적이 있는데, 핵심은 매우 간단하면서도 강렬하게 집중하는 데 있다고 입을 모읍니다. 메시지를 강조하고 싶을 때 주로 4번처럼 손가락으로 포인트를 주고, 진실을 강조하고자 할 때는 가슴에 손을 얹어 감정을 호소하거나, 굳은 의지를 강조하고자 할 때는 2번처럼 주먹을 쥐어 강한 의지를 보여주기도 합니다. 그 외 화합의 메시지를 전달할 때는 그림 3번과 같이 손을 서로 합치거나, 격앙된 상황을 바로 잡고자 할 때는 5번처럼 손으로 지그시 눌러주는 제스처를 취함으로써, 굳이 말을 전달하지 않아도 비언어인 제스처로 의미를 정확히 전달하기도 하니 제스처는 커뮤니케이션에서 매우 필요한 도구임에는 틀림없습니다.

! 서비스 강의 HOW TO

우리가 강의할 때에도 제스처는 많이 활용되는 비언어적 도구입니다. 제스처를 강의하면서 강사 자신의 제스처가 너무 산만하면 곤란한 일이 되겠죠. 자신이 시강을 하는 모습을 카메라에 담아 스스로 관찰하고 모니터링하는 것이 제일 좋은 방법이 될 수 있고, 명사들의 강의하는 모습을 살펴보고 이를 벤치마킹 하는 것도 좋은 방법입니다. 우리는 제스처를 공부해야 하는 동시에 강의를 해야 하는 강사이므로 항상 신경 쓰도록 합시다.

표정과 복장

표정

이미 이미지메이킹 시간에 표정과 복장에 대해서는 자세히 언급을 하였는데요, 재차 반복하여 강조하지만 시각적 요소는 비언어적 요소에 해당되기 때문에 표정과 복장이 커뮤니케이션에 미치는 영향력은 매우 클 수밖에 없습니다.

과하지 않은 적절한 미소와 머리끄덕임 그리고 시선을 맞추어 대화하는 표정과 적재적소에 맞는 복장상태는 상대가 누구든 호감을 가지고 자신과 대화할 수 있다는 사실을 명심해야겠습니다. 그렇다면 표정부터 잠시 복습차원에서 살펴보고 갈게요.

많은 연구에서 미소가 매력과 따뜻함을 느끼게 해주는 중요한 단서라고 강조하고 있다는 사실은 모두가 다 알고 있으리라 생각하는데, 중요하게 짚고 넘어가야 할 부분이 바로 대화에서 보여주는 머리끄덕임과 눈썹 치켜올리기입니다. 일종의 리액션에 해당되는 이 요소를 가지고 한 연구에서 머리를 끄덕이며 눈썹을 치켜올리기가 사회적으로 상호작용함에 있어 매력적으로 인식되는 중요한 요소라 말하고 있습니다. 특히 눈썹 치켜 올리기는 상대의 대화에 집중하여 듣고 있다는 적극성의 의미를 부여하기 때문이라는데요, 표정을 연구할 때 눈썹운동을 연상하면서 조금씩 연습을 해본다면 좋겠습니다.

복장

함께 일하는 동료나 거래처와의 회의에서 나의 복장상태는 자신에 대한 정보이자 상대방에게는 예의를 갖추는 행위입니다. 아래 사진을 같이 보겠습니다.

복장은 단순히 입는 것을 넘어서서 자신의 직무, 직급 등 구체적 정보를 전달하는 과정이 되기도 하므로 잘 갖춰 입는 것은 매우 당연한 일입니다. 실제로 고객과의 영업에서도 셔츠와 바지를 입고 고객을 마주하는 것보다 재킷을 입고 넥타이까지 완벽하게 입고 있는 세일즈맨에게 고객은 더 신뢰감을 가지기도 하고 계약 성사가 더 잘 이루어진다고 합니다. 따라서 서비스를 다루는 직무를 갖고 있는 사람들이라면 더더욱 신경 써야 할 부분입니다.

✅ 언어적 커뮤니케이션

자, 비언어적 커뮤니케이션에 대하여 알아봤으니 이번에는 언어적 커뮤니케이션으로 들어가 본격적인 서비스 화법훈련에 대해 알아보도록 하겠습니다.

같은 말을 전달하더라도 좀 더 예의 있고 교양 있는 표현을 익혀 고객응대 시적극 활용해보도록 하겠습니다.

칭찬화법

칭찬은 상대방의 좋은 점, 잘한 점을 높이 평가하여 긍정적 피드백을 주는 것으로 상대방에게 칭찬화법을 잘 활용한다면 그 사람의 잠재력 그리고 자존감을 높여주는 데 좋은 영향을 줄 수 있습니다. 2016년 리우올림픽 펜싱에서 금메달을 거머쥔 박상영 선수는 어릴 적 공부도 잘 하지 못하고 운동신경이 그다지 좋지 않았지만 펜싱을 하면서 처음 칭찬을 받았다고 합니다. 그 칭찬의 힘이 지금의 금메달 선수로 발돋움 할 수 있게 한 원동력이 되었다고 하죠. 아나운서 김성주 씨의 사례도 좋은 예시가 될 수 있습니다. 우연한 기회에 친구로부터 아나운서 이미지를 갖고 있으니 하면 잘 될 거라는 친구의 말 한마디가 계기가 되어 오랜 노력 끝에 아나운서에 합격하는 기쁨을 맞이했는가 하면, 미국에서 자란 영화배우 김윤진 씨의 경우 대학시절 교수님에게 배우로서 한국어 이름이 부적합하고 어려우니 좀 더 부르기 편한 영어이름을 갖기 위해 조언을 구하자 교수님은 지금의 이름만으로도 충분히 아름답다며, 열심히 해서 배우로서 입지를 다진다면 사람들이 '김윤진'이라는 이름을 부르기 위해 발음연습을 열심히 할 것이니 연기공부에 매진할 것을 권유했다고 합니다. 지금 김윤진 씨는 한국과 할리우드를 넘나드는 훌륭한 배우가 되었죠. 그러나 칭찬화법은 때로 독이 될 수 있다는 사실 아시나요?

부모와 자식 간이나 직장 상사와 부하직원에게서 자주 볼 수 있는 바로 '칭찬 후 비난'의 경우인데요, 앞에서 당사자에게 칭찬을 하더라도 '그런데'와 같은 부사어와 함께 비난을 하다 보면, 앞서 한 칭찬의 의미가 퇴색되어버리기 마련입니다. 이외, 이유 없이 계속되는 칭찬과 같은 내용으로 모든 사람들에게 칭찬을 남발하는 것은 오히려 인간관계에 독이 될 수 있으니 조심해야 합니다.

그렇다면, 칭찬화법을 잘 할 수 있는 방법은 무엇이 있는지 함께 알아보도록 하겠습니다.

칭찬은 먼저 구체적이어야 합니다. 상대방의 좋은 점 혹은 성취한 내용에 대해 피드백을 하면서 어떤 점이 구체적으로 좋은지를 알려주도록 합니다. 여기서 중요한 것은 개인의 인성을 칭찬하는 것이 아니라 행한 일에 대한 구체적 사항을 칭찬하는 것이 Key Point입니다.

예시) 김대리! 이번 프로젝트 좋았어요! 잘했습니다.(추상적 칭찬)

> **→ 이번 프로젝트 구성도 참신하고 많은 사람들의 이해도를 높인 점 정말 좋았습니다. 어려운 일이었는데 김대리가 잘 진행해줘서 고마워요! (구체적 칭찬)**

실제로 우리가 어릴 때부터 자주 듣는 칭찬 중에 '정말 잘했구나!', '착하구나', '영리하구나' 등의 칭찬은 아이들이 느끼기에는 당장 기분은 좋을지 모르나, 자신이 무엇을 잘 했는지에 대해서는 알지 못하는 경우가 대다수입니다. 이런 칭찬이 성인이 되어서도 이어진다는 것이 문제인데요, 학교나 직장에서 칭찬화법을 잘 활용하고자 한다면, 추상적인 칭찬보다 구체적인 칭찬을 통해 상대방의 자존감과 일의 성취도를 높여주는 것이 좋겠죠?

긍정화법

대화에서 긍정적인 피드백이나 긍정의 메시지를 보내면 대화 결과 역시 긍정적으로 마무리될 수 있습니다. 그러나 우리가 상대방과의 대화에서 긍정적인 상호작용만을 할 수 없기 때문에 때로는 상대에게 부정의 의미나, 서비스언어에서 활용하지 말아야 할 금지의 표현을 사용하기도 하는데요, '긍정화법'은 바로 이러한 부정적 언어표현의 대안이 되기도 합니다.

예시) 고객님. 여기서는 흡연이 금지되어 있습니다.

> **→ 고객님, 흡연실은 1층에 마련되어 있습니다. 번거로우시겠지만, 1층 흡연실을 이용해주시기 바랍니다.**

예시를 통해 부정형 문장을 긍정형 문장으로 변경하여 보았습니다. 특히, 고객 서비스에서는 해서는 안 될 금칙어들이 주로 부정적 언어표현인데, 위 예시처럼 긍정표현으로 마무리 할 수 있도록 노력한다면 전달하고자 하는 메시지는 확실히 하되, 전달과정에서 불필요한 감정 소모를 없앨 수 있습니다.

쿠션화법

쿠션화법에서 '쿠션'의 역할에 먼저 집중할 필요가 있습니다. 쿠션은 우리가 익히 알고 있듯이 의자나 소파 등에 편히 앉도록 솜 따위를 넣어 완충작용을 하는 것을 쿠션이라고 하는데요. 대화에서도 쿠션역할을 하는 문장들이 있습니다.

예로, 상대에게 미안한 마음을 전달해야 할 때나, 부탁해야 할 때 쿠션을 깔아놓은 듯한 완충작용 역할을 하는 대화법을 일컫는데요,

실례하지만,
죄송하지만,
번거로우시겠지만,
불편하시겠지만,
결례가 되지 않는다면,
고맙습니다만,
바쁘시겠지만,
양해해주신다면,

등이 문장에서 쿠션어에 해당됩니다.
쿠션화법을 잘 활용하면, 상대방에게 신뢰감 있고 정중한 사람으로 인식될 수 있을 뿐 아니라, 거절을 해야 할 때에도 유용하게 활용될 수 있습니다.

그럼, 쿠션어를 활용하여 문장을 완성해보도록 하겠습니다.

예시) 여기 성함이랑 주소를 작성해주세요.
　　→ **고객님, 번거로우시겠지만 여기 성함이랑 주소 작성 부탁드립니다.**

기다리세요.

→ 죄송하지만, 잠시만 기다려주시겠습니까?

제 담당이 아니라서 잘 모르겠습니다.

→ 양해해주신다면, 제가 해당 담당부서로 바로 연결 도와드리겠습니다.

네? 뭐라고 하셨나요?

→ 죄송하지만, 다시 한 번 더 말씀해주시겠습니까?

고객 서비스 응대에서의 쿠션화법은 가히 필수적이라 할 수 있습니다. 특히, 서비스 커뮤니케이션에 관한 강의 의뢰가 빈번히 발생하는 것은 대화를 전달하는 과정에서의 부적절한 문장 사용, 금칙표현 남발 등으로 인한 기업이미지 손상, 고객신뢰도 하락의 이유 등이 있는데, 이럴 때 일수록 쿠션화법을 잘 활용할 수 있다면 비록 고객에게 부탁이나 죄송한 마음을 전달하더라도 고객은 이를 대다수 흔쾌히 받아드릴 것입니다.

청유형 화법(레어드 화법)

'김대리! 아이디어 좀 빨리 내봐!', '여기 빨리 정리 좀 해!', '저쪽에서 기다리세요!' 세 문장의 공통점을 찾으셨나요? 바로 일방적으로 '명령'을 하고 있군요. 명령화법은 상대방에 대한 존중과 의사가 전혀 반영되지 않은 화법이라 듣는 사람으로 하여금 기분을 상하게 하고 되려 저항심을 부추기는 결과를 만들게 됩니다. 조직에서 부하직원에게 명령화법을 주로 추구하는 유형의 상사라면 조직원으로부터 빠른 성과를 얻을 수 있을지는 모르겠지만, 장기적인 시점에서는 의문이 생깁니다. 일반적으로 군대와 같이 직무성격과 환경에 따라 명령화법이 통상적으로 이루어지는 경우도 있지만, 일반 조직에서의 명령화법은 직원들의 이탈과 조직융화에 역기능이 발생되므로, 이럴 때는 청유형으로 문장을 바꾸어 상호 대화하는 것이 더 바람직합니다.

실제로, 기업에서도 고객들과의 대화에서 자칫 명령하듯 말하는 직원의 말한마디로 고객들이 불평불만을 토로하거나 타 기업으로 이탈하는 경우를 볼 수 있는데요, 직원들을 탓하기 이전에 내부에서의 대화는 어떤지 먼저 진단하고 살펴봐야겠습니다.

그럼, 위 명령화법 예시를 청유형 화법으로 바꾸어 볼까요?

예시) 김대리! 아이디어 좀 빨리 내봐!

→ 김대리, 이번 프로젝트에 관해 좋은 의견이 있나요? 아이디어가 있다면 공유해주면 좋겠어요.

아들! 여기 빨리 정리 좀 해!

→ 여기 정리를 해야 할 것 같은데 엄마를 좀 도와줄래?

저쪽에서 기다리세요!

→ 대기실에서 잠시만 기다려 주시겠습니까?

명령화법을 청유형 화법으로 바꿀 때 앞서 배운 쿠션화법을 함께 활용한다면 훨씬 더 신뢰 있고 부드러운 문장을 갖출 수 있습니다.

나 전달화법(I-message)

나 전달화법은 말 그대로 문장의 주어를 '나'에 초점을 맞추어 말하는 것으로 어떤 일이 발생한 것에 대하여 상대를 탓하기보다 '나'의 감정과 느낀 점을 표현하고 전달하는 화법입니다.

아래 예시를 보면서 다시 이야기 나누겠습니다.

예시) 상황 : 조근을 해야 할 부하직원이 30분 이상 지각을 한 상황

1) OOO 씨! 지금 뭐하자는 건가요? 오늘 조근당번인거 잊었나요? 8시에 출근해야 할 사람이 8시 30분에 출근이라니 회사가 우습나요?

2) OOO 씨! 오늘 조근이었는데 30분 지각이네요. 혹시 무슨 일 있었나요? 출근시간보다 많이 늦어서 저 뿐만 아니라 직원 모두가 걱정했습니다. 게다가 고객님들이 접수를 하지 못하고 있어서 저희 모두 많이 당황했고 바빴습니다. 다음부터는 늦어질 경우 사전에 먼저 연락을 주면 좋겠어요.

위 예시를 잘 읽으셨죠? 사실 저 상황의 상사입장이면 누구나 1번과 같은 상황으로 부하직원을 몰아붙이고 싶을지 모르겠습니다. 잘못한 것은 사실이니까요. 1번의 경우는 You-message로 상대방의 잘못된 점을 나열하여 비난을 하고 있습니다. 그런데 우리가 여기서 한 번쯤 생각해봐야 할 것은 부하직원이 단순히 늦잠을 자서 지각을 한 건지, 피치 못할 사정으로 전화마저할 수 없는 상황에서 지각을 한 건지 알 수가 없습니다. 비난의 화살은 결국다시 돌아오게 되어있습니다. 비난의 악순환으로 서로 감정만 상할 것이 아니라 2번같이 I-message로 상대방의 행동으로 인해 어떠한 문제가 발생하였고, 이를 전달하는 나 자신의 감정을 알려준다면 어떨까요? 하나씩 연습해볼게요. '니가', '너는'이라는 상대방을 지칭하는 말 대신 '내가', '나는'이라는표현으로 바꾸어 보는 겁니다.

'너는 왜 맨날 반찬투정이야!'가 아니라 '엄마가 열심히 만들었는데 00이가안 먹으니 엄마가 너무 마음이 안 좋아.', '넌 왜 항상 약속에 늦어?'가 아니라 '내가 매번 기다리게 되니 지치고 힘들어. 사전에 먼저 연락을 주면 좋겠어.' 등으로 바꾸어 말할 수 있습니다.

우리의 시선은 항상 상대방에게 집중되어 있고 상대를 평가하고 상대방 행동을 관찰하는 것에는 익숙하지만 정작 자신의 감정과 자신에 대해서는 잘 알지 못합니다. 대화에서도 마찬가지입니다. 상대방을 탓하고 비난하고 기분상하게 하는 문장은 쉽게 구사가 가능하지만 나의 감정을 전달하는 것은 익숙하지 못합니다. 상대방으로 인해 발생된 자신의 감정과 상황설명 그리고덧붙여 문제해결 방안까지 표현해본다면 첫 시작은 어렵더라도 차츰 발전되는 대화기법을 가질 수 있습니다.

아론슨 화법

'칭찬 후 비난'이 오히려 인간관계에 역기능을 한다면 아론슨 화법은 '비난 후칭찬' 방식으로 부정적 내용 후 긍정적 내용을 배치하여 듣는 사람들로 하여금 부정적 부담을 줄여주고 긍정적 메시지에 집중하게 하도록 하는 화법으로상대를 설득할 때 효과적이라고 알려져 있습니다. 미국의 아론슨^{Aronson}의 연구에 의하면, 실제로 대다수 사람들의 심리가 부정적 피드백 후 칭찬을 마지막에 듣게 되었을 때 오히려 더 긍정적으로 받아들인다고 연구결과 밝혀졌습니다. 이를 '아론슨 효과'라고도 하는데요, 계속적인 칭찬보다 부정적 피드백 후 긍정적 피드백을 받을 때 사람과 상품에 더 신뢰를 한다는 연구결과를 기반으로 세일즈, 판촉 등에서 아론슨 화법은 매우 설득력을 얻고 있습니다. 예시를 함께 보면서 공부해보겠습니다.

예시) 보편적 방식
    고객: 이 상품 너무 비싸네요.
    직원: 네 고객님 이 상품 품질은 정말 좋은데 비싼 게 흠이에요.

    아론슨 방식
    고객 : 이 상품 너무 비싸네요.
    직원 : 네 고객님 이 상품 가격은 비싸지만 품질만큼은 가히 최고입니다.

예시를 잘 보셨죠? 우리가 말을 전달할 때 항상 좋은 말만 전달할 수 없을 때 활용하면 좋은 효과를 거둘 수 있는 화법입니다. 다만, 아론슨 화법에서도 주의해야 할 점이 있는데요, 상대를 좀 더 강력하게 설득하고자 굳이 단점을 찾아내어 아론슨 효과를 얻고자 하는 것은 오히려 상대에게 부정적 정보를 전달하는 결과를 낳을 수도 있습니다. 그리고 이 부정적 정보가 결정적 문제점이 되거나, 장점보다 더 강력한 단점일 경우에는 아론슨 화법의 효과를 기대하기는 어렵습니다. 하지만 아론슨 화법의 매력은 단점을 장점으로 바꾸는 데에는 분명한 효과가 있는 것이 사실입니다. 따라서 세일즈에서나 인간관계에서 활용할 때는 충분히 생각하여 가능한지의 여부를 따져 활용하는 것이 좋겠습니다.

신뢰화법

신뢰화법에는 화법의 이름에서 느껴지듯 대화를 통해 상대에게 신뢰를 줄 수 있는 화법입니다. 일반적으로 말의 마무리에 '~다, ~나, ~까'를 활용하여 정중함과 예의 있는 문장을 구사함으로써 사람이 가볍게 보이지 않고 상대에게 무게감을 줄 수 있는 화법입니다. 하지만 모든 문장에서 '다나까체'를 사용하면 말의 분위기가 딱딱해지고 거리감이 조성될 수 있으므로 중간 중간에 '~요, ~죠'로 마무리되는 '요죠체'를 적절히 활용하여 말의 부드러움을 더하도록 합니다. 일반적으로 '다나까체'는 70%, '요죠체'는 30% 정도의 비율로 활용하는 것을 권하고 있습니다.

이외, 우리가 경청에서 공부한 맞장구를 활용한 공감화법이나 의견의 차이
가 발생할 때 상대의 기분을 상하게 하지 않으면서 자신의 의견을 제시하
는 YES(상대의견 공감)-BUT(자기 의견제시)화법 등도 많이 활용되고 있
습니다.

서비스 강의 HOW TO

서비스 커뮤니케이션 화법에는 종류가 다양합니다. 강의를 할 때 이 모든 화법을 다 활용하여
강의할 필요는 없습니다. 강의하게 될 대상자들의 직무성격에 기반하여 꼭 필요하고 업무에
바로 활용 가능한 화법들을 선정하여 강의하는 것을 권합니다. 하지만 직무성격을 불문하고
강사가 공유하면 좋은 화법으로는 쿠션화법/청유형(레어드) 화법/긍정화법 등이 있으니 참고
바랍니다.

강의 예시)
영업인들 대상 커뮤니케이션 강의 : 경청/쿠션화법/청유형 화법/칭찬화법(때에 따라 적절히
하되 충분한 연습이 수반되어야 함)/아론슨 화법 등

서비스직 대상 커뮤니케이션 강의 : 경청/쿠션화법/청유형 화법/긍정화법/칭찬화법/나 전달
화법 등

우리가 배운 것에서 예시를 나타낸 것으로 이외에도 다양한 화법기술들이 있으니 기본화법들
에 대한 공부가 완료되면 더 많은 화법들을 연구하는 것을 추천합니다. 서비스 커뮤니케이션
에서 다루어야 할 가장 기본적인 화법들을 예시에 나타내었으니 참고사항으로 확인하되, 직
무성격에 따라 소신껏 교육준비를 하도록 합시다.

 **실전과제**

Question 1. 아래 예시를 읽고 상대방이 들어서 편하고 기분 좋은 화법으로 만들어봅시다.

① 모릅니다.

② 못합니다.

③ 할 수 없습니다.

④ 저한테 말씀해주시라고요.

⑤ 어떤 피해를 입었다는 말인가요?

※정답 : ① 괜찮으시다면, 제가 알아봐 드리겠습니다./② 최선을 다해 도와드리겠습니다./③ 도와드릴 수 있는 방법을 최대한 찾아보겠습니다./④ 제게 말씀해 주시면 확인 후 바로 안내 도와드리겠습니다./⑤ 먼저 불편을 드려 죄송합니다. 괜찮으시다면 고객님의 피해 내용에 대해 구체적으로 설명해주시겠습니까?

Question 2. 아래 사례를 하나 선택하여 나 전달화법으로 스크립트(Script)를 만들어 봅시다.

• 팀별 과제에 늦게 나타나 다른 팀원들에게 피해를 끼친 조원에게

• 부하직원의 업무처리가 마음에 들지 않는 상사가 부하직원에게

• 매번 약속시간을 어기는 친구에게

cs ★ master

DAY

16

전화 응대

"전화는 조직의 첫 이미지이자 예고 없이 찾아오는 방문객이다."

Education Guide Map

전화 응대
- 전화 응대 중요성
- 전화 응대 특성
- 전화 응대 3대 원칙
- 전화 받기와 걸기 – 전화 받기
　　　　　　　　　– 전화 받기 주의사항
　　　　　　　　　– 전화 걸기
　　　　　　　　　– 전화 걸기 주의사항
- 상황별 전화 응대

안녕하세요. 오늘은 전화 응대에 대해 이야기를 나누려 합니다. 전화 응대에 대한 중요성을 시작으로 기본 수칙, 상황별 응대까지 알아본 뒤 17일차 교육에서 이를 활용한 스크립트 작성에 대하여 다룰 예정입니다. 자, 그럼 시작해 볼까요?

☑ 전화 응대 중요성

1983년 전화가 보급된 이후 우리의 삶에 많은 변화가 일어났습니다. 가정에서는 먼 거리에 있는 지인들과 직접 만나지 않고도 자주 안부를 전할 수 있게 되었으며, 기업에서는 전화 업무를 통해 고객의 요청을 더욱 신속하고 효율적으로 처리할 수 있게 되었지요.

전화 응대는 고객 서비스 분야에 있어 긍정적 효과가 참 많습니다. 그러나 대면 응대와 달리 오해를 불러일으키는 등의 부정적인 결과가 발생하기도 하지요. 직접 대화의 경우 55%의 몸짓언어, 38%의 목소리 톤, 7%의 사용하는 단어의 비율로 언어의 전달이 이루어지지만 전화 대화의 경우 82%가 목소리 톤, 18%가 사용하는 단어의 비율로 이루어지기 때문에 목소리 톤, 음성 관리가 특히 중요한 요소로 작용됩니다.

오늘 이 시간에는 전화 응대 특성에 대한 이해를 바탕으로 기본자세부터 상황별 전화 응대의 수칙을 알아보도록 하겠습니다.

✅ 전화 응대의 특성

전화 응대의 특성을 총 다섯 가지로 정리해 이야기 나눠보려 합니다.

먼저 첫 번째, 전화는 기업의 첫 이미지입니다.
전화기의 사용이 보편화 되면서 직접 대면 외에 전화를 통해 업무를 해결하는 경우가 점점 더 많아지고 있습니다. 고객이 회사에 방문하기 전에 먼저 전화를 걸었다면 전화 응대를 통해 첫 만남이 이루어지게 되는 것이죠. 특히나 요즘 예약 서비스를 실시하고 있는 곳이 늘어나고 있어 방문 전 전화를 먼저 거는 경우도 많습니다. 그렇기 때문에 내가 지금 받고 있는 전화 한 통이 회사의 첫 이미지가 결정될 수 있는 매우 중요한 순간이라는 인식을 가지는 것이 중요합니다.

두 번째, 전화는 보이지 않는 만남입니다.
우리는 수화기를 통해 들리는 그 사람의 목소리와 어투를 통해 현재 그 사람의 자세, 표정, 태도 등을 짐작하기도 합니다. 상대가 컴퓨터를 하면서 전화를 받고 있는지, 누운 자세 혹은 엎드린 자세로 전화를 받고 있는지, 심각한 표정 혹은 웃는 표정인지 캐치할 수 있지요. 실제 연인들 간의 대화 중 "지금 내 이야기 안 듣고 다른 일하고 있지."하면서 싸우게 되는 일이 발생하는 것도, 보이지 않지만 알 수 있기 때문입니다. 전화 응대 역시 고객과 직접 마주 보고 대화를 나눈다는 생각과 자세로 응대해주세요.

세 번째, 전화는 예고 없이 찾아오는 방문객입니다.
혹시 이런 경험이 있으신가요? 한참동안 울리지 않던 전화가 어떨 때는 끊기가 무섭게 울리기 시작합니다. 역시나 밥을 먹기 전에 오지 않던 전화가 밥을 먹으려고 하면 울리기 시작하지요. 잠시 자리를 비우려고 하면 급작스럽게 전화가 울리기도 하구요. 대면해야 하는 고객이 많은 상황에서 전화벨까지 계속해 울리고 있습니다. 사전 예고 없이 찾아오는 방문객인 것입니다.

일반적으로 고객이 전화 문의를 할 때 해당 회사가 일요일이 휴무였다면 월요일에 전화 문의가 많을 것이라고 예상해볼 수 있습니다. 고객들은 이렇게 전화를 걸때 회사의 상황을 예상해보기도 하지만, 실제 내부의 정확한 사정을 파악하기는 어렵죠. 보통 업무 시간에 전화를 걸면 신속하게 응대해줄 것이라고 생각합니다. 그렇기 때문에 직원들이 근무 시간동안 준비되어 있는 자세로 임하는 것이 필요합니다.

네 번째, 전화는 비용이 발생합니다.
기업에서 080으로 시작하는 번호를 운영하는 경우가 있습니다. 080은 수신자 부담 서비스로 고객이 전화를 걸더라도 기업이 전화비용을 부담합니다. 그 외의 번호로 전화를 걸었다면 전화를 건 고객이 전화비용을 지불하게 되는 것이죠. 15XX, 16XX, 18XX으로 운영되는 기업의 대표번호들을 무료로 알고 계시는 경우가 많던데, 역시나 고객이 부담하는 유료번호입니다.

고객을 위해 무료전화를 개설해 놓은 것이 아니라면 일반적으로 기업에 전화를 걸 때, 전화를 건 고객이 전화비용을 부담하게 되어있는 것이 현재의 보편적인 시스템이죠.

큰 비용이 아니라 사소하게 생각할 수도 있지만, 전화를 위해 투자하는 고객의 비용뿐만 아니라 시간에 대한 투자도 발생되는 만큼 성의 있는 태도로 응대하는 것이 중요하겠습니다.

다섯 번째, 전화는 보안성이 없습니다.

도시바 전화 응대 사건에 대해 아십니까? 비디오 수리를 요청한 고객과 퉁명스럽게 응대하는 직원 간의 통화가 인터넷상에 퍼지고 기업 역시 무책임하게 대응을 하면서 도시바 불매 운동이 벌어지게 된 대표적인 사례입니다. 몇 년전 우리나라에서는 LG유플러스 상담원과 아주머니 고객과의 전화 녹취가 인터넷상에 퍼지기 시작했는데, 장난 전화인지 잘못 걸었던 전화인 것인지 확인이 되지는 않지만, 짜증이 날 상황에서도 침착하게 대응하는 상담원의 모습을 통해 회사의 이미지에도 도움이 되었습니다. 전화 통화한 내용이 인터넷상에서 공유되는 것이 보편적인 것은 아니지만 보안에 취약하다는 점을 확인하는 사례였지요.

기업에서는 정보 확인을 위하여 고객과의 통화 내용을 사전 양해를 구하고 녹취하기도 합니다. 반대로 스마트폰이 보편화되면서 내용을 확인하려고 고객이 전화 내용을 녹취하는 경우들도 있죠. 그렇기 때문에 고객과 직원 간에 이루어지는 대화로 인식하기보다 회사 전체와 고객 간의 대화 개념으로 응대하는 것이 중요할 것입니다.

> **⚠ 서비스 강의 HOW TO**
>
> 전화 응대 방법에 대해 강의하기에 앞서 특성을 이해하는 시간을 가지도록 강의를 구성하는 것이 중요합니다. 무작정 "전화 응대 방법은 이렇습니다."라고 설명하기보다, "전화는 이런 특성을 가지고 있기 때문에 이렇게 응대하는 것입니다."라고 설명하는 것은 확실한 차이가 나죠. 이해가 되면 실천으로 옮겨질 가능성이 높기 때문에 여러분이 강의를 할 때 이 부분을 놓치지 않아야 할 것입니다.

✓ 전화 응대의 3대 원칙

전화 응대에는 3대 원칙이 있습니다. 바로 친절, 신속, 정확인데요. 때로는 여기에 정중을 더해 4대 원칙이라고 부르기도 합니다. 3대 원칙이라고 하니 거창하게 들리기도 하지만 내용을 들여다보면 전화 서비스를 함에 있어 기본 중의 기본을 강조한 내용입니다. 그럼 함께 내용을 들여다볼까요?

첫 번째 원칙은 친절입니다.

전화 서비스에서의 친절은 어떻게 표현이 되면 좋을까요? 고객을 직접 대면한다는 생각을 가지고 밝은 인사와 상냥한 말투로 전화 응대를 시작합니다. 단어 선택에 주의를 기울이며 고객에게 충분한 설명이 이루어질 수 있도록 주의를 기울이는 것 역시 필요한데요. 전화 응대에서의 친절은 청각적 요소가 82%를 차지하는 만큼 어투가 더욱 중요하다고 할 수 있습니다.

두 번째 원칙은 신속입니다.
여러분 전화벨은 몇 번 울리기 전에 받아야 하는지 알고 계신가요? 대부분 정답인 2~3번 이내로 답을 정확히 이야기합니다. 그런데 전화를 왜 3번 이내에 받아야하는 걸까요? 이는 고객의 심리와도 연결이 되어있습니다. 전화번호를 누른 후 3번이 울리기까지는 보통 전화가 제대로 걸렸는지 확인하는 과정에서 벨소리에 집중을 합니다. 4번 이상 울리기 시작하면 이제 전화벨 소리에 대한 집중은 끝이 나고 전화를 왜 안 받는 것인지 여러 가지 생각이 들게 되죠. '무슨 일을 하느라고 전화를 안 받는 걸까?', '혹시 이제 영업을 하지 않는 건가?' 하고 말입니다. 고객 입장에서는 이유에 대한 설명 없이 기다리게 되는 상황이 벌어지는 것입니다.

그리하여 평소에 전화를 받을 경우에는 2~3번 이내에 받되 그 이상 울린 후 받게 된다면 늦게 받아 죄송하다는 이야기로 시작하는 것이 고객과 원만한 시작이 됩니다. 전화 통화 중간에도 결과 안내나 기다리게 할 경우가 발생한다면 고객에게 예상 소요 시간을 미리 알리는 것이 중요합니다.

세 번째 원칙은 정확입니다.
용무를 정확히 전달하고 정확히 전달받는 것이 중요한데요. 음성으로만 이루어지는 대화이기 때문에 금액, 번호, 날짜, 수량, 주소 등의 정보 전달에 실수가 발생하기도 합니다. 이에 대한 사전 방지를 위해 명확한 발음으로 상대방의 말을 복창, 재확인하는 과정을 거치는 것이 필요합니다.

예전 서비스 마인드와 태도가 굉장히 좋은 교육생이 있었는데, 번번이 면접에서 탈락하는 것입니다. 탈락의 사유는 발음의 문제였는데요. 바람이 새는 듯한 그녀의 부정확한 발음이 전화 업무가 많은 곳에 적합하지 않다는 것이었죠. 음성으로 전달되기 때문에 정확한 발음은 중요한 역량이 됩니다.

정확한 전달을 위하여 또박또박 말하는 훈련을 할 수 있도록 하며, 정확한 안내가 될 수 있도록 업무에 대한 전문 지식 또한, 갖추어야 할 것입니다.

> ## ⓘ 서비스 강의 HOW TO
>
> **4대 원칙 〈정중〉**
>
> 정중의 요소는 강사가 친절에 넣어서 설명을 할 수도 있습니다만, 따로 구분을 지어 이야기를 나눌 수도 있는 부분입니다.
>
> 실제 친절과 정중의 의미 차이가 있으니 말입니다. 항상 고객에게 예를 갖추어 응대를 할 수 있도록 하는데요. 잘못 걸려온 전화를 받을 경우, 잘 들리지 않는 경우 역시 정중하게 받을 수 있도록 하며, 특히 컴플레인이나 클레임 상황에서 정중한 태도를 보이는 것 역시 중요할 것입니다.

☑ 전화 받기와 걸기

전화 받기

전화 받기의 시작부터 마무리까지의 단계를 함께 풀어보겠습니다.

전화 받기의 시작은 항상 메모 준비와 함께 시작됩니다. 그리고 고객을 마주한다고 생각하고 밝은 미소와 바른 자세로 받습니다. 전화벨이 2~3번 울릴 때 신속하게 왼손으로 수화기를 들어 받으며, 벨이 4회 이상 울린 후 받을 경우에는 기다린 고객에게 "늦게 받아 죄송합니다."라고 사과의 인사 멘트를 합니다. 전화를 받을 때는 인사말과 함께 소속과 이름을 정확히 밝히도록 하는데요. 예를 들어 "행복을 드리는 OOO센터 OOO입니다.", "정성을 다하겠습니다. OOO백화점 상담원 OOO입니다."라고 말이죠. 고객의 대화 내용 중 중요한 사항은 메모하며 듣도록 하며, 용건에 대하여 재확인하는 과정을 거칩니다. 고객의 문의사항에 대하여 정확한 답변을 하고, 추가 문의사항이 있는지 확인을 하는 것도 잊지 않도록 합니다. 끝맺음 인사와 함께 전화를 끊으면 성공적인 전화 받기가 됩니다.

메모 준비→미소→인사말, 소속, 이름 밝히기→메모하며 내용듣기→용건 재확인→답변 및 약속→추가 문의 여부 확인→끝맺음 인사→전화 끊기 전화를 끊을 때는 고객이 끊은 것을 확인한 후 끊도록 하는데요. 실제 직원들의 전화 응대를 모니터링 해보면 다른 부분에서 다 잘하다가도 마지막에 놓치는 경우가 많습니다. 습관이 되어 있지 않거나, 다음 고객을 응대하려고 속도를 내는 등의 이유들이 있지요. 작은 부분으로 여겨질 수도 있지만, 우리 일상에서 생각해보아도 이것은 유쾌한 일은 아닙니다. 연인 사이에 전화를 할 때 먼저 끊으라고 이야기 하지만 실제 먼저 끊으면 서운한 감정이 들기도 하는 것처럼 말이죠.

때로는 교육생들이 잘 기억하도록 333법칙을 알려주기도 합니다.

전화는 3번 이내에 받고 3분간 핵심 내용으로 통화를 하며 고객보다 3초 뒤에 끊도록 말이죠. 풀어서 설명하는 것도 필요하지만 때로는 기억하기 쉽게 요약을 하는 전달 방법이 효과적일 때도 있답니다.

전화 받기 주의사항

전화를 받다보면 놓치는 부분이 발생하기도 하는데요. 실제 직원들이 실수를 범하거나 놓치는 부분을 위주로 정리해보겠습니다.

먼저 고객과 핑퐁 게임을 하지 않도록 합니다. 고객의 질문에 단답으로 대답을 하여 재차 고객이 질문을 하면 단답으로 대답을 해 여러 차례 질문과 답변이 오고 가는 것이지요. 상당히 불친절한 응대로 고객이 묻는 질문에 충실하게 답변할 수 있도록 합니다. 그리고 "제가 담당자가 아니라서~", "네 아마도 그럴 겁니다."라는 무책임한 태도 역시 주의하여야 하는 부분입니다.

마지막으로 전화 통화 중에 고객을 기다리게 하는 경우 고객이 수화기를 들고 있는 상태로 장시간 방치하지 않습니다. 답변에 시간이 오래 걸릴 경우에는 고객에게 언제까지 전화를 드리겠다는 안내와 함께 전화를 끊게 한 후 내용을 파악하고 다시 고객에게 전화를 거는 것이 좋습니다.

전화 걸기

전화 받기에 이어 이번에는 전화 걸기 시작부터 마무리까지의 과정을 함께 풀어보겠습니다.

전화 걸기의 시작 역시 메모 준비와 함께 시작합니다. 사전에 고객에게 전달할 내용을 육하원칙에 따라 핵심적으로 정리한 후 전화를 걸기 시작합니다. 전화를 걸 때는 거는 곳의 시간, 장소, 상황이 적절한지 체크를 하도록 하는데요. 밝은 목소리로 인사하며 자신의 소속과 이름을 밝힌 뒤, 통화하고자 하는 사람의 소속과 이름을 말하며, 통화 가능 여부를 확인합니다. 상대방을 확인한 후에는 사전에 정리해두었던 내용에 따라 간결하고 명확하게 전달하며 용건이 끝나면 끝인사와 함께 전화 통화를 마무리 합니다. 일반적으로 전화는 거는 쪽이 먼저 끊으며, 아랫사람과 윗사람의 통화에서는 아랫사람이 나중에 끊도록 합니다.

메모 준비→미소→내용정리(육하원칙)→인사말, 소속, 이름 밝히기→통화 가능 여부 확인→용건 말하기→용건 재확인→끝맺음 인사→전화 끊기

전화 걸기 주의사항

전화를 거는 경우에서도 역시 주의할 사항들이 있습니다. 고객에게 전화를 거는 경우 이른 아침, 늦은 밤, 식사시간은 가급적 피하도록 하는데요. 원활한 대화가 이루어지려면 고객의 시간과 상황을 먼저 배려하는 것이 필요합니다.

통화 도중에 전화가 끊어진 경우 건 쪽에서 다시 걸 수 있도록 하며, 통화를 마무리 할 때 전화를 건 쪽에서 먼저 끊는 것이 일반적이지만, 고객과의 통화에서는 고객이 먼저 끊은 것을 확인한 후에 끊도록 합니다. 다만 서로 늦게 끊으려고 수화기를 들고 기다리는 경우에는 건 쪽에서 먼저 수화기를 내려놓을 수 있도록 합니다.

서비스 강의 HOW TO

업무 중에 홍보 전화를 받았을 때 지금 업무 중입니다라고 이야기를 하면, "통화 가능하신 시간이 어떻게 되십니까?", "퇴근 시간인 6시 이후에 전화를 드려도 될까요?"라고 하는 경우가 많습니다. 고객이 전화를 받는 상황이 불편하면 용건 전달 역시 원활하게 이루어지기가 힘들겠지요.

전화를 받고 거는 것에 대한 수칙, 주의사항이라는 것은 사실 큰 시각으로 바라보면, 상대방의 배려에서 출발한 내용들입니다.

응대 방법을 기억하도록 하는 방식으로 강의를 진행하는 것도 필요하지만, 왜 이렇게 전화 응대를 해야 하는 것인지를 강사가 효과적으로 설명한다면 실천의 효과는 배가 될 수 있습니다.

✅ 상황별 전화 응대

전화를 연결할 경우

담당 부서를 연결하거나, 자세한 안내를 위하여 전화를 연결할 경우에 무작정 "전화 연결해드리겠습니다."로 끝내지 않고 몇 차례 단계를 더 가지도록 합니다.

먼저 고객에게 전화 연결을 할 담당자를 확인하거나 안내를 합니다. 연결 시에는 송화구를 손으로 막거나 HOLD버튼을 누른 상태에서, 연결할 담당자에게 누가 어떠한 내용으로 전화를 걸었는지에 대해 요약, 전달하여 고객이 설명을 두세 번 반복하지 않도록 합니다. 그리고 연결하는 과정에서 전화가 끊어질 것을 대비하여 고객에게 직통번호를 안내합니다. 담당자에게 전화 연결을 바로 하기 어려운 경우에는 해당 사유에 대해 설명을 하며, 고객에게 양해를 구한 뒤 메모를 받아 전달하도록 하는 것이 좋습니다.

전화 메모 역시 핵심 내용이 잘 전달될 수 있도록 정리하여 상대방에게 전달하도록 하고요. 전화를 회사 측에서 고객에게 다시 하기로 약속을 했다면, "잠시 후에 전화하도록 하겠습니다."라는 표현보다 구체적으로 언제까지 전화를 드리겠다는 것이 더 좋은 응대입니다. "내용을 확인 후 3시까지 전화하도록 하겠습니다."라고 말이죠.

아래에 활용하면 좋을 전화 메모 양식을 담아보았습니다. 포스트잇에 한두 줄 작성하여 상대에게 전달하는 것보다 훨씬 내용을 파악하기가 용이할 것입니다.

〈전화 메모 SAMPLE〉

전화 메모			
시간		받은사람	
FROM		TO	
용건			
통화결과	▫ 전화 왔었다고 전해 주십시오. ▫ 다시 전화하시겠답니다. ▫ 전화해달라고 하셨습니다. (연락처 : 010 −　　−　　)		

담당자가 부재중인 경우

담당자가 부재중인 경우 응대하는 방법에 대해 알아볼까요? 역시나 "담당자가 부재중입니다."라고 통화를 마무리하는 것보다 부재중인 이유와 일정을 알려주는 것이 좋습니다. "담당자가 외근 중이라 자리를 비웠습니다. 3시경쯤 돌아올 예정인데 메모 남겨드릴까요?"하고 말이죠. 예전에 모 기관에 전화 문의를 한 적이 있는데 "담당자가 화장실을 가느라 잠시 자리를 비웠습니다."라는 안내를 받았습니다. 그 말을 듣는 순간 담당자분이 화장실에 있는 모습이 상상이 되면서 괜히 민망해지더군요. 의도하지는 않았지만 서로가 민망할 수 있는 멘트가 되었습니다. 화장실을 가거나 담배를 피우기 위해 담당자가 잠시 자리를 비운 경우라면 "담당자가 잠시 자리를 비우셨는데, 5분 정도 뒤 전화 연결이 가능합니다. 메모를 남겨드릴까요?"라고 부재중인 이유보다는 일정에 초점을 맞추어 안내해주는 것이 더 좋은 응대가 될 수 있겠지요.

담당자가 장기간 부재중일 경우 용건을 물어본 뒤 대신 처리가 가능하다면 친절히 설명하도록 합니다. 대신 설명이 어려운 경우 메모를 정확히 하여 담당자에게 전달할 수 있도록 하며, 전화를 받은 자신의 소속, 이름을 고객에게 알려주도록 합니다.

전화가 잘 들리지 않는 경우

때로는 거는 쪽의 문제, 때로는 받는 쪽의 문제로 인하여 전화가 잘 들리지 않는 경우가 발생하기도 하는데요. 수화기를 입에서 멀리 두어 말하거나 목소리가 작게 들리는 경우에는 잘 들리지 않으니 좀 더 큰소리로 말씀해 주실 것을 정중하게 요청합니다.

요청한 이후에도 상대방의 말이 분명하게 들리지 않거나 전화 상태가 좋지 않은 경우 계속 잘 들리지 않는 상태로 통화할 것이 아니라 고객에게 다시 걸도록 요청하는 것이 좋습니다.

고객의 전화번호가 확인되는 경우에는 고객에게 요청하기보다 우리 쪽에서 전화를 드리겠다고 하는 것이 더 좋겠지요.

통화 도중 고객이 방문한 경우

전화 응대 업무가 따로 분리되어 있지 않은 곳이라면, 대면 응대와 전화 응대를 함께 진행해야 하는데요. 통화 중이라 방문한 고객을 방치하는 직원의 모습을 종종 발견하게 됩니다. 통화 중이라 방문한 고객을 바로 응대하기 어렵더라도 눈인사와 가벼운 목례로 곧 응대할 것이라는 신호를 주는 것이 필요합니다. 그런 후 가능한 빨리 통화를 끝낼 수 있도록 하며, 통화가 길어질 경우 고객에게 양해를 구하도록 합니다. "고객님 죄송하지만 앞서 걸려온 통화가 길어지고 있습니다. 잠시 둘러보면서 기다려주시면 통화가 끝나는 대로 바로 안내해드리겠습니다." 또는 "고객님 죄송하지만 앞에 고객님이 기다리고 계셔서 응대 후 바로 전화를 드리겠습니다. 괜찮으시다면 번호를 남겨주시겠습니까?"라고 말이죠.

위치를 안내할 경우

위치를 안내하는 경우 가장 좋은 응대는 먼저 상대의 출발 위치를 확인하는 것입니다. 회사를 기준으로 동서남북 4방향 어디에서 출발하는지에 따라 안내가 완전히 달라질 수 있습니다. 고객의 출발 위치를 파악한 다음에는 어떤 교통편을 이용하여 방문할지도 확인합니다. 지하철, 버스, 자가 차량인지 확인한 후 그에 맞게 안내할 수 있도록 하며 자가 차량을 이용하는 경우 고객이 묻기 전에 주차장 안내까지 함께 이루어질 수 있으면 더 좋겠습니다. 간혹 타워주차 시설이라 SUV차량 주차가 어려운 경우가 있는데요. 이럴 경우 미리 안내하지 않아 고객이 방문하기 전에 불편을 겪게 되는 경우가 있습니다. 따로 외부에 주차공간이 마련되어 있다면 이 부분까지 확인하여 안내하는 경우 더없이 좋은 응대가 될 것입니다.

 실전과제

Question 1. 자신의 평소 전화 응대 습관을 체크해보겠습니다.

메모 도구를 미리 준비해 놓습니까? (　)
벨이 2~3회 울릴 때 받습니까? (　)
바르게 자신의 이름을 밝힙니까? (　)
밝은 목소리를 계속 유지하며 통화합니까? (　)
알기 쉬운 용어로 설명합니까? (　)
경어 사용을 적절히 합니까? (　)
문의한 사항에 대해 구체적으로 설명합니까? (　)
중요한 사항은 메모를 하며 응대합니까? (　)
요점을 복창합니까? (　)
다른 궁금한 사항은 없는지 확인합니까? (　)
끝맺음 인사를 실시합니까? (　)
상대방이 끊고 난 후 전화를 끊습니까? (　)

Question 2. 한 기업을 지정하여 전화 상담을 받은 후 좋았던 부분과 나빴던 포인트를 작성해보고 개선 방안을 제시해 보십시오.

• GOOD

• BAD

• SOLUTION

CS master

DAY
17

스크립트 작성

"성공적인 영화에 탄탄한 시나리오가 있다면, 성공적인 전화 응대에는 탄탄하게 쓰여진 스크립트가 있다."

Education
Guide Map

스크립트 작성

- 스크립트 개요
- 스크립트 구성
- 스크립트 작성 방법
- 스크립트 작성 실습

안녕하세요. 오늘은 효과적인 전화 응대를 위한 스크립트 작성 시간입니다. 작성을 위한 기본 사항을 숙지하고 실제 스크립트를 작성해보는 시간을 가질 예정입니다. 스크립트를 작성하려면 서비스 커뮤니케이션과 전화 응대에 대한 내용 숙지가 먼저 이루어져야 하는데요. 14일부터 16일까지 이루어진 교육 내용을 완벽하게 숙지하셨나요? 자, 그럼 시작해보겠습니다.

✓ 스크립트(Script) 개요

컴퓨터 프로그래밍에서의 스크립트는 다른 프로그램에 의해 번역되거나 수행되는 프로그램, 명령어들의 나열을 말하며, 영화에서는 극으로 상영, 촬영, 방송할 수 있는 조건을 구비한 각본의 의미로 사용되고 있습니다. 전화 응대를 주요 업무로 하는 부서나 콜센터 등에서는 고객 응대를 효과적으로 하려고 상황과 유형에 따른 다양한 스크립트를 갖추고 있는데요.

직원들마다 가지고 있는 스킬이나 경험, 태도 등이 달라서 응대의 차이가 발생하는 경우가 많이 있는데, 스크립트는 직원들 간의 차이를 줄여주며 일정 수준 이상의 응대를 유지할 수 있도록 도와줍니다. 특히 신입 직원을 채용하여 현장에 투입되기 전 스크립트를 활용한 교육을 진행하는 것은 기존 직원들과의 간극을 좁히는 좋은 도구가 되기도 하구요.

스크립트는 고객에 대한 철저한 분석과 함께 실전에서 발생할 수 있는 상황을 사전에 분석하여 작성되기 때문에 직원들의 실수를 줄이고 항상 일관되고 표준화된 서비스를 제공할 수 있는 장점이 있습니다.

보이스 피싱은 스크립트를 악용한 사례로 전화를 거는 사람이 전화 응대 기본 수칙, 해당 업체에 대한 배경 지식뿐만 아니라 고객의 심리를 이용하는 멘트까지 모두 녹아있는 전문적으로 작성된 스크립트를 활용하고 있기 때문에 속아 넘어가는 사람들이 발생하는 것입니다.

한 번에 완벽하게 작성되는 스크립트는 없습니다. 현장에서 활용하면서 부족한 부분을 지속적으로 보완하고 업데이트해 나갈 수 있도록 하며, 이것을 긍정적으로 활용한다면 분명 고객 응대에 강력한 수단이 될 것입니다.

✔ 스크립트 구성

스크립트의 구성은 크게 고객과의 대화를 시작하는 도입 단계, 핵심 내용을 다루는 용건 단계, 응대를 정리하는 마무리 단계로 구성됩니다.

도입 부분에서는 인사 멘트와 함께 소속과 성명을 고객에게 알려 신뢰감을 형성한 뒤, 고객 본인 여부를 확인 하는 과정을 진행합니다. 고객 본인을 확인하려고 생년월일, 휴대전화 번호, 주소지 확인 등의 정보 확인 과정을 거치게 되지요.

고객 확인 과정을 마친 후 고객의 요청에 따른 맞춤 응대를 진행하게 됩니다. 기업에서는 고객이 요청하는 사항에 대한 질문 리스트를 사전에 뽑아 그에 따른 표준 응답 내용을 숙지하도록 하는데요. 충분한 설명 과정이 이루어지고, 용건을 정리하는 단계에서 상황에 따라 신제품 권유나 상위 제품에 대한 교차 판매를 권유하기도 합니다. 실제 많은 기업들에게 매출 증진을 위하여 스크립트 작성에서 이 부분을 신경 쓰고 있기도 한데요. 맥도날드에서 햄버거를 주문하면 "콜라도 함께 주문하시겠습니까?", 세트 메뉴를 주문하면 "지금 신제품 OO버거 세트가 새로 출시되었습니다."라고 소개하거나 "더 필요하신 것은 없으십니까?"라고 질문하는 사항이 이 부분에 속합니다.

마무리 단계에서는 안내한 내용에 대해 만족 여부를 확인하며, 추가로 궁금한 내용이 있는지 재확인을 합니다. 끝인사 멘트와 함께 대화를 마무리 하며 고객이 끊은 것을 확인한 후 통화를 종료합니다. 앞서 전화 응대 시간에 교육한 전화 받기와 전화 걸기의 사이클에 실제 상황과 업무 내용에 대입하여 시나리오처럼 작성하는 것입니다.

업무 내용에 대한 숙지와 함께 스크립트를 작성할 때 주의사항 몇 가지를 유념한다면 본인 스스로 스크립트를 작성하는 것도 문제없이 해낼 수 있을 겁니다.

〈스크립트의 구성 단계〉

도입	– 인사 및 자기소개 – 본인 여부 확인 – 고객 정보 확인(주소, 전화번호 등)
용건	– 문의 및 요청에 따른 맞춤 응대 – 상황에 따른 교차 판매, 신제품 소개
마무리	– 만족 여부 확인 – 끝인사

✅ 스크립트 작성 방법

고객 확인 단계

고객이 주문한 내용을 확인하거나 주문을 원활하게 진행하려면 먼저 고객 확인이 이루어져야 할 텐데요. 이름을 확인한 후 전화번호나 주소 등의 정보를 통해 최종적으로 고객을 확인하는 과정을 거칩니다. 고객의 개인 정보에 대해 물어볼 경우에는 특히 주의하여야 합니다. 우리가 커뮤니케이션 과정에서 배웠던 쿠션화법을 적극 활용하면 좋습니다. "원활한 안내를 위하여 고객님 본인 여부 확인이 필요합니다. 괜찮으시다면 고객님의 등록된 주소지 OO동 이하 뒷자리를 불러주실 수 있을까요?" 등으로 말이죠. 그리고 고객의 대답을 복창하여 확인하며, 응답에 대한 감사를 표하도록 합니다.

케이스에 따른 응답

똑같은 문의사항이라고 하더라도 신규 고객인지 재이용 고객인지, 제품 제고가 있는지 없는지 등, 여러 상황에 따라 응답이 달라질 수 있습니다. 그리하여 동일한 문의사항 스크립트라고 해서 한 가지 대답으로만 구성하는 것이 아닌 가지치기 형식으로 케이스에 따른 응답 내용을 모두 작성해 놓을 수 있도록 합니다.

만약 제품을 주문하고자 전화를 걸었을 때 고객이 이전에 주문한 이력이 있다면 고객의 배송정보지 등이 확인되기 때문에 따로 물어보지 않아도 되지만, 신규 주문하는 고객이라면 고객의 배송관련 정보를 받는 과정이 추가로 필요해지겠죠. 역시나 주문하고자 하는 제품의 재고가 남아있는 경우 고객의 주문 사항을 확인한 후 결제 안내 단계로 넘어가면 되지만, 재고가 남아있지 않는 경우 배송 가능한 시기를 안내하고 결제 희망 여부를 확인하는 과정으로 응답이 달라져야 합니다.

용건에 대한 확인 반복

대면하지 않고 이루어지는 전화 응대의 특성으로 인해 잘못된 정보가 공유되거나 전달될 가능성이 더 높아질 수 있습니다. 색상, 사이즈, 금액, 주소지, 날짜 등 고객과 직원 간의 대화 과정에서 오류가 생길 수 있는 부분을 사전에 반복, 재확인하도록 스크립트에 작성해 놓는다면 실수를 사전에 방지할 수 있을 것입니다.

그리고 마무리하기 전에 고객에게 응답에 대한 만족도 확인 및 추가 문의사항에 대하여 물어보는 것도 좋은 응대입니다.

상황별 인사 멘트

스크립트는 대본과 같지만, 실제 고객과의 대화를 위해 작성된 것인 만큼 기계적이 되어서는 안 될 것입니다. 상황에 따른 인사 멘트를 준비하여 활용하는 것도 좋습니다. 요일, 날씨, 계절 등에 따라 멘트를 다양하게 적용할 수 있도록 스크립트에 작성합니다. "습도가 높은 날씨인데요, 더운 여름 시원하고 즐겁게 보내시기 바랍니다.", "한주가 시작되는 월요일입니다. 행복한 한 주 되시기 바랍니다." 등으로 말이죠.

최종 점검 및 업데이트

스크립트 작성 후 상황에 따른 응답들이 적절히 구성되었는지, 안내한 정보들은 정확하며 알맞은 대화체를 사용하였는지, 중요한 사항에 대해서는 재확인, 복창하고 고객이 궁금해 하는 사항이나 추가 문의사항 여부에 대해 적극적으로 물어보았는지 최종 점검해봅니다. 한 번의 작성으로 완벽한 스크립트가 나올 수는 없습니다. 부족한 부분을 계속해서 보완해나가는 것을 잊지 않아야 합니다.

스크립트 작성 실습

이제 이론 부분에 대한 설명을 마쳤습니다. 전화 응대 및 스크립트 작성 시간에 배운 것을 종합하여 실제 상황에 사용할 수 있는 스크립트를 작성해 볼까요?

아래의 상황은 홈쇼핑 상담원의 응대로 상황을 설정하였습니다. 여러분이 실제 홈쇼핑에 근무한 경험이 없더라도, 온라인상에서 제품을 구매하고 전화 문의를 해본 적이 있다면, 원활하게 작성을 할 수 있을 것으로 예상됩니다.

· 고객은 OOO홈쇼핑에서 현재 방송 중인 OO브랜드 겨울점퍼를 구매하려고 합니다.

· OOO홈쇼핑 콜센터에서는 고객의 이름과 전화번호를 통해 홈쇼핑 등록 고객 여부를 확인할 수 있습니다.

· 고객의 희망 주문사항은 OO브랜드 겨울점퍼 네이비 색상 77사이즈이며, 가격은 169,000원입니다.

· 현재 주문 중인 상품을 구입하면 함께 입을 수 있는 티셔츠를 서비스로 제공하고 있으며, 색상은 화이트, 베이지, 네이비 중에서 선택이 가능합니다.

· 결제는 현금과 신용카드 모두 가능하며 고객은 온라인 입금을 희망하고 있습니다.

[주의점]
대화는 반드시 구어체로 작성해 주세요.
단답형 대답이 아닌 한 문장에 충분한 응답이 담길 수 있도록 대화를 구성해 주세요.

〈스크립트 작성 실습〉	
〈첫인사 멘트〉	
〈고객정보 확인〉	
〈고객 등록이 되어 있는 경우〉	〈고객 등록이 되어 있지 않은 경우〉
〈재고 있음〉	〈재고 없음〉
〈색상, 사이즈 확인〉	
〈추가 서비스 안내 및 확인〉	
〈결제 수단 안내(현금, 신용카드)〉	
〈온라인 입금 계좌안내〉	
〈만족 여부 및 추가 문의 확인〉	
〈끝인사〉	

스크립트 작성 실습까지 마쳤는데요. 여러분이 작성한 것과 아래의 예시 안을 비교해보며 수정, 보완할 사항을 확인해보는 시간을 가져보면 좋겠습니다.

실제 교육에서는 교육생들이 작성한 내용에 대하여 함께 피드백 하는 과정을 거치고, 보완한 스크립트를 가지고 한 명은 고객, 한 명은 직원이 되어 실전 상황처럼 전화 응대를 해보는 실습시간을 가져보면 좋습니다.

스크립트 작성 실습 예시	
〈첫인사 멘트〉 안녕하십니까? 000홈쇼핑 상담원 000입니다. 무엇을 도와드릴까요?	
〈고객정보 확인〉 감사합니다. 주문을 도와드리기 위해서는 고객정보 확인이 필요합니다. 괜찮으시다면 고객님의 성함과 전화번호를 말씀해 주시겠습니까?	
〈고객 등록이 되어 있는 경우〉 확인해주셔서 감사합니다. 주문받기 전 고객님의 제품을 배송받을 주소를 먼저 확인하겠습니다. 주소 00동 뒷자리 이하를 말씀해주시겠습니까? 00브랜드 겨울점퍼를 주문하시는 것이 맞습니까? 희망하시는 사이즈와 색상을 말씀해 주시겠습니까? 잠시만 기다려 주시면 재고가 있는지 확인해보겠습니다.	〈고객 등록이 되어 있지 않은 경우〉 감사합니다. 현재 고객님의 전화번호가 확인되지 않고 있습니다. 실례지만, 저희 000홈쇼핑 이용이 처음이십니까? 고객 정보 입력을 먼저 진행한 후 주문을 진행해 드리겠습니다. 불러주신 성함과 전화번호 이외에 제품을 배송 받으실 주소를 말씀해 주시겠습니까?
〈재고 있음〉 예, 00브랜드 겨울점퍼가 현재 재고가 있습니다. 주문해 드릴까요?	〈재고 없음〉 죄송합니다만, 현재 고객님께서 원하시는 00브랜드 겨울점퍼가 인기가 많아 재고가 남아 있지 않습니다. 0일 후 상품이 추가로 도착되는데 미리 주문하시면 조금 더 빨리 제품을 받아 보실 수 있습니다. 주문 괜찮으십니까?
〈색상, 사이즈 확인〉 예, 감사합니다. 고객님이 주문 희망하시는 색상과 사이즈를 말씀 부탁드립니다. 고객님께서 주문하신 상품은 00브랜드 겨울점퍼 네이비 색상 77사이즈, 가격은 169,000원입니다. 맞으십니까? 추가로 더 구입하실 상품은 없으신가요?	
〈추가 서비스 안내 및 확인〉 현재 00브랜드 겨울점퍼를 구입하시면 함께 입으실 수 있는 티셔츠를 서비스로 드리고 있습니다. 프리 사이즈로 화이트, 베이지, 네이비 3가지 색상 중 선택 가능한데 어떤 것으로 선택하시겠습니까?	

〈결제 수단 안내(현금, 신용카드)〉 예, 감사합니다. 대금 결제는 카드 결제 또는 온라인 입금 두 가지 방법으로 진행 가능합니다. 어떤 것이 더 편리하십니까?
〈온라인 입금 계좌안내〉 온라인 결제를 원하신다면 입금하실 계좌번호를 안내해 드리겠습니다. 메모 가능하십니까? 00은행 000-000-000입니다.
〈만족 여부 및 추가 문의 확인〉 감사합니다. 고객님, 혹시 추가로 더 필요하신 상품이나 궁금하신 사항이 있으십니까? 고객님께서 말씀해 주신 주소로 늦어도 0일 이내에 상품이 도착할 예정입니다.
〈끝인사〉 저는 000홈쇼핑 상담원 0000이었습니다. 한 주가 시작되는 월요일입니다. 행복한 일만 가득한 한 주 되십시오.

 **실전과제**

Question 1. 스크립트 작성 실습 예시 내용에서 아쉬운 부분이 있었나요? 내용을 좀 더 수정해볼까요?

Question 2. 상황별 인사에 적용하면 좋을 멘트를 추가로 작성해볼까요?

예 습도가 높은 날씨인데요, 더운 여름 시원하고 즐겁게 보내시기 바랍니다.

불만 고객 응대

"불만 고객은 결코 힘든 고객이나 까다로운 고객이 아니다. 고객의 소리에 귀를 기울여 문제를 해결하고 위기를 기회로 만들어보라."

Education Guide Map

불만 고객 응대
- 컴플레인과 클레임
- 불만 고객 원인
- 불만 고객 이해
- 불만 고객 중요성
- 불만 고객 응대 원칙 – 피뢰침의 원칙
  　　　　　　　　　 – 대표자의 원칙
  　　　　　　　　　 – 감정 조절의 원칙
- 불만 고객 응대 기법 – 감정 해소
  　　　　　　　　　　 – 9단계 솔루션
  　　　　　　　　　　 – MTP 기법

안녕하세요. 오늘은 서비스인들이 현장에서 가장 어려워하는 응대, 불만을 가진 고객에 대한 이해 및 응대 기법에 대해 이야기를 나눠보려 합니다. 신입 직원들이 가장 어렵게 느끼는 부분이기도 하지요. 신입 직원이 아니더라도 평상시 응대는 잘 하는 데 불만 고객을 응대하는 것에는 많은 어려움을 느낀다고 이야기하는 분들이 있습니다. 고객에게 평소보다 많은 노력을 기울여야하는 응대입니다. 특히나 불만 고객 응대는 응대 기법에 앞서 불만 고객에 대한 충분한 이해와 공감이 이루어지는 것이 중요합니다. 그럼 불만 고객 응대 방법에 대해 자세히 이야기 나눠볼까요?

✅ 컴플레인과 클레임

'컴플레인'은 사전적인 의미로 '무엇에 대해 짜증나거나 기분 나쁘거나 불만스러워서 불평하다'라는 뜻을 가지고 있습니다. '클레임'은 '현재까지 증명되지는 않았지만 진실이라고 주장되는 어떤 것'이라고 합니다. 컴플레인은 고객이 불만스러운 상황이나 행위에 대해 주의를 주는 감정 표현의 형태라고 한다면, 클레임은 잘못된 상황이나 행위에 대해 시정 요구를 하는 것으로 고객의 손해에 대한 해결 및 대안 제시가 필요한 문제일 것입니다.

음식점에서 주문한 메뉴 구성과 다르게 나온 경우 고객은 클레임을 제기할 수 있을 것이며, 주문한 메뉴의 접시를 툭하고 내려놓는 직원의 태도가 성의 없어 기분이 상했다면 컴플레인 할 수 있는 것이죠.

위 두 가지는 문제 해결과 감정 해소의 측면으로 응대의 해결 방법이 달라야 하겠지만, 두 고객 모두 서비스 회복을 위한 노력을 기울여야 하는 우리의 고객입니다.

✅ 불만 고객 원인

과거 고객 만족 서비스에 대한 개념이 정착되지 않았을 시기에 우리는 음식점에 음식 맛이 좋고, 사장님과 직원분이 인사만 잘해주어도 '이 가게 친절하네.'라고 이야기 하였습니다. 그러나 현재는 어떤가요? 음식점을 방문했을 때 인사 잘해준다고 해서 '이 가게 친절하네.'라고 이야기할까요? '이 가게 기본이 되어있네.' 정도로 이야기할 것입니다. 그렇습니다. 지금은 맞이 인사와 배웅 인사가 기본 중의 기본일 뿐 고객 만족과 고객 감동을 결정짓는 요소가 아닌 것입니다. 시대가 흘러가면서 서비스를 기대하는 고객들의 기대는 날로 높아지고 있습니다. 고객의 기대를 뛰어 넘는 서비스를 제공할 경우 고객은 만족할 것이고, 고객의 기대를 뛰어넘지 못한다면 고객은 이 과정에서 불만을 느끼게 될 것입니다.

실제 고객이 느끼는 불만의 원인을 크게 3가지로 나누어 보니 **회사 문제, 직원 문제, 고객 문제**로 나누어 볼 수 있었습니다. 그럼 3가지 문제 중에 서비스 현장에서 어떤 문제가 가장 많이 발생하고 있을까요? 고객의 입장에서는 무엇이라 대답할 가능성이 높을까요? 고객 입장에서는 고객 문제보다는 회사 또는 직원 문제가 많이 발생한다고 이야기할 것이고, 직원 입장에서는 회사 또는 고객 문제라고 이야기할 가능성이 더욱 높겠죠. 입장에 따라 느끼는 문제의 원인은 다를 수 있는 것입니다. 그런데 실제 현장에서는 직원의 문제가 많은 것으로 조사됩니다. 미국 품질학회 조사에 따르면 68%가 서비스 품질에 대한 불만이었으며, 14%가 제품 자체에 대한 불만으로 나타났는데요. 많은 케이스에서 회사나 고객의 문제를 안고 왔던 고객을 직원이 매끄럽게 응대하지 못하면서 직원의 문제로 번지는 경우가 많이 발생한다는 것입니다.

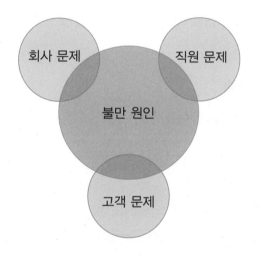

이와 관련된 사례 하나를 소개해보면 한 중년 여성분이 OO 성형외과를 찾아 쌍꺼풀 수술을 하였습니다. 수술이 끝난 뒤 고객은 자신의 눈을 보며 수술이 잘못되었다고 판단하였고 재수술을 요청하러 병원을 재방문하게 되었습니다. 그러나 성형외과에서는 수술이 잘못되지 않았다며 재수술이 필요 없다는 입장이었습니다. 입장 차이가 있는 문제이지만 각자의 입장에서 보면 수술을 잘못한 병원, 즉 회사 문제일 수도 있고 수술 결과에 대한 기대가 높았던 고객의 기대 문제, 즉 고객 문제일 수도 있는 일이었습니다. 그런데 문제는 고객과 의사와의 대화 과정에서 일어났는데요. 재수술을 요청하는 고객과 재수술은 어렵다는 의사 간에 팽팽한 대화가 이루어졌고, 의사가 마지막에 한 한마디의 말에 고객은 대화를 마무리하고 집으로 돌아갔습니다. 이렇게 끝

난 줄 알았는데, 다른 문제가 발생했습니다. 집으로 돌아갔던 고객이 다음날 피켓을 만들어와 병원 문 앞에서 1인 시위를 했던 것이죠. 고객이 들고 있던 피켓의 문구가 굉장히 인상적이었는데요. '의사가 그냥 살아라. 그랬다.'라고 적혀 있었습니다. 전날 대화가 이루어지던 상황에서 '나는 재수술을 못해 주니 그냥 사세요.'라는 말을 들었던 고객은 이제 재수술이 문제가 아니라는 것입니다. 감정의 문제로 번져 그 의사의 말 한마디가 괘씸해 정중한 사과와 함께 해결을 촉구했던 것이죠. 회사 문제와 고객 문제를 떠나 사람의 문제, 즉 직원의 문제로 번진 케이스였습니다. 이렇게 눈덩이처럼 커진 일을 수습하고자 할 때는 더욱 많은 노력을 기울여야겠지요.

말 한마디에 천냥 빚을 갚는다는 말이 있습니다. 서비스인이 현장에서 할 수 있는 최선은 각각의 문제를 안고 찾아온 고객이 그 문제 자체를 원활히 해결하고 돌아갈 수 있도록 하는 것이 중요할 것입니다.

☑ 불만 고객 이해

어느 한 고객의 이야기를 들어볼까요?

> 나는 정말 좋은 고객입니다.
>
> 나는 어떤 종류의 서비스를 받더라도 불평하는 법이 없습니다.
>
> 음식점에 갈 때는 들어가 조용히 앉아서 종업원들이 주문을 받기를 기다리며 그 사이에 절대로 종업원들에게 주문 받으라고 요구하지도 않습니다. 종종 나보다 늦게 들어온 사람들이 나보다 먼저 주문을 받더라도 나는 불평하지 않습니다. 나는 기다리기만 할 뿐입니다.
>
> 그리고 내가 무엇인가를 사기 위해 상점에 가는 경우 나는 고객의 권력을 휘두르려고 하지 않습니다. 대신 다른 사람들에 대하여 사려 깊게 행동하려고 노력합니다. 만약 무엇을 살 것인지를 결정하지 못해 여러 물건을 놓고 고심하고 있을 때, 옆에 서 있는 판매원이 귀찮다는 듯이 행동하더라도 나는 최대한 예의 바르게 행동합니다.
>
> 언젠가 내가 주유소에 들른 적이 있는데 종업원은 거의 5분이 지난 후에야 나를 발견하고는 기름을 넣어주고 자동차 유리를 닦고 수선을 떨었습니다. 그러나 내가 누구입니까? 나는 서비스가 늦은 것에 대하여 일언반구도 하지 않고 그 주유소를 떠났습니다.

나는 절대로 흠잡거나 잔소리를 한다던가 또 비난을 하지 않습니다. 그리고 나는 사람들이 종종하듯이 시끄럽게 불평을 늘어놓지도 않습니다. 나는 그런 행동들이 쓸데없다는 것을 알고 있기 때문입니다. 솔직히 나는 멋진 고객입니다.

여러분 내가 누구인지 궁금하십니까?

나는 바로 "다시는 돌아오지 않는 고객입니다."[1]

1984년 미국의 U.S Office of Consumer Affairs에서 Consumer Complaint Handling in America란 이름으로 고객 불만 확산경로를 발표하였는데요. 5년 동안 고객을 역추적한 결과 불만을 가진 고객 27명의 고객 중 단 1명(4%)만이 직원들에게 불만을 토로하는 행위를 했고 나머지 26명(96%)은 불평을 토로하지 않은 채 거래를 중지하였다는 것입니다. 실제 불만 고객 중 아주 소수만이 불평을 토로하며 대다수의 불만 고객은 조용히 기존 거래처를 이탈하여 다른 금융기관으로 옮긴다는 것입니다.

그런데 문제는 고객을 잃는 것만으로 끝나는 것이 아니라는 것이죠. 불만을 가진 고객은 평균 9~10명의 주변 사람들에게 부정적인 구전을 전하며, 그 중 13%는 무려 20명 이상의 예비고객들에게 부정적인 영향을 미치고 있습니다. 한 고객을 잃는 것만으로 끝나는 문제가 아니라는 것입니다.

맥킨지 컨설팅의 불만 고객의 재구매 의향률 연구 결과를 보면 우리가 어떻게 응대해야 하는지에 대한 방향이 세워질 수 있는데요.

불만 고객 재구매 의향률	비율
불만사항이 있지만 표현 않는 고객	9%
불만해결 결과와 상관없이 불만을 표현한 고객	19%
불만을 표현하고, 문제가 잘 해결된 고객	54%
불만을 표현하고, 문제가 신속히 잘 해결된 고객	82%

[1] 이유진(2013), 서비스마케팅.

불만 해결 결과와 상관없이 불만을 표현한 고객이 표현 않는 고객보다 재구매 의향이 19%로 2배 정도가 높습니다. 불만을 표현하고 문제가 신속히 잘 해결되었다면 재구매 의향이 82%까지 올라가고요. 실제 현장에서 일을 하다 보면 불만을 표현하는 고객보다 표현하지 않는 고객이 더 편하게 느껴집니다. 직원이 응대해야 할 것이 없으니까요. 그러나 문제는 우리에게 표현하지 않았을 뿐 주변에 부정적 구전을 전달하여 다른 고객의 발걸음까지 돌리게 할 수 있다는 것입니다. 우리는 두 가지 연구 결과를 통해 불만을 표현하는 고객을 만나서 상담할 때 신속하게 대처하는 것이 중요하다는 것과 표현하지 않는 고객 역시 표현하고 갈 수 있도록 관심을 기울이는 것이 중요하다는 것을 인식할 수 있습니다. 고객이 말로 표현하지 않았지만 불편한 상황이었거나 불만스러운 문제가 있다고 느껴지십니까? 먼저 다가가서 "고객님, 이용하시면서 불편한 사항은 없으셨습니까?"하고 물어봐주세요. 직원의 이 한마디로 인해 떠나가는 고객을 돌아오게 할 수도 있습니다.

불만으로 개선된 상품

불만을 표현하는 고객을 통해 우리는 제품에 대한 아이디어나 서비스에 대한 개선점을 발견하게 되기도 합니다. 커피믹스의 사례를 잠시 들어볼까 하는데요.

1976년 동서식품에서 '맥심'이라는 브랜드로 처음 커피믹스가 개발되었습니다. 그 전까지만 하더라도 커피를 마시기 위해서는 커피 따로, 프리마 따로, 설탕 따로 커피잔에 넣고 뜨거운 물을 부어 섞어 마시는 것이 일반적인 커피 문화였죠.

제가 어릴 적 외할아버지께서 커피를 무척이나 사랑하셨는데요. 어린 시절 외가집에 가면 항상 외할아버지 방에는 커피, 프리마, 설탕을 담아놓은 3개의 유리병과 물을 끓이는 전기포트가 한쪽에 놓여 있었습니다. 손자, 손녀들이 오면 애정의 표현으로 커피 한 잔씩 타주시고는 했습니다. 그런데 시간이 흘러 커피믹스의 편리함에 끌리신 할아버지는 커피 등이 담겨있던 3개의 유리병을 치우셨고, 그 자리에 커피믹스를 두기 시작하셨어요. 그 이후부터는 무조건 커피믹스를 사들고 할아버지 댁에 방문했던 기억이 납니다.

커피믹스의 편리함에 수요가 늘어나면서 90년대에는 세계시장에 커피믹스라는 이름이 통용되는 데까지 발전했지요. 그런데 발전은 여기에서 끝이 나지 않습니다.

커피믹스를 즐기던 사람들에서 몇 가지 불만이 제기되기 시작하죠. '칼로리가 생각보다 높더라.'라는 문제 제기에 'OO 2분의 1칼로리'라는 제품이 나옵니다. 거기에 또 누군가가 문제 제기를 합니다. '생각보다 뜯기가 불편하다.' 그리하여 상단에 편하게 뜯을 수 있도록 절취선을 마련합니다. '커피믹스에 들어가는 프리마가 카제인나트륨인 화학적 합성품으로 만들어졌다더라.' 알아보니 카제인나트륨은 화학적 합성품으로 분류되지만 카제인은 정제된 우유단백질이라고 하구요. 여기에 수용성을 높이기 위해 나트륨을 결합시킨 것이 카제인나트륨이라 하여 인체에 무해하다고 하더군요. 하지만 소비자들을 위해 우유로 만든 커피가 추가로 출시됩니다. 고객의 소리를 적극 반영하여 고객의 만족도를 높이고 고객의 이탈을 방지하도록 한 것이지요.

> **⚠ 서비스 강의 HOW TO**
>
> 우리 주변에는 앞서 제시한 커피믹스 사례 이외에도 고객의 불만 제기를 통해 개선된 상품이나 서비스 개선 사례들이 많이 있습니다. 이러한 사례들을 수집하여 강의에 적극 활용해 보세요.

☑ 불만 고객 응대 원칙

불만 고객 응대 기법에 대해 논하기에 앞서 기본 원칙을 먼저 이해하는 시간을 가질 필요가 있습니다. 불만 고객 응대에 대한 원칙을 세우고, 효과적인 응대 기법을 함양하여 실천한다면 앞서 이야기 나눴던 기업의 문제, 고객의 문제가 직원의 응대 문제로 번지는 사례가 확실히 줄어들 테니까요. 그럼 함께 원칙을 세워볼까요?

피뢰침의 원칙

피뢰침은 피할 피(避), 우레 뢰(雷), 바늘 침(針)으로, '우레를 피하려고 만든 바늘 모양의 장치'라는 뜻을 가지고 있습니다. 벼락은 지상의 뾰족한 부분에 떨어지기 쉽기 때문에, 사람들의 안전을 위해 지방이나 옥상 등 벼락치기 쉬운 곳에 인공적인 피뢰침을 만들어두는데요. 건물에 있는 피뢰침은 번개를 직접 맞지만 자신은 상처를 입지 않을 뿐 아니라 건물까지도 아무런 상처가 없도록 번개를 땅으로 흘려보냅니다. 서비스인들에게도 자신을 지킬 피뢰침이 하나쯤 필요해요.

흔히 서비스인들을 감정 노동자라고 표현합니다. 특히 불만 고객을 응대할 경우 엄청난 감정이 소비되어야 하지요. 고객이 분명 나에게 개인적인 감정을 가지고 화를 내는 것이 아닌데도 불구하고 나에게 화를 내는 것으로 느껴져 마음을 다치는 경우를 보게 됩니다.

가장 먼저 고객은 내가 아닌 회사나 제도에 항의하는 것이라는 생각이 중요합니다. 그러나 나도 모르게 다친 감정이 있다면 문제를 해결하고 고객을 배웅하는 순간 털어버리는 것이 필요해요. 그것 역시 어렵다면 평소 자신만의 스트레스 해소법으로 감정을 터는 시간을 꼭 가져주세요. 그래야 오랫동안 서비스직을 기분 좋은 마음으로 할 수 있을 테니까요.

대표자의 원칙

고객이 화를 내는 것과 불만 제기는 회사를 향한 것입니다. 그러나 고객의 접점에서 고객의 소리를 가장 먼저 접수할 수 있는 창구는 접점에서 일하는 서비스인이 되지요. '나' 개인이자 '회사'의 대표자가 되는 것입니다.

가장 먼저는 피뢰침을 세워 나의 감정이 다치지 않도록 하는 것이 중요하지만, 내 책임이 아니라는 태도는 문제가 될 수 있습니다. 고객의 입장에서는 불만을 토로 하는 사람도 그 불만을 해결해줄 수 있는 사람도 바로 '나'이기 때문입니다.

만약 내가 곤란한 상황에 처해 직원에게 도움을 요청하였는데 그 직원이 자신의 책임이 아니라고 한다면 어떨까요? 첫마디에 자신의 담당이 아니라고 하면요? "누가 처리했는지 모르겠지만, 제가 생각하기로는 …"이라는 말보다 "다시 한 번 회사를 대표해서 사과 말씀 올리겠습니다."라고 이야기 하는 말을 더 듣고 싶지 않습니까?

고객 역시 같은 마음입니다. 고객은 문을 열고 들어서자마자 만나는 사람이 회사의 대표자라고 생각합니다. 나를 먼저 찾아왔다면 회사의 대표자가 되어 불만을 듣고 해결을 위한 노력과 최선을 다해주세요.

감정 조절의 원칙

혹시 영화 인사이드 아웃을 보셨나요? 영화 속에서 주인공들의 머릿속에 있는 감정의 친구들 기쁨이, 슬픔이, 까칠이, 버럭이, 소심이가 등장하죠. 사람은 항상 기쁘기만, 항상 슬프기만 하지 않습니다. 기쁜 감정 이외에 슬픔, 버럭, 까칠, 소심한 감정들이 결코 나쁘다고 말할 수도 없고요. 여러 가지의 감정이 오고가며, 또 조절하려고 노력하는 것이 사람이죠.

고객과의 응대에서 이러한 조절 능력이 더 발휘되기도 합니다. 고객이 버럭하거나 까칠한 감정에 전이되어 나 역시 버럭하거나 까칠하게 응대하면 어떨까요? 신속하고도 원만한 해결은 먼 이야기가 되어버리겠지요.

"고객님 왜 저한테 화를 내세요?"라고 말하기보다 "제가 고객님이라면 지금보다 더 했을 것입니다. 저를 봐서 진정하시고 좀 더 상세히 말씀해 주시면 안 되겠습니까?"라고 말하는 것이 좋겠지요.

고객의 감정에 전이되는 것이 아니라 고객이 나의 감정에 전이되어 진정할 수 있도록 리드해주세요. 아마추어는 끌려가고 프로는 리드합니다.

☑ 불만 고객 응대 기법

자, 이제 본 강의의 핵심 불만 고객 응대 기법을 정리해보겠습니다. 앞서 다룬 내용들이 실행 전의 이야기들이었다면 지금부터는 실행에 관련한 이야기들입니다. 하나씩 내용을 들여다볼까요?

감정 해소

첫 번째는 가장 중요한 감정 해소에 관한 이야기입니다. 불만 고객 응대의 핵심은 감정 해소에 있다고 해도 과언이 아닌데요. 응대 순서를 3가지로 다르게 배열해 보았습니다. 3가지 중 어떤 방법이 가장 효과적일까요?

① 대안→설명→사과

② 설명→사과→대안

③ 사과→설명→대안

정답을 쉽게 찾으셨나요?

정답은 ③ 사과→설명→대안입니다.

그렇다면 응대가 미흡했던 직원은 어떤 방법을 주로 사용하던가요?

② 설명→사과→대안 이라고 바로 대답하셨나요?

자, 그럼 이제 이 문제를 조금 더 세세히 풀어보도록 하겠습니다.

①처럼 "고객님 추가 서비스를 제공해드리겠습니다.", "고객님 환불 처리해 드리겠습니다." 등으로 해결책을 먼저 주는 것은 어떨까요? 해결책을 제시 하였으니 고객이 만족할까요? '내가 무슨 이거 하나 더 받자고 그런 건가?', '사과의 한마디도 없이 환불만 해주면 다인건가?' 이런 마음이 들지 않겠습니 까? 해결해주겠다는 대안에 대해 전혀 고맙게 느껴지지가 않더라는 것이죠. 대안을 마련해주고서도 고객의 마음을 상하게 할 가능성이 높은 응대입니다.

사실 우리는 ③처럼 사과를 먼저하고 설명하고 대안을 주는 것을 잘 알고 있 습니다. 그런데 왜 현장에서 ②처럼 설명을 먼저하고 사과하고 대안을 주는 응대를 자주 볼 수 있는 것일까요? 앞서 설명한 대표자의 원칙을 가지고 있 지 않기 때문입니다.

만약 나의 실수로 인해 고객이 불만을 제기하였다면 선뜻 사과하고 고객에게 설명을 하며 대안을 마련할 것입니다. 그런데 나의 실수가 아님에도 불구하 고 고객이 나에게 불만을 제기하는 순간을 맞이하게 되면, 자연스럽게 설명 부터 하고 있는 나의 모습을 발견하게 되는 것이지요. "아~ 고객님, 그것은 담당 직원이 안내를 잘못했던 것 같습니다.", "아~ 고객님, 그것은 회사에서 정한 규정이라서요."라고 하면서 설명하고 있는 것이지요. 나의 실수가 아닌 회사나 동료의 실수 역시 대표자 원칙을 가지고 사과하고 설명을 하며 대안 을 마련하는 것이 올바른 응대입니다.

③ 사과→설명→대안

이것만으로 교육생의 마음을 움직이고 실천하도록 하기엔 부족함이 있습니다.

나의 실수가 아닌데도 고객에게 사과를 해야 할까요? 그런 사과가 과연 진심으로 나올 수 있을까요? 이 경우의 사과는 관점이 달라야합니다. 나의 실수에 대한 사과가 아닌 고객의 불편한 감정에 공감한 사과를 하는 것이죠. "고객님 많이 불편하셨겠습니다. 불편을 드려서 죄송합니다."라고 말입니다. 고객의 불편한 감정에 공감하여 주는 것. 그 불편했던 마음을 이해하여 주는 것으로서 사과의 출발을 시작하면 되는 것입니다. 그 이후 설명하고 대안을 마련하여 문제를 해결하는 것이 원만한 해결 과정임을 설명해주세요.

9단계 솔루션

9단계 솔루션은 앞서 이야기 한 ③ 사과→설명→대안의 확장판이라고 볼 수 있습니다. 조금 더 세밀한 응대를 위하여 9단계로 나누었는데요. 그 중에서도 1단계와 9단계는 피뢰침의 원칙이 필요한 순간입니다. 자, 그럼 단계별로 이야기를 나눠볼까요?

1단계 : 감정 조절

2단계 : 사과 실시

3단계 : 공감 경청

4단계 : 원인 파악

5단계 : 대책 강구

6단계 : 방법 제시

7단계 : 대안 실행

8단계 : 감사 표현

9단계 : 감정 조절

1단계 : 감정 조절

매일 불만 고객을 만나는 것은 아닙니다. 그러나 오늘 불만 고객을 만날 수 있다고 생각하는 것과 생각조차 하지 않는 것의 결과는 차이가 날 수 있습니다. 예전에 일을 하면서 욕설을 하는 고객을 만났던 적이 있었죠. 경험이 많이 없던 신입이었던지라 예상을 전혀 못했던 상황이었습니다. 붉어진 얼굴로 겨우 응대를 마무리하고 조용한 공간에서 열을 식히는 과정에서 눈물이 펑펑 쏟아졌습니다. "내가 왜 이런 욕까지 들어야 하는 거지?"하면서 말이죠. 매너가 없는 고객이었지만, 제 경험과 제 감정도 단단하지 못했던 순간이었습니다. 그 일을 경험한 뒤 피뢰침을 세우기 시작했고 해결해낼 수 있는 힘이 생겼죠. 불만 고객이 모두 악성 고객은 아닙니다. 그러나 악성 고객도 불만 고객도 피뢰침을 세우고 있지 않으면 내 마음이 다칠 수 있으니 1단계는 나의 감정을 조절하는 것부터 시작합니다.

2단계 : 사과 실시

나의 실수가 있었다면 실수에 대한 사과를 하고, 회사나 동료의 문제로 인한 문제 제기일 경우에도 고객의 불편한 감정과 상황에 대한 사과를 하도록 합니다.

3단계 : 공감 경청

고객의 입장에 서서 어떠한 상황인지 충분히 이야기를 듣는 시간을 가집니다. 3단계까지는 생각을 하고 해결을 하려고 노력하기보다 고객의 입장에 입각하여 들어주는 시간입니다.

4단계 : 원인 파악

고객의 이야기를 충분히 들었다면 이제 해결을 위한 원인 파악에 들어갈 시간입니다. 이 문제가 회사 문제인지 직원 문제인지 고객 문제인지에 따라 해결책이 달라질 수 있으니 말입니다.

5단계 : 대책 강구

문제 파악이 되었다면 어떻게 해결할지 대책을 강구합니다. 내기 가진 권한 밖의 문제라면 상사와 상의하여 해결 방법을 찾도록 합니다.

6단계 : 방법 제시

해결책 마련 후 고객에게 안내를 하는 시간입니다.

7단계 : 대안 실행

빠른 실행을 진행합니다. 고객이 문제를 제기하였을 때 신속하고 빠른 해결이 고객을 다시 돌아오게 할 수 있을 테니까요.

8단계 : 감사 표현

마무리 단계로 거듭 사과와 함께 감사의 표현으로 마무리하여 서로 기분 좋게 마무리를 할 수 있도록 합니다. "고객님, 불편을 드려 죄송하고요. 양해해 주셔서 감사합니다."라고 말입니다.

9단계 : 감정 조절

고객을 배웅한 후 1단계와 같이 나를 토닥토닥 해주는 시간을 가져주세요. "오늘도 수고했어."하고 말이죠.

> **⚠ 서비스 강의 HOW TO**
>
> 고객 불만을 신속하게 해결하여 고객의 재방문율을 높일 수 있도록 하는 것이 가장 좋은 응대입니다. 이럴 경우 특히나 마무리가 중요한데요.
>
> 문제를 해결하고 배웅하면서 "고객님 불편을 드려 너무 죄송합니다. 안녕히 가십시오." 사과의 인사로만 고객을 배웅한다면 고객 입장에서도 미안한 마음이 들게 되지요. '직원이 그런 것도 아닌데 내가 너무 화를 냈나?' '괜히 저 사람이 죄송하다고 그러네 …' 등의 감정으로 말이에요. 직원 입장에서 미안하면 다시 오면 되는 데, 미안해서 다시 못가겠다고 하는 고객이 많더라는 것입니다. 고객과 웃으며 마무리 한다면 고객이 돌아오는 발걸음이 더욱 가벼울 수 있을 겁니다. "고객님 양해해주셔서 감사합니다. 다음에 또 뵙겠습니다." 이러한 작은 멘트가 결과를 다르게 만들 수 있죠.
>
> 서비스 이론 책만 보아서는 이러한 내용들을 접하기가 어렵습니다. 충분히 풀어서 설명해주세요.

MTP 기법

MTP 기법은 Man, Time, Place의 앞 글자를 따서 만든 용어로 사람과 시간과 장소를 바꾸라는 불만 고객 응대의 한 방법입니다.

Man 사람

불만 고객은 문제를 해결해 줄 사람과의 대화를 희망하죠. "책임자 나오라고 그래!", "여기 사장 나와서 이야기하라고 해!"라고 큰소리를 치는 고객도 사실 최초의 응대자와는 문제 해결이 될 것 같지 않아서 해결해 줄 사람을 요청하는 것입니다. 최초의 응대자가 최선을 다해서 응대를 하되 내가 해결해 줄 수 있는 범위를 넘어가는 문제라면 문제를 해결할 수 있는 상급자를 연결하는 것도 방법이 될 수 있습니다. 이럴 경우 상급자에게 불만 사항을 충분히 사전 설명하여 고객이 재차 말을 반복하게 하지 않도록 하는 것이 중요합니다.

Time 시간

불만을 가진 고객의 호흡 상태는 다소 빠르고 거칠어져 있을 가능성이 있습니다. 흥분한 상태의 고객과 계속 대화를 시도하는 것보다 고객이 호흡을 가라앉힐 시간적인 여유를 두고 대화를 시도하는 것이 좋은데요. 불만 고객의 화를 진정시키기 위한 시간을 위해서 차를 한 잔 대접하는 것도 좋은 방법이 될 수 있습니다. 차를 대접할 때는 차가운 차보다는 따뜻한 차가 더 좋습니다. 따뜻한 차는 "후~" 불어가면서 조금씩 마시기 때문에 호흡이 진정되는 도움을 받을 수 있습니다. 하지만 계절과 고객의 기호를 배려하지 않은 무조건적인 따뜻한 차 대접은 오히려 역효과일 수 있겠습니다.

Place 장소

고객이 문을 열고 들어오는 순간 불만을 제기하였다면 오픈된 공간일 가능성이 많죠. 다른 사람들이 보는 앞에서 큰소리로 불만을 이야기한다면 더욱 빨리 해결해 줄 거라는 생각을 가진 사람도 있지만, 보통의 경우 주위의 시선을 느끼기에 심리적으로는 빨리 다른 사람이 없는 곳으로 안내해 주길 원하고 있습니다.

불만 고객의 큰소리는 다른 일반 고객에게도 불만을 만들 수 있고, 불안감을 조성할 수 있기 때문에 독립되고 조용한 응접실 또는 상담실로 자리를 이동해 주는 것이 좋습니다. 장소를 이동하면서 이동하는 시간이 생기기 때문에 자연스럽게 시간의 변화를 주는 효과도 누릴 수 있고요. 고객 역시 주변의 시선이 차단되고 호흡이 진정되니 이성적으로 풀어갈 수 있는 여유가 생기게 됩니다.

MTP 기법, 생각해보면 참으로 간단한 기법입니다. 그러나 알고 있는 것과 모르고 있는 것의 차이는 큽니다.

교육을 받지 않더라도 오래 근무한 분들은 서비스 현장에서의 경험을 통해 사람과 시간과 장소를 바꾸는 것이 효과적이라는 것을 알고 있기도 하죠. 신입 직원이라면 강사의 교육을 통해 시행착오를 겪는 것을 방지할 수 있습니다.

20살 신입 직원의 응대 일화입니다. 이제 막 서비스 업무를 시작한 그녀는 노하우는 부족하지만 마음만은 투철한 서비스인이었죠. 그러던 어느 날 한 아주머니 고객이 이 직원에게 자신의 문제를 이야기하려고 하는 찰나 고객 대기실에서 눈물이 터져버립니다. 자신의 어머니 연령대의 고객이 울기 시작하자 이 직원은 어쩔 줄을 몰라 하며 우는 고객을 달래주기 시작합니다. 그녀는 고객의 어깨를 토닥이며 최선을 다해 응대하였습니다. 그러나 오픈된 공간에서 울음을 그친 고객은 주위의 시선을 의식하며 민망해했더랬죠.

만약 그녀가 MTP 기법을 알았더라면 어떨까요. 우는 고객을 조용한 응접실로 안내하여 편하게 앉으실 수 있도록 하고 진정하실 수 있도록 차 한 잔 내어드리며 달래드렸다면 더 좋은 응대가 될 수 있었겠지요. 나의 최선이 언제나 최선이 아닐 수도 있습니다.

강사의 교육을 통해 직원들이 시행착오를 줄이며 최선의 서비스를 할 수 있도록 강의해주세요.

실전과제

Question 1. 고객으로서 경험했던 불만 사례가 있습니까?

Question 2. 나의 불만 사례를 직원의 입장이 되어 9단계 솔루션으로 풀어보세요.

1단계 : 감정 조절

2단계 : 사과 실시

3단계 : 공감 경청

4단계 : 원인 파악

5단계 : 대책 강구

6단계 : 방법 제시

7단계 : 대안 실행

8단계 : 감사 표현

9단계 : 감정 조절

💬 Memo

Part 04

CS 관리

cs · master

DAY 19

MOT고객접점 관리

"진실의 순간, MOT(Moment of Truth)는 피하려 해도 피할
수 없는 순간, 실패가 허용되지 않는 순간이다. 고객이 종업원
과 기업의 특정 자원과 접촉하는 15초의 짧은 순간이 회사의
이미지와 사업의 성공을 좌우한다."

**Education
Guide Map**

MOT고객접점 관리
• MOT의 의미
• MOT 사이클
• MOT의 법칙
• MOT접점의 3 WARE

안녕하세요. 오늘은 MOT고객접점 관리방안에 대하여 학습할 시간입니다.
MOT는 '진실의 순간', '결정적 순간'이라 불리며, 고객접점의 필수적 관리 방
안으로 마케팅이나 서비스경영에서 활용되는 기법입니다. 함께 시작해보겠
습니다.

✔ MOT의 의미

'진실의 순간'이라 불리는 MOT라는 용어는 'Moment of Truth'의 약어로 원
래는 스페인 투우 용어 'Moment De La Verdad'를 영문으로 표기한 것입니다.

투우사가 최후에 소의 급소를 찌르는 결정적 순간을 말하는 것으로, 피하려
해도 피할 수 없는 순간, 실패가 결코 허용되지 않는 순간으로 해석하기도

합니다. 이러한 MOT는 스페인학자인 리처드노먼[Richard Norman]에 의해 마케팅 용어로 처음 사용되었고, 고객이 제품이나 기업을 처음 접촉하는 순간 해당 브랜드에 대한 인상이 각인되므로 MOT를 기업마케팅에 적용할 필요가 있다고 하였습니다. 즉 짧은 순간 고객이 직원 혹은 특정 자원과의 접점에서 서비스 만족여부를 판단하기 때문에, 매우 중요한 순간이자 기업의 이미지를 결정하는 순간이기 때문에 MOT관리를 고객만족에 기반하여 사소한 접점이라도 최선을 다해야 한다는 것이죠.

기업에서는 스칸디나비아항공[SAS]의 얀 칼슨[Jan Carlzon] 사장이 MOT를 직접 기업 마케팅에 적용하여 성공한 사례를 '진실의 순간'이라는 제목으로 책을 펴내면서 많이 알려지게 되었습니다. 얀 칼슨 사장은 "현장의 최접점에 있는 직원과 고객이 처음 만나는 15초가 기업의 모든 운명을 결정짓는 진실의 순간이 될 수 있다."고 말하며, 실제로 8백만 달러 적자로 기업회생이 불가능하다는 스칸디나비아 항공을 7천만 달러의 흑자기업으로 전환시키는 데 성공하였습니다. 얀 칼슨 사장은 고객이 기업의 이미지를 판단하는 시간을 대략 15초라고 보고 고객이 항공사를 방문하려고 사전에 전화문의를 한 후 항공사를 이용하고 타고 내릴 때까지의 매 순간 접점들이 모여 하나의 MOT 사이클을 만든다고 하였습니다.

기존 마케팅이 기업 중심이었다면, MOT는 고객관점 중심 마케팅으로 고객의 시선에서 매 접점의 서비스를 만들어 나간 것이 그 비결이라 할 수 있습니다.

! 서비스 강의 HOW TO

MOT개념 설명 시 주로 '깨진 유리창의 법칙Broken Window theory'의 예시를 많이 인용합니다. 깨진 유리창의 법칙은 1982년 제임스 윌슨(James Wilson)과 조지켈링(George Kelling)의 범죄심리학 이론으로 건물의 깨진 유리창 하나를 그대로 방치하게 되면, 더 큰 병리를 일으킨다는 것으로 사소한 경범죄가 큰 강력범죄로 이어질 수 있다는 것을 말합니다. 실제로 1994년에 뉴욕시장에 취임한 루디 줄리아니(Rudy Giuliani)와 윌리엄브래턴 신임 검찰국장은 뉴욕 지하철 범죄율을 줄이기 위한 일환으로 지하철 낙서 지우기를 시행하게 되는데, 많은 사람들의 우려에도 불구하고 5년간 지하철 깨끗하게 만들기 운동을 시작한 결과 연간 2,200여 건에 달하던 살인 범죄가 1,000건 이상 감소하였고, 지하철에서 올린 성과를 뉴욕시 전체의 범죄 억제대책으로 확대 도입하여 낙서금지, 질서지키기, 쓰레기 버리지 않기 등의 강력한 경범죄 단속을 실시하여 범죄 발생건수를 급감시키는 데 성공하였습니다. 깨진 유리창과 같은 사소한 허점을 재빨리 방지하면 더 큰 문제를 막을 수 있다는 이론을 실제 도시정화작업에 적용한 것입니다.

고객접점 관리에서도 마찬가지입니다. 어느 한 접점에서 고객불만 및 불평이 제기되면 전체 고객 서비스 점수는 '0'점이 됩니다. 즉 MOT사이클에서의 많은 결정적 순간 중 한 접점에서의 서비스 실패는 전체의 실패를 야기하는 것과 같은 이치입니다. 가장 기본적인 인적서비스의 역할부터 한 번 더 점검해 볼 필요가 있습니다. 자신이 조직의 깨진 유리창은 아닌지 스스로를 점검하고 들여다 볼 필요성을 강조해주는 것이 좋습니다.

MOT접점관리에서 깨진 유리창의 존재 여부를 확인하여 방치되지 않도록 정기적으로 관리 및 감독해야 '고객 만족'을 실천하고 탄탄한 MOT 사이클이 진행될 수 있습니다.

예 병원기업에서의 깨진 유리창 예시

– 대책없이 긴 대기시간

– 다수의 친절하고 성실한 직원 속 소수의 테러리스트 직원 방치

– 불평처리 체계의 미숙함

– 청결하지 못한 화장실 등

MOT 개념설명 시 '깨진 유리창의 법칙'을 인용하여 전달하면 이해도를 높일 수 있습니다. 깨진 유리창의 법칙은 홍보, 서비스, 이미지 등 여러 분야에 적용가능하므로 참고바랍니다.

✓ MOT 사이클

MOT 사이클은 시계모양의 도표로 만들어진 서비스 사이클로써 고객이 기업의 첫 접점을 시작하면서부터 서비스가 마무리되는 시점까지의 모든 과정을 보여주는 도구입니다. 항공사 서비스 이용고객 주요 동선을 고려하여 도출한 MOT 사이클은 아래 예시와 같습니다.

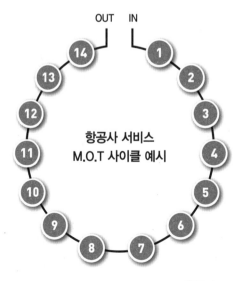

① 항공사 정보를 얻기 위해 전화했을 때
② 비행기 티켓을 예약할 때
③ 공항 카운터에 도착했을 때
④ 순서를 기다릴 때
⑤ 탑승권 발급을 위해 지상직 직원과 만났을 때
⑥ 요금 지불 후 탑승권을 받을 때
⑦ 출발입구를 찾고 있을 때
⑧ 보안검사대를 통과할 때
⑨ 출발 게이트 앞에서 대기하고 있을 때
⑩ 비행티켓을 건네고 탑승할 때
⑪ 탑승하여 승무원의 환영을 받을 때
⑫ 좌석을 찾고 있을 때
⑬ 목적지까지의 객실 서비스를 받을 때
⑭ 목적지 도착 후 나갈 때

〈항공사 MOT 예시〉

위 항공사 서비스 MOT 사이클 예시에는 모든 항공서비스 부문을 다루고 있지 않지만, 기업에서 혹은 부서에서 세부 MOT 영역을 만들 때 상위 영역을 하위 영역으로 세분화하여 관리할 수도 있습니다. 예를 들어 위 사이클 영역에서 ⑬객실서비스 중 이륙 후 업무를 세분화한다고 가정하면, Beverage Service-Cabin Patrol$^{Walk\ Around}$-착륙준비 등으로 나눌 수 있는데, 서비스 상위 영역에서 세분화하여 하위 영역으로 표기해놓으면 세부 MOT접점까지 관리감독이 용이합니다. 더 자세한 접점 관리 및 서비스프로세스 흐름도는 20일차 '서비스 현장 방문'에서 좀 더 세세하게 다루어 보기로 하겠습니다.

☑ MOT의 법칙

MOT에서는 사소한 접점의 실패가 전체의 실패를 낳는다고 충고하고 있습니다. 위 MOT 사이클을 보면 쉽게 이해가 되실 겁니다. 100-1=99가 아니라 100-1=0이라는 서비스경영 수식을 말하고 있는데요, 99가지의 서비스에 만족하더라도 단 하나의 서비스가 불만족이 되면 전체 서비스는 실패이므로 서비스 접점마다 사소한 것이라도 세심한 노력이 필요 하다는 것을 강조하고 있습니다. 이를 테면, 레스토랑의 외관, 직원의 친절도, 음식의 맛, 적정한 가격 등 모든 서비스과정이 만족스럽더라도 해당 레스토랑 주차장에서 차량 입·출고시간이 오래 걸려 고객의 시간을 빼앗게 된다면 결국에는 전체 서비스 실패로 귀결된다는 것을 의미합니다. 이를 곱셈의 법칙이라고도 하는데요, 각 접점별로 만족도를 덧셈하는 것이 아니라 하나의 접점이 0점이면, 결국 100×0=0이다라는 것을 의미합니다. 직원 한명의 경솔한 언행, 깨끗한 외관과 달리 청결하지 못한 내부, 훌륭한 음식과는 달리 그것을 전달하는 직원의 태도, 친절한 직원들의 응대와는 달리 답답한 불평처리 체계 등 Hardware-Software-Humanware 어느 것 하나 중요하지 않은 것이 없다는 사실을 잊지 말아야겠습니다.

✅ MOT접점의 3 WARE

MOT접점에서 Hardware-Software-Humanware 요소가 어떻게 고객들에게 제공되는지 점검하고 확인해야 합니다.

먼저, 시설이나 설비가 고객들이 이용할 때 불편함은 없는지를 알아보고(하드웨어), 고객들에게 제공하는 각종 서비스절차 과정이 복잡하거나 불필요한 부분이 있는 건 아닌지 확인해야 하며(소프트웨어), 고객을 대하는 직원들의 서비스 행동이 적절한지(휴먼웨어)도 신경 써야 합니다.

	구성 내용
Hardware	시설, 설비, 분위기 등 고객의 눈에 비춰지는 전반적인 기업의 외적 공간 예 외관, 주차장 환경, 상품의 브랜드, 인테리어 등
Software	고객 업무 서비스운영 시스템 예 A/S시스템, 불평업무처리 시스템, 고객관리 시스템 등 모든 업무처리 절차 및 기간 등
Humanware	직원의 고객 서비스 예 표정, 용모, 복장, 자세, 소통능력, 서비스마인드, 매너, 업무의 전문성 등

위 3가지 요소 중 어느 하나가 부족하면 고객이 불편함과 불만을 느끼게 됨으로 각각의 요소를 유기적으로 잘 결합시켜 적재적소에 맞게 제공하여야 합니다. Humanware와 Software에서 문제가 발생되면, 그 즉각 시정조치하거나 필요한 서비스교육을 통해 매뉴얼 및 운영시스템을 재정비하여 직원 전체가 표준화와 개별화가 적절히 조화된 서비스를 제공하면 되지만, Hardware의 경우는 Humanware 외 접점영역이므로 고객 서비스망을 통해 고객 의견을 자주 확인하여 필요시 개·보수에 대한 계획이나 의지를 확고히 해야(혹은 직접 실천해야) 고객들이 브랜드를 바꾸거나 이탈하는 것을 막을 수 있습니다.

서비스를 제공하는 사람들의 착각은 바로 자신이 고객의 기대와 요구가 무엇인지 고객보다 더 우위에 있다고 생각하는 것입니다. 하지만 서비스를 제공하는 사람과 제공받는 고객의 입장은 다를 수 있고, 직원의 눈에 보이지 않는 것이 고객의 눈에는 보이는 부분도 분명히 있을 수 있기에 MOT 3

WARE를 잘 관리하려면 항상 고객의 소리에 귀기울여야 할 것입니다.

서비스 강의 HOW TO

MOT강의는 동기를 부여하는 마인드강의와는 달리 정보를 전달하고 업무에 적용할 수 있도록 매뉴얼 작업 및 전반적인 서비스모듈을 다루는 복잡한 과정을 지니고 있습니다.

자칫 설명만으로 끝날 수 있기 때문에 MOT와 관련한 영상 등 강의 보조도구(예 깨진 유리창의 법칙관련 영상)를 준비하도록 하고, 실제 해당 업무의 MOT를 직접 작성하고 실습이 가능하도록 진행하는 것이 수업종료 후 업무적용에도 유익합니다. MOT세부항목 매뉴얼 작업이 완료되면 실습 후 강사의 피드백이 필수적인데, 강사가 유념 있게 듣고 피드백해야 할 부분은 화법/전달하는 표정/안내자세 등으로 앞서 우리가 함께 학습 한 친절서비스가 모두 여기에 해당됩니다.

강사의 피드백이 시간제한으로 허락되지 않는다면, 강의 시간 중 작성된 매뉴얼을 받아 강의가 끝난 후 이메일 등으로 피드백을 하여 최종 정리가 될 수 있도록 독려하여 의뢰한 기업에서 업무적용에 용이하도록 도움을 주는 것이 좋습니다.

MOT강의는 기본 2시간에서 많게는 8시간까지 강의 의뢰가 오기도 합니다(물론 그 이상, 그 이하의 경우가 있을 수도 있습니다). 일반적으로 1시간 정도는 개념 설명, 두 번째 시간은 MOT차트를 만들어 각 접점에 필요한 서비스 매뉴얼을 만든 후 발표 및 강사 피드백으로 강의가 마무리되는데, 문제는 30분~1시간 정도 의뢰가 올 때입니다. 제일 좋은 방향은 강의 시간을 조율하는 것이나, 적은 시간으로 진행을 해야 할 경우 필자는 MOT개념, 법칙, 그리고 해당 업체의 직무성격에 맞추어 MOT접점을 분석하고 평가하는 방법에 대한 전달을 하고, 강의 종료 후 해당 담당자와 논의 후 서비스 매뉴얼 작업을 독려하고 그 후 온라인상으로 피드백하여 정리해 주고 있습니다. 강사마다 강의하는 방식과 가치관의 차이가 있으므로 어떤 방식이 옳다 그르다고 판단할 수는 없지만, 강의도 서비스이고 업체와 강사 간의 상호작용이니 저는 이 방식을 추천합니다.

 **실전과제**

Question 1. 아래 업체 중 하나를 선택하여 MOT 사이클을 만들어 보고, 각 접점별로 3 WARE 중 필요한 영역을 접점 옆에 각각 작성하여 봅니다.

① 병원(피부과, 성형외과, 한의원, 치과, 종합병원 중 한 곳)

② 호텔

③ 항공사

④ 대형마트

※예시) 병원의 경우
　① 병원 방문 전 전화로 문의할 때
　　　Software – 전화연결의 신속성(특히, 문의사항에 대해 내부 전화선을 통해 계속 돌려 고객이 같은 내용을 반복
　　　　　　　　하여 문의하는 수고를 하지 않는지 여부)
　　　　　　　　병원 안내멘트로 전화를 건 곳의 병원명 확인가능 여부
　　　Humanware – 첫인사가 잘 이루어지는지의 여부
　　　　　　　　　고객이 묻는 질문에 적극적으로 응대하여 정확한 정보를 전달하는지 여부
　　　　　　　　　문의사항에 친절한 응대를 하는지 여부

서비스현장 방문

"접점별 15초는 직원이 고객에 대한 서비스의 '책임의식'을 현장에서 가질 수 있도록 권한을 주는 것으로, 즉 단순히 서비스를 잘 하는 것이 아니라 서비스에 대한 권한을 부여하는 것이다. 우리는 이를 통해 '주인의식'을 갖출 수 있고 더 질 높은 서비스로 고객과의 진실의 순간을 맞이할 수 있다."

Education Guide Map

서비스현장 방문
- 서비스현장 방문(백화점 예시)
- MOT접점별 서비스 현장분석
- MOT접점별 개선안 마련 방안

안녕하세요. 오늘은 19일차 MOT분석 예시를 통해 학습한 내용을 토대로 직접 서비스현장에 방문하여 MOT접점별 서비스를 분석하여 보고 개선안을 마련하여 실제 업무에 적용할 수 있는 방안을 가져보는 시간을 갖도록 하겠습니다.

☑ 서비스현장 방문(백화점 예시)

오늘은 우리가 함께 백화점 서비스현장에 방문했다고 가정하고 수업을 진행해보겠습니다. 앞서 MOT의 개념과 구성요소 등을 학습하였는데요, 오늘은 그 이론적 배경을 바탕으로 실전에 대입해보는 시간을 갖도록 하겠습니다. 백화점은 우리 모두가 여러 번 경험해 본 서비스현장이기 때문에 각자 자신들의 경험에 입각하여 서비스현장에서 필요한 MOT구성을 하나씩 살펴보면서 공부하도록 하겠습니다.

우리가 백화점에 물건을 구매하러 방문을 합니다. 이때 발생하는 MOT접점 상위 영역을 예시로 아래 그림처럼 도식화하여 나타내었습니다.

하나씩 살펴보면, 백화점 입구에서 시작하여 떠날 때까지 모든 과정이 담겨져 있는데요, MOT 사이클의 상위 영역이 구성되면 해당 상위 영역을 세분화 하여 하위 영역을 만들어 매뉴얼작업을 하는 것이 좋습니다. 예로, 주차할 때의 MOT는 첫 이미지와도 같기 때문에 안내요원의 접점서비스가 매우 중요한데요, 아래 사이클에서 2번 상위 영역인 주차서비스를 하위 영역으로 세분화하여 보면, '고객이 주차장에 들어섰을 때-주차 안내를 하려고 방향 안내를 할 때-고객의 주차관련 질문에 답해 드릴 때-적절한 자리배치를 해 드리고 난 후' 등으로 세부항목을 나눌 수 있습니다. 세부항목이 나누어지면 3-WARE가 각 접점에서 어떻게 제공되고 있는지 자세하게 살펴볼 수 있고, 개선방향도 정할 수 있습니다.

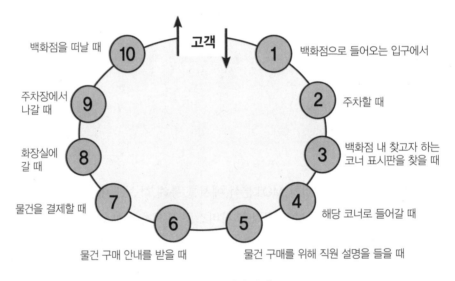

〈백화점 MOT접점 예시〉

☑ MOT접점별 서비스 현장분석

위 백화점 서비스 MOT를 기준으로 3-WARE의 점검대상 구성요인을 설정하고 서비스현장에서의 모습을 관찰하여 개선안을 마련하도록 합니다. 아래는 시내에 위치한 백화점 한 곳을 방문하여 모니터링 할 각 접점의 리스트 예시를 표로 나타낸 것으로 함께 확인해보겠습니다.

백화점 진입

항목	하위 영역	우수	양호	보통	개선	미흡
		5	4	3	2	1
백화점 입구 주차장	1. 백화점 주차장 안내판 식별이 쉬운가?					
	2. 주차 안내요원이 안내를 정확하게 해주고 있는가?					
	3. 주차공간이 충분하여 이용하기 편한가?					
	4. 주차공간이 혼잡할 시 대체공간은 충분히 확보되어 있는가?					
	5. 주차 안내요원의 자세와 친절도는 적절한가?					
백화점 현관 진입	6. 백화점 입구의 엘리베이터 및 에스컬레이터 주변 환경은 청결한가?					
	7. 진입 시 공기는 쾌적한가?					
	8. 우천 시 우산꽂이가 매 출구마다 배치가 되어 있는가?					

안내 Desk 및 해당 매장 입구까지

항목	하위 영역	우수	양호	보통	개선	미흡
		5	4	3	2	1
안내 Desk	9. 안내 Desk는 찾기 쉬운 곳에 위치하고 있는가?					
	10. 안내 Desk주변은 청결한가?					
	11. 안내 Desk직원의 인사성과 경어 사용은 적절한가?					
	12. 안내 Desk 직원이 질문에 신속/친절/정확하게 답해주는가?					
	13. 안내 Desk 직원이 고객과 시선을 맞추며 응대하는가?					
해당 매장 입구까지	14. 해당 매장 입구까지 화장실/엘리베이터 등 층별 안내 표시판이 명확히 잘 되어 있어 찾기가 용이한가?					
	15. 해당 매장까지의 동선이 복잡하지는 않은가?					
	16. 해당 층의 통로는 청결한가?					
	17. 해당 층의 에어컨/난방은 적절한가?					
	18. 층별 화장실 상태는 청결하고 쾌적한가?					

해당 매장에서 상품구입까지

항목	하위 영역	우수 5	양호 4	보통 3	개선 2	미흡 1
판매원의 접객 태도	19. 해당 매장 직원들이 반갑게 맞이해주는가?					
	20. 해당 매장 직원들의 표정, 복장은 적절한가?					
	21. 상품관련 질문 시 신속/친절/정확하게 응대하는가?					
	22. 판매직원의 경어 사용은 적절한가?					
	23. 판매직원은 고객이 상품 탐색을 충분히 할 수 있도록 배려하는가?					
	24. 구입 후 판매직원이 배웅인사를 하는가?					
상품의 상태	25. 매장에 들어섰을 때 상품들의 진열이 깔끔하게 정리되어 있는가?					
	26. 매장주변 환경은 깨끗한가?					
	27. 구매하고자 하는 상품의 상태는 양호한가?					
	28. 매장 바닥 및 진열대 등의 청결상태는 깨끗한가?					
	29. 매장 內 동선이 복잡하지는 않는가?					
상품구매 시 계산할 때	30. 결제처리 시 할인정보에 관해 사전안내를 해주는가?					
	31. 계산절차는 간편하게 진행되고 있는가?					

물건 구매 후 주차장에서 백화점을 나가기까지

항목	하위 영역	우수 5	양호 4	보통 3	개선 2	미흡 1
물건 구매 후 주차장 에서	32. 주차장으로 나가는 길 안내는 잘 되어 있는가?					
	33. 매장에서 밖으로 나가기 쉽게 주차장이 연결되어 있는가?					
주차장에서 백화점을 나가기까지	34. 주차장 안내요원이 친절하게 질문에 응대하는가?					
	35. 안내요원이 배웅인사를 하는가?					
	36. 출구로 나갈 때 가고자 하는 목적지 방향안내를 쉽게 찾을 수 있는가?					
	37. 주차장 출입구가 혼잡하지 않도록 인원이 배치되어 적절하게 운영이 되고 있는가?					

장애인 시설관련

항목	하위 영역	우수	양호	보통	개선	미흡
		5	4	3	2	1
장애인에 대한 배려	38. 백화점 주차장 내부시설은 장애인을 위한 배려가 있는가?					
	39. 주차장 內 장애인주차구역 관리가 철저히 이루어지고 있는가?					
	40. 백화점 內 이동수단인 에스컬레이터와 엘리베이터는 장애인들이 쉽게 이용할 수 있는 에티켓이 마련되어 있는가?					
	41. 화장실 이용이 불편하지 않도록 화장실 內 장애인구역이 매 층마다 마련되어 있는가?					
	42. 백화점 입출구가 휠체어가 들어갈 수 있도록 자동문이나 터치식문이 설치되어 있는가?					

MOT접점별 개선안 마련방안

	3-ware 점검대상	MOT 현장분석	MOT 개선안 마련
백화점입구에서부터 주차장에 주차하기까지	• 백화점 외관 상태 • 주차장 입구 안내 • 표지판의 유무 • 주차장의 편리성 • 주차장 안내요원의 자세 및 시각적 요소	주차장으로 들어가는 입구가 혼잡하여 안내요원의 빠른 대응력이 필요하다.	안내요원 추가인원을 더 배치하여 도로 교통이 번잡해지지 않도록 신속대응하도록 한다.
		안내표지판이 작아서 한 눈에 들어오지 않는다.	안내표지판을 크게 부착하여 주차장 입구를 쉽게 찾을 수 있도록 한다.
		주말의 경우 주차 대기시간이 길어져서 번거롭다.	주말의 경우 본 주차장 외 대체 주차공간을 충분히 확보하여 대기시간을 최대한 줄여 고객들의 쇼핑에 어려움이 없도록 한다.
		여성안내원의 신발이 매우 불편해보여 근무시간의 노동이 더 힘들어 보인다.	주차장 안내원 복장이 깔끔하고 보기에만 좋은 복장이 아닌 장시간 서서 근무하기에도 무리 없는 복장 및 신발을 갖추고 있는지 확인하여 근무에 어려움이 없도록 개선한다.

	3-ware 점검대상	MOT 현장분석	MOT 개선안 마련
매장입구에 도착하기 까지	• 안내 데스크 직원의 친절성과 정확성, 올바른 응대 어투 및 호칭/경어 사용 여부 • 백화점 内 매장안내도의 용이성 • 백화점 内 청결상태 및 에어컨/난방 온도의 적절성 • 엘리베이터 및 화장실의 청결상태 및 안내표지판 부착 여부	점 內 소리가 사람들로 인해 소란스러운데 반해 안내데스크 직원의 음성이 작아 잘 들리지 않는다.	고객이 재차 질문을 하지 않도록 정확한 음성 크기로 안내할 수 있도록 교육한다.
		백화점 內 매장안내도가 고객동선 흐름에 있지 않고 매 층마다 정해진 장소 한 군데에 있어 활용도가 현저히 떨어진다.	매장안내도를 고객동선에 맞춰 몇 군데 선정한 후 배치하여 쇼핑에 어려움이 없도록 배려한다.
		지하 화장실의 경우 고객이 가장 많이 붐비고 사용이 많은 곳으로, 타 층의 화장실들에 비해 청결하지 못하다.	지하에 배치된 화장실은 지하철과도 연결되어 있고, 백화점 입점 고객들의 사용량이 가장 많으므로 청소인원을 늘리고, 자주 체크하여 청결성과 쾌적함을 유지할 수 있도록 각별히 신경 쓰도록 한다.
매장에서 물건을 구매하기까지	• 해당 매장 內 직원들의 고객맞이 응대 태도 • 매장 內 청결성과 제품 진열 및 관리상태 • 매장직원들의 상품에 대한 전문성과 고객과의 의사소통 • 상품 결제 시 할인정보 및 DM서비스 정보제공 여부	매장 직원의 첫 응대 태도가 밝지 않고 수동적이어서 불친절한 인상을 받았다.	첫인사는 매장에서 물건을 구매하고자 하는 고객의 동기와도 연결될 수 있는 만큼 고객이 불편을 느끼지 않도록 인사나 언행에 주의하여 편안하게 쇼핑하도록 고객응대 교육을 실시한다.
		고객의 상품관련 잦은 질문에 무성의하게 대답하여 구매의사를 꺾기도 하고, 상품을 탐색하는 데 부담을 주어 결국 구매를 포기했다.	고객들에게 상품 탐색을 충분히 할 수 있도록 배려하고, 고객의 질문에 성심껏 응대하여 지속적인 재방문으로 이루어 질 수 있도록 Selling화법 교육을 철저히 한다. 매장 직원 한 사람의 잘못된 응대가 백화점 전체 신뢰도와 이미지에 큰 영향을 끼칠 수 있다는 사실을 되새긴다.
		상품결제 시 할인정보를 사전 제공해 주어 경제적 쇼핑에 도움이 되었으나 결제 시 대기시간이 길게 소요되어, 쇼핑에 불편함이 느껴졌다.	주말 등 고객들의 방문이 많은 경우 상품을 구매하고 결제하기까지 대기시간이 걸릴 수 있으므로 고객들에게 사전 양해를 구하여 죄송한 마음을 전하고, 가급적 신속하고 정확하게 결제처리 될 수 있도록 직원들 간의 협력이 필요하다.

3-ware 점검대상		MOT 현장분석	MOT 개선안 마련
구매 후 주차장에서 백화점을 나가기까지	• 안내요원의 배웅인사 및 시각적 요소 • 출구 안내표지판	주차장에서 출구방향 안내도가 명확하지 않아 불편함을 겪었고, 안내요원의 도움을 받아 겨우 출구로 나왔다.	출구방향 표시를 명확히 하되, 가고자 하는 목적지 방향과 일치되는 출구를 알려주기 위해 표시판을 동선 구역마다 표기하여 고객들이 안내요원의 도움 없이도 쉽게 나갈 수 있도록 운영한다.
		바쁠 때일수록 주차장 안내원들의 자세가 매우 중요하므로 정기적인 교육지침이 필요해 보인다.	주차장 안내원은 백화점의 처음이자 마지막 이미지가 될 수 있다. 복장과 표정에서 청결함과 친절함이 느껴질 수 있도록 한다.

개선안까지 마련되면, 각 접점별 응대 스크립트를 구성하여 MOT서비스 응대 매뉴얼을 만들 수 있습니다. 서비스현장에서의 세부접점들의 점검은 3-WARE의 문제점을 즉각 해결할 수 있는 자료가 되며, 이 자료는 우리가 앞으로 더 나은 기업, 그리고 기존 고객들을 유지시키고, 신규고객을 창출할 수 있는 대안이 되기도 합니다. 따라서 회사를 출근하고 퇴근할 때까지 고객의 입장에서 걸어보고 고객의 입장이 되어 서비스를 점검하여 지속적인 MOT 관리가 이루어질 수 있도록 노력해야만 할 것입니다. 아래 서비스응대 매뉴얼의 한 가지 예시를 보고 전체적인 MOT접점별 응대 표준안을 만들도록 합니다.

기존 고객맞이 환영인사 응대 문제점	개선된 고객맞이 환영인사 응대안
매장 직원의 첫 응대 태도가 밝지 않고 수동적이어서 불친절한 인상을 받았다.	1. 매장 앞에서 바른 자세로 대기한다. 2. 고객이 매장에 입장하면 고객과 눈 맞춤하며 미소 띤 얼굴로 친절하게 환영인사를 한다. **"어서 오십시오. 반갑습니다."** 3. 고객이 따로 찾는 제품은 없는지 물어보고 있을 경우 그에 맞는 응대를 시작하고, 없을 경우 고객이 우리 매장의 다양한 제품을 탐색할 수 있도록 고객응대를 시작한다. **찾는 제품이 있을 경우 : "고객님, 혹시 찾으시는 제품이 있으십니까? 아 네~ 제가 지금 바로 알아봐 드리겠습니다. 잠시만 기다려주십시오."** **찾는 제품이 없을 경우 : "네 천천히 둘러보시고, 궁금한 점 있으시면 제가 바로 도와드리겠습니다."**

〈서비스 응대 매뉴얼 예시〉

 **실전과제**

Question 1. 19일차 실전과제에서 선택한 업체를 직접 방문 후 MOT 사이클을 만들어 보고, 각 접점마다 응대화법과 응대방안 매뉴얼을 서비스현장 문제점–개선방안–응대방안으로 구성하여 만들어봅시다(19일차 해당업체의 MOT 사이클과 직접 서비스현장에 방문하였을 때 MOT 사이클과의 차이는 없는지 살펴보고 추가 수정하여 이미 작성된 3 WARE의 문제점을 하나씩 점검하여 매뉴얼을 만듭시다).

① 병원(피부과, 성형외과, 한의원, 치과, 종합병원 중 한 곳)

② 호텔

③ 항공사

④ 대형마트

CS · master

DAY

21

조직 활성화

"갈등 없는 성과는 없다. 조직구성원들 서로가 반대의견을 환영하고 갈등을 긍정적으로 받아들일 때 높은 성과를 창출할 수 있다."

Education Guide Map

조직활성화
- 조직활성화 팀빌딩이란?
- 조직활성화 강의의 주안점
- 조직활성화 프로그램 활동 예시

안녕하세요. 내부고객의 결속을 강화시키기 위한 조직활성화 프로그램을 함께 학습할 시간입니다. 팀빌딩 활동이라고도 부르는 이번 21일차 수업은 조직에 대한 의미를 다시 한 번 더 되새기는 의미 있는 시간이 될 것입니다.

✔ 조직활성화 팀빌딩이란?

오늘은 조직활성화에 대한 이야기를 나누어 보도록 하겠습니다. 지난 차수들에서 우리는 직무와 관련하여 중요한 부분들에 대해 이야기를 주로 나누었죠? 오늘은 우리의 생산성을 향상시키는 '팀 빌딩Team building'프로그램을 준비했습니다. 많은 기업에서 직무와 관련된 CS 강의 의뢰가 많은 것은 사실이나, 팀 결속과 팀원들의 업무효율 향상을 위해 팀빌딩, 즉 조직을 활성화 시킬 수 있는 프로그램 또한 적지 않게 많이 요구하고 있습니다.

팀 빌딩은 팀원들의 대화능력과 각기 갖고 있는 장·단점을 최대한으로 활용하여 문제를 해결하는 방식의 강의진행 기법입니다. 이 강의프로그램이 직무 생산성에 미치는 긍정적 영향으로 인해 기업뿐만 아니라 학교, 종교단체 등 여러 성격의 단체 등에서 팀빌딩이 행해지고 있습니다.

간혹, 팀빌딩을 다루는 데 있어서 레크리에이션과 많이 혼용하여 강의를 주도하는 경우가 있으나, 우리가 다루는 팀빌딩은 '조직활성화'를 위한 '액션러닝'으로 말 그대로 '재미'만을 추구하는 것이 아닌 '액티비티를 통해 배우는 것'이라는 것을 반드시 기억해야 합니다. 그리고 이 액티비티는 반드시 목표하는 바와 그에 상응하는 성과가 있어야 하므로 강의 전 강사가 과정목표를 명확히 해주는 것이 좋습니다.

☑ 조직활성화 강의의 주안점

각 프로그램 활동은 15~20분 내외로 마무리되는 것이 좋으며, 대체적으로 2시간 강의를 진행한다고 가정하면, 팀빌딩 프로그램이 3개 정도 들어가는 것이 적당합니다. 한 프로그램 활동이 길어지게 되면 지루해 질 수 있고, 처음 목표했던 자세와 달리 참가자들이 긴장을 놓을 수 있기 때문에 시간조율은 필수적입니다.

쉬운 주제부터 시작하자.

프로그램이 선정되면 쉽게 접근 가능한 것부터 배치를 하는 것이 팀원들의 참가의지와 목표의지를 단단히 하는 데 도움을 줄 수 있습니다. 처음부터 어려운 주제로 시작하면 활동에 흥미를 잃어버릴 수도 있기 때문이죠. 준비물은 간단히 준비할 수 있는 것으로 프로그램을 선정하되, 이해가 쉽고 모두가 참여 가능한 프로그램이면 좋습니다. 간혹 프로그램이 소수의 인원으로 목표 달성이 가능하여 팀의 몇몇 인원이 방관자로서 자신의 팀을 바라보는 경우가 발생하기도 합니다. 팀빌딩의 취지를 잘 되새겨보고 우리가 함께 하는 것이 얼마나 생산적이고 효율적인지 강사가 참여에 대한 동기부여를 줄 수 있어야 겠습니다.

과도한 경쟁은 또 다른 갈등의 시작이다.

팀별 프로그램을 다루는 데 있어서 과도한 경쟁을 유도하거나, 목표를 이루지 못한 팀에 대해 부정적인 피드백을 하게 되면 처음 조직활성화 강의를 하고자 한 기업이나 강사의 노력은 다 헛수고로 돌아갈 수밖에 없습니다. 목표를 제일 먼저 이룬 팀이나 그렇지 못한 팀에 대해 결과에 관한 각각의 이유와 원인에 대해 이야기를 나누는 것으로도 충분히 자기탐색과 팀에 대해 다시 한 번 더 생각할 수 있는 유용한 시간이 될 것입니다. 결과가 중요한 것은 사실이지만, 결과를 낳게 된 과정에 대한 분석도 매우 중요하기 때문입니다. 우리가 비즈니스 영역에서 자신의 업무를 수행하게 될 때에도 항상 성과를 이루는 것은 아니니까요. 재실수를 하지 않기 위해 과정을 다시 되새겨보는 것! 매우 중요한 일임에 틀림없습니다. 강사의 몫은 과정목표를 이룬 팀에게는 보상을, 그렇지 못한 팀에게는 과정의 중요성을 되새겨 재실수를 하지 않도록 힘을 주는 것! 꼭 기억합시다.

모든 프로그램에는 얻는 것이 있어야 한다.

매 프로그램마다 목표와 얻어가는 것이 있어야 한다는 이야기를 서두에 했었죠? 하나의 프로그램이 마무리 되면 강사가 반드시 해당 프로그램에 대해 피드백을 제공해야 하고, 그다음 프로그램과의 연결이 어색하지 않도록 전체구성을 잘 잡아야 합니다. 프로그램을 구성할 때 팀빌딩의 '주제'를 정하여 프로그램 구성을 선정하는 것이 좋은데, 예를 들어 '창의력과 커뮤니케이션 스킬 함양'을 주제로 구성한다고 가정하면, 창의력을 요하는 액티비티 1~2개, 커뮤니케이션 능력을 점검하고 향상시킬 수 있는 토론 액티비티 등을 1~2개 선정하여 전체 프로그램 구성을 하면 좋습니다. 이렇게 구성하면 단순히 팀빌딩을 조직융합을 위한 강의로 마무리되는 것이 아니라 직무와도 연관시켜 피드백을 줄 수 있다는 장점이 있습니다.

프로그램을 계획할 때 직무, 직급, 연령 등을 고려하자.

조직활성화 프로그램을 계획할 때 집단의 성격과 직급, 연령 등을 고려하여 준비하는 것이 좋습니다. 물론 한 조직에는 다양한 직급과 연령이 있을 수 있으나, 특정 연령이나 직무, 직급 등이 모여 강의를 받는 경우는 이야기가 달라질 수 있기 때문인데요, 강의 전 이 부분에 대해 사전준비를 철저히 하고 준비하는 것이 실패를 막는 지름길입니다. 예를 들면 평소 직무상 활동성이 적고 각자 일이 분리된 업무의 경우는 오히려 팀 활동이 이들에게 다소 불편하고 어색할 수 있습니다. 따라서 처음에는 2명에서 이룰 수 있는 팀활동, 그 다음 활동은 4명 등 점차적으로 참여인원을 늘려가는 방식을 택하여 강의 참여에 어려움이 없도록 강사가 배려해야 합니다. 매 강의마다 같은 프로그램으로 진행을 하는 것보다 해당 참가자들에 대한 정보탐색 후 프로그램 구성을 달리 진행하는 것이 참가하는 사람들의 마음을 더 빨리 오픈시킬 수 있고 강의 참여도 역시 높아질 수 있기 때문입니다.

서비스 강의 HOW TO

조직활성화 프로그램을 구성할 때 예시를 살펴봅시다(팀원이 정해진 경우).

① 제일 먼저 팀원 간 활동을 하는 데 있어서 유의해야 할 점을 설명합니다.

② 오늘 프로그램 활동 과정목표에 대해 설명합니다.

③ 팀명과 구호 등을 정하도록 하고, 최고 및 최저 점수를 획득한 팀이 받을 각각의 상과 벌칙 등을 토의하여 발표해봅니다.

→ 상과 벌칙은 반드시 실현가능한 것이어야 하며, 팀원들이 스스로 주고받을 수 있는 상과 벌칙이면 가장 좋습니다. 상과 벌칙에 대한 다양한 의견들이 수렴되면 그 중 최선의 방안인 상과 벌칙을 선별하여 정하도록 합니다.

④ 본격적으로 프로그램을 시작합니다.

⑤ 첫 시작은 조직을 활성화하기 위한 '팀빌딩' 프로그램이었지만 마지막은 개개인별의 비전 세우기 등 자신을 돌이켜보거나 미래를 다짐하는 시간을 가지는 것도 의미 있는 시간이 될 수 있습니다.

조직활성화 프로그램은 강사마다 성향이 다 다르고 생각하는 가치관도 다르기 때문에 무엇이 정답이라고 할 수는 없습니다. 위 예시도 예시일 뿐이니 순서도를 보고 자신만의 강의안을 만들 때 참고 정도만 하면 됩니다. 예를 들어 상과 벌칙이 불필요하다고 판단되면 삭제하여 다른 활동을 넣어도 되며, 개인별 비전을 세우는 프로그램을 대신하여 다른 팀별활동을 구성해도 좋습니다. 다만, 조직활성화 프로그램은 팀 간의 건강한 경쟁이 수반되기 때문에 최저점수를 획득한 팀에게 벌칙은 내리지 않더라도 최고점수를 획득한 팀에게는 성과에 대한 보상이 어느 정도 마련되면 강의흐름과 분위기에 도움이 될 수 있습니다.

특히, 보상에 대해서는 강사가 혼자 준비하여 제공하는 것보다 참가자들 스스로가 성과에 관한 규율을 정하고 보상체계를 정하는 것이 책임감에서나 받아들이는 데서 뒤탈이 없음으로 참고하세요.

✅ 조직활성화 프로그램 활동 예시

① 스탠드 업 챌린지

- 활동의 목적 : 협력, 단결
- 준비물 : 없음
- 활동방법 : 활동시간 15분 내외

① 두 사람이 짝을 이룬다. 이때 짝을 찾을 때 키나 체격이 비슷한 사람끼리 짝이 되는 것이 게임을 이끌어 가는 데 유리하다.

② 짝이 모두 정해지면 두 사람씩 등을 맞대고 서서 자신의 팔짱을 끼고 선다. 지금부터 두 사람은 상대방의 등에만 의존하여 활동을 시작한다(등 이외에 하체가 붙어서는 절대 안 된다).

③ 등을 붙인 채 각자 한 걸음 앞으로 간 뒤 앉았다 일어난다. 이때 서로 간의 등이 떨어지면 탈락이다.

④ 위 ③번과 같은 방법을 계속 진행하여 서로 간의 간격을 계속 넓혀 나간다. 그 과정에서 탈락하는 팀들이 계속 생겨나며, 최종적으로 마지막에 남는 팀이 최종 승자가 된다.

- 활동 주의사항 : 활동을 진행하는 과정에서 강사가 '한 걸음 앞으로 나가서 앉았다 일어났다'를 구령하여 진행하되, 팀원들이 탈락하는 경우가 없고 잘할 경우 앉았다 일어나는 팀을 조금 길게 주면 탈락팀이 많이 발생될 수 있으므로 강사가 상황을 조절하면서 진행하도록 한다. 등이 떨어지거나 팔짱낀 손을 풀어 바닥을 짚거나 짝을 잡는 등의 행위는 모두 탈락 사유가 된다.

활동 FEED BACK

이 프로그램이 끝나고 참가자들에게 떠오르는 한자를 물어보세요. 아마 '사람 인(人)'을 말할 텐데요, 간혹 '여덟 팔(八)'자를 말하는 사람도 있지만 대다수 사람은 人을 대답합니다.

바로 이 활동에서 우리가 알아야 하고 체득해야 할 것이 모두 '人'한자어에 다 내포되어 있다 해도 과언이 아닙니다. 두 사람이 서로 의지하여 기대고 있는 형상을 본떠 만든 상형자로 사람은 혼자 세상을 살아가는 것이 아닌 더불어 살아가도록 만들어진 존재란 의미입니다. 혼자의 힘이 아닌 함께 하는 조직, 자신이 가진 역량을 공유하고 나눌 수 있는 조직, 그리고 단결하여 문제를 함께 해결해 나가는 조직, 혹시 자신이 없으면 회사가 돌아가지 않을 것이라는 착각을 하진 않나요? 혹시 이 모든 성과의 70% 이상이 자신의 능력 때문이라고 생각하시나요? 사람은 절대 혼자 설 수 없습니다. 항상 주변을 둘러보면 알 수 있죠. 사소한 성과라도 주변의 도움 없이 절대로 이룰 수 없다는 것을요. 내가 아무리 열심히 해도 팀원이 받쳐주지 못하면 사람人을 만들 수 없고, 반대로 나의 팀원이 아무리 열심히 해도 자신이 팀원을 따라가지 못하면 사람人을 만들 수 없습니다. 사람人을 제대로 만들기 위해서는 상대방을 배려하고 상대가 따라와 주지 못하면 기다리고 힘이 될 수 있는 팀원이 되어야 함을 강조해보는 것이 좋겠습니다.

② 바다 한가운데서 살아남기

- 활동의 목적 : 의사소통, 창의력, 협력, 문제 해결
- 준비물 : 없음
- 활동방법 : 활동시간 20분 내외

① 팀원들에게 주제를 준다.

'바다 한가운데서 살아남기'

"여러분은 바다 한가운데 조난을 당한 상태입니다. 보트가 있지만 보트정원은 단 3명!(인원에 따라 보트정원 조절) 나머지는 바다로 빠져야 하는 상황입니다. 그러나 바다에는 상어가 여러분을 기다리고 있습니다. 지금부터 각자 살아남아야 할 이유를 근거로 협상을 시작합니다."

② 위 주제에 대해 설명한 후, 팀 내 리더가 토론을 진행할 수 있도록 강사가 도움을 준다.

③ 각자 1~2분간 자신의 입장을 표명할 수 있다.

④ 협상이 마무리 되면 팀리더는 결과를 발표한다.

- 활동 주의사항 : 이 토론의 활동에서 주의해야 할 사항은 '가위바위보'로 생존자를 결정하는 행위나, 스스로 바다로 뛰어들겠다고 협상을 포기하는 사람을 방치하는 행위 등은 진실한 토론을 방해하는 요인이 됨으로 강사가

활동하기 전에 반드시 주의사항으로 알려주도록 한다.

활동 FEED BACK

본 토론을 많은 기업체에서 시행해본 결과 거의 대다수의 사람들이 '자신이 살아남아야 할 이유'만을 가지고 협상을 한다는 것인데요, 이유는 다양하지만 같은 이야기를 하고 있습니다. 예를 들면, 결혼을 못 해봐서, 외동이라서, 아직 젊어서, 자식들이 있어서, 배우고 싶은 게 많아서, 연애조차 못 해봐서, 효도를 제대로 못해서 등등 참으로 많고도 비슷한 이유로 자신이 살겠다고 합니다. 본 활동에서 우리가 알아보고자 하는 것은 바로 '내가 살아야할 이유를 나의 내부에서 찾을 것이 아니라 팀이 함께 살기 위해 내가 할 수 있는 능력 혹은 재능에 대한 이야기'를 하는 것이 주된 이유였습니다. 이를 테면, 보트 운전이 가능하다든지, 별자리로 육지까지 가는 방향을 찾을 수 있는 능력이라든지요. 우리가 실제 조직에서 근무할 때의 나의 모습이 이렇지는 않나요? 조직의 팀원이 된 이상 나 개인이 아닌 조직을 먼저 생각하고 도움이 될 수 있는 사람, 그리고 가진 능력을 조직 성장에 활용할 수 있는 사람, 당신은 어떤 사람인가요? 간혹, 결론이 나지 않아 힘으로 밀어내고 몇 명이 살아남는 팀도 있으나 본 주제에 대해 자세히 읽어보면 알겠지만, 바다의 상어가 식인상어라는 전제가 없기 때문에 다양한 방안이 나올 수 있습니다. 모두가 다 생존하는 방법을 알아내어 결과를 발표하는 팀들도 적지 않게 있습니다. 꼭 특정 인원 몇 명만이 살아남아야 할 이유도 없는 것이지요. 강사가 최종적으로 한 팀을 고를 때는 조직원 모두가 살 수 있는 창의력 있는 방안을 모색한 팀에게 점수를 주도록 합니다.

③ 명함 주고받기

• 활동의 목적 : 협력, 단결
• 준비물 : 명함 1장
• 활동방법 : 활동시간 20분 내외

① 각 팀별로 명함을 1장 준비한다.
② 명함을 코와 입 사이에 끼워 상대에게 전달하는 활동

- 활동 주의사항 : 활동에 앞서서 먼저 연습할 시간을 대략 3~5분간 주는 것이 좋다. 활동진행 중 주의해야 할 사항은 명함을 코와 입 사이에 끼워 전달하되, 손은 절대 사용할 수 없으며, 중간에 명함을 놓치게 되면 처음부터 새로 시작한다. 이때 강사가 한 팀씩 스톱워치로 시간을 재어 가장 빨리 명함을 전달한 팀이 1등이 된다. 계속 실패할 경우도 있으므로 강사가 시간을 1~2분 내로 정하여 그 시간 이상을 초과하면 자동 탈락으로 간주하여 진행하는 것이 활동시간을 조율하는 방법이 될 수 있다.

활동 FEED BACK

이 활동은 서비스경영의 법칙 100−1=99가 아니라 100−1=0이라는 수식에 관해 이해할 수 있는 활동 중 하나입니다. 내가 아무리 규칙을 지키며 잘 전달해도 받는 사람이 혹은 다른 팀원이 실수를 하거나 전달을 어려워할 경우 우리팀의 명함전달 게임은 실패로 돌아갑니다. 즉 나 혼자만 잘해서 될 일이 아니라 다른 팀원들이 잘 할 수 있도록 방법을 공유하고 배려하는 자세가 필요한데요, 조직의 성패는 개개인 모두가 잘 할 수 있도록 서로 보듬어 주고 빈 공간을 메워주는 역할을 해야 한다는 것인데, 어찌 보면 MOT에서 우리가 배운 '깨진 유리창의 법칙'과도 많이 닮아 있는 활동입니다. 우리의 서비스 혹은 우리의 업무는 나의 동료와 함께 한다는 것! 활동 종료 후 다시 한번 더 강조해주는 것이 좋겠습니다.

④ OX 퀴즈 챌린지

- 활동의 목적 : 팀원들과 회사에 대해 알아가는 시간
- 준비물 : 조직원과 회사에 관련한 OX문제 및 일반 퀴즈문제
- 활동방법 : 활동시간 20분 내외

① 강사가 OX자리를 구분하여 두고 시작하면 문제를 읽고 각자 자리를 이동하도록 한다.

② 최종 남는 자가 승리

- 활동 주의사항 : 본 활동을 준비하는 데 있어 강사가 사전에 회사와 조직원들에 대한 정보를 수집해야 가능한 활동이다. 따라서 이 활동을 준비할 때 사전에 담당자와의 긴밀한 협조가 필요하며, 이외 재미있는 퀴즈들을

중간에 배치하여 활동의 흥미를 유발하도록 한다.

활동 FEED BACK

이 활동은 나와 함께 하는 동료들에 대해 좀 더 자세히 알아갈 수 있고, 내가 몸담고 있는 회사에 대한 정보도 다시 한 번 더 되새길 수 있는 의미 있는 활동입니다. 특히, 서로에 대해 잘 몰랐던 부분들도 이 기회를 통해 알 수 있다면 좀 더 친밀감 있는 유대관계를 형성할 수 있습니다. 이 활동을 진행하다 보면 생각보다 서로에 대해 잘 모르는 부분들이 많아 문제를 어려워하는 경우가 대다수입니다. 물론 팀원들 중에 자신의 정보를 오픈하는 것을 부담스러워 하는 경우도 간혹 있으므로 이 활동을 진행하기 전에 회사 내 담당자와 먼저 의논 해보는 것을 추천합니다.

최종 승자가 몸담고 있는 팀 전체에 점수를 주도록 합니다. 한 명의 성공이 전체의 성공으로, 한 명의 실패가 전체의 실패를 낳는 팀의 의미를 다시 한 번 더 되새겨 줄 수도 있습니다.

활용 가능한 일반상식 및 넌센스 OX퀴즈 예시

- 달팽이도 이빨이 있다. (O)
- 우리나라에 가장 넓은 차선은 광화문 앞 16차선 도로이다. (O)
- 로미오와 줄리엣 중에서 줄리엣이 연상이다. (X)
   → 로미오 18살, 줄리엣 16살
- 대머리도 비듬이 생긴다. (O)
- 남극에도 북극곰이 존재한다. (X)
- 물고기도 색을 구분할 수 있다. (O)
- 로댕의 생각하는 사람은 눈을 감고 생각하고 있다. (X)
- 우리나라 최초의 오페라는 춘향전이다. (O)
- 영화배우 유아인의 본명은 엄홍식이다. (O)
- 체중이 무거운 사람은 티눈에 걸릴 확률이 높다. (O)

조직활성화 프로그램을 구성하는 데 있어 다양한 활동들이 있습니다. 앞서 소개된 활동 이외 더 좋은 아이디어나 활동들이 있다면 주제를 잘 선정하여 강의하는 동안 즐겁게 배워가는 시간이 될 수 있습니다. 또한, 활동의 성패에 대해 이의 제기가 가능한 문제나 판정을 내리기 어려운 활동들은 가급적 배제하는 것이 좋으며, 활동 전 본 활동의 성패기준을 명확히 제시하여 진행하는 것이 각 팀들이 성과를 얻거나 혹은 패배를 받아들이는 것에 이의 제기가 없음으로 참고하도록 합니다.

 실전과제

Question 1. 업체 성향에 맞는 조직활성화 프로그램을 선별하여 실제 강의구성을 만들어봅시다.

① 사회복지기관의 복지사들 대상 조직활성화 프로그램 방안

② 평균연령 40~50대의 생산직 근무자들의 조직활성화 프로그램 방안

③ 다양한 연령과 직무군으로 구성된 기업체 전체의 조직활성화 프로그램 방안

※ 참고사항

① 사회복지사들은 사람을 대하는 작업으로 감정노동이 심한 직무에 속합니다. 사회 저소득층이나 소외된 계층에 있는 사람들의 관심과 경청이 필수로 요구되기 때문에 힘든 감정노동 스트레스를 풀 수 있는 활동이나, 사람에 대한 관심과 경청을 주제로 한 프로그램을 구성하여 만들어봅시다.

② 생산직에 근무하는 사람들은 제조업이나 건설업 등 생산현장에서 육체노동이 요구되는 직무입니다. 따라서 체력관리와 성실성이 매우 중요한데요. 경험에 비추어 보면 몸을 많이 활용하는 활동적인 프로그램을 선호하므로 앉아서 하는 정적인 프로그램은 상황에 따라 배제하는 것이 좋습니다.

③ 기업의 임직원 모두가 참여하는 조직활성화의 경우 일하는 부서 성격이 모두 다르기 때문에 어느 한 곳에 편중된 프로그램보다 다양한 성향의 사람들이 모여 함께 문제를 풀어나갈 수 있는 주제들로 구성하여 프로그램을 선별하면 좋습니다.

고객유형별 응대기법

"수많은 색채가 어울려 하나의 명작을 만들 듯이 서로 다른 것은 마찰의 원인이 아니라 축복의 시작이다. 다양한 성향의 사람들과 어울려 근무하고 대화하는 것은 명작을 만들어 내는 과정이다."

Education Guide Map

고객유형별 응대기법
- DISC에 대하여
- DISC유형 진단하기
- 고객유형 추측 KEY POINT
- 유형별 응대기법

안녕하세요. 오늘은 고객유형별 응대기법을 강의할 시간입니다. 우리는 모두가 각기 서로 다른 환경에서 성장하고, 서로 다른 사람들끼리 모여 조직을 만들며, 새로운 가정을 만들어 나갑니다. 그 과정에서 많은 마찰과 갈등으로 힘들어 하기도 하죠. 우리의 직장 내 모습을 한 번 들여다볼까요? 모두가 서로 다른 방식으로 일하고 서로 다른 속도로 일을 처리하고 자신만의 방식으로 사람들과 소통을 하고 있습니다. 이러한 환경에서 서로 마찰과 갈등이 생기지 않는 것이 오히려 이상할 것입니다. 모두가 하나의 문제를 두고 다양한 의견들을 제시하지만 이에 대해 각자 서로 의견이 다른 것을 '다르다'고 여기기보다 '틀리다' 혹은 '틀렸다'라고 받아들이는 것이 문제가 되기도 하는데요, 오늘 우리가 학습할 성격유형분석을 통해 위와 같은 사고를 다듬고 '자신을 제대로 알고 상대방을 이해하는 시간'이 될 것이며, 나아가 고객들의 다양한 유형을 분석하여 그에 걸맞은 응대기법을 알아갈 수 있는 유익한 시간이 될 것입니다. 자 그럼 시작해 볼까요?

✓ DISC에 대하여

사람의 유형을 분석하는 성격진단 도구는 그 종류가 매우 다양합니다. 흥미와 선호도를 분석하는 직업심리검사, 심리상담을 위해 표준화된 MBTI 성격유형검사, 애니어그램, 홀랜드 등 그 종류와 성격에 따라 많은 심리진단 도구들이 있습니다. 오늘 우리가 함께 학습할 성격유형진단 도구는 바로 'DISC'입니다. DISC이론은 1928년 미국 콜롬비아대학 심리학 교수인 윌리엄 몰튼 마스턴William Moulton Marston에 의해 모형화 되었고, 이 연구결과를 토대로 미국 최대 산업심리 진단 및 산업교육 전문기관인 칼슨 러닝Carson Learning사와 미네소타 주립대학 심리학 교수 존 가이거John Geier박사 연구팀이 공동으로 개발한 성격유형이론입니다. 현재 우리나라를 포함하여 55개국 17개 언어로 번역되어 인간의 행동유형을 가장 쉽고 유용하게 활용할 수 있는 도구로 입증된 바 있습니다. 한국에는 1992년에 도입되어 각종 공공기관 및 기업에서 리더십, 갈등관리, 유형별 응대, 경력개발 등 인적자원관리 차원에서 많이 활용됨은 물론이고 팀빌딩, 고객응대서비스, 스트레스관리와 같은 경영관리 차원에서도 지속적으로 활용되는 도구로 알려져 있습니다. DISC는 주도형(D형, Dominance), 사교형(I형, Influence), 안정형(S형, Steadiness), 신중형(C형, Conscientiousness) 등 네 가지 유형으로 분류하여 사람의 유형을 분석하고 다양한 상황을 예측하는 데 도움을 주는 도구로 활용되고 있으며, 각 단어의 첫 철자를 따서 DISC로 불리고 있습니다. 그럼 각각의 성격특성을 아래 표를 통해 한 번 알아보겠습니다.

DISC의 주요 성격특성[1]

구분	일반적 특성	선호하는 환경
주도형(D형) Dominance	• 결과 성취를 위해 장애를 극복하여 스스로 환경조성 • 도전에 의한 동기부여 • 지도력을 발휘 • 타인의 행동을 유발시킴 • 어려운 문제 해결능력 • 빠른 의사 결정능력 • 빠른 결과를 얻음	• 힘과 권위가 제공되는 환경 • 위신과 도전이 있는 환경 • 개인적 성취가 가능한 환경 • 다양한 활동이 가능한 환경 • 빠른 결과가 제공되는 환경 • 성장의 기회가 있는 환경 • 통제로부터 자유로운 환경
사교형(I형) (Influence)	• 타인을 설득하거나 영향을 미침으로 스스로 환경조성 • 사람과의 관계에 의한 동기부여 • 언변력과 호의적인 인상 • 열정적이며, 낙관적임 • 사람들을 즐겁게 함	• 사회적으로 인정받는 환경 • 의사표현이 자유로운 환경 • 직무 외 그룹 활동이 있는 환경 • 민주적인 관계를 맺을 수 있는 환경 • 통제로부터 자유로운 환경
안정형(S형) (Steadiness)	• 안정되고 조화로운 업무환경 조성 • 일관성에 의한 동기부여 • 인내심이 강하여 전문적인 기술 개발이 가능 • 타인을 돕고 지원함 • 충성심과 경청능력 • 흥분한 사람을 진정시킴	• 현상을 유지하는 환경 • 예측 가능한 업무환경 • 업무성취의 진실한 평가가 있는 환경 • 일원으로서 인정받는 환경 • 사생활을 침해받지 않는 환경 • 표준화된 절차가 있는 환경 • 갈등이 적은 환경
신중형(C형) (Conscientiousness)	• 업무품질과 정확성을 높이기 위한 환경조성 • 정확성과 완벽성에 동기부여 • 분석적사고 및 객관성을 고려 • 정확한 일처리 • 비평적 분석능력 • 상황에 따른 체계적 접근능력	• 명확한 기준이 있는 환경 • 정확성을 가치 있게 여기는 환경 • 전문성 입증가능 환경 • 전문기술과 성취를 인정하는 환경 • '왜'라는 질문을 요구하는 환경 • 업무 수행에 영향을 미치는 요인 통제 가능한 환경

---

1 김영회(1997). 「퍼스널 프로파일 시스템」을 바탕으로 저자 재구성

✔ DISC유형 진단하기

진단지의 경우는 각 회사마다 저작권이 있기 때문에 현재 무료로 배포되고 있는 DISC 간단 진단지로 자신의 성향을 알아보거나 기회가 닿는다면 정밀 진단지로 진단을 해보는 것을 추천하고 싶습니다. 사람의 성향을 어느 한 성향으로 규정할 수는 없으나, 평소 자신이 DISC 중 어떠한 성향을 많이 활용하느냐를 알아보는 것으로 이해를 하면 좋겠습니다. 그 부분을 이해하고 공부한다면 자신의 장점과 단점을 좀 더 구체적으로 알아나갈 수 있으며, 향후 자기발전에 도움이 될 수 있기 때문입니다.

DISC 진단을 마쳤다면 확인 가능하겠지만 사람에 따라 하나의 성향이 높게 집계될 수도 있고, 두 개 이상의 성향이 동률로 집계될 수도 있습니다. 이럴 때는 최종 집계된 2개 이상의 성향을 다 갖고 있다 혹은 활용하고 있다고 판단하면 됩니다.

사람은 대부분 한 가지 성향으로 살아가지 않습니다. 있을 수 있으나 대개는 2~3가지 성향을 갖고 있으며 어떤 성향을 일상생활에서 더 많이 활용하느냐에 따라 달라질 뿐입니다. 이를테면, 가정에서는 무서운 아버지가 직장에서는 너그럽고 다정한 상사일 수 있으며, 사람들이 주변에 넘쳐 늘 인기 있고 노는 걸 좋아하는 친구가 공부할 때는 무서운 집중력으로 꼼꼼히 문제를 풀어나가 항상 상위권에 있기도 하며, 연애에는 순종적이면서 일을 할 때는 대담하고 빠른 결정력으로 성과를 올리고 회의 시 논쟁도 서슴지 않는 직장 동료도 있을 것입니다. 이렇듯 어떠한 성향을 절대적으로는 활용하지 않는 경우가 훨씬 더 많습니다. 따라서 진단을 할 때에도 진단환경이 직장인지 가정인지 인간관계에서인지를 먼저 설정하고 진단하면 보다 더 정확히 알 수 있으니 참고하도록 합니다.

❗ 서비스 강의 HOW TO

성격유형분석을 위해 진단을 할 때 정식 진단지를 구입하지 않고 저작권이 있는 정식 진단지를 무단 복사 및 배포하여 강의를 하는 경우가 있지만, 이는 엄연히 불법입니다. 정식 진단지를 구입하기 부담될 경우에는 무료로 배포되고 있는 약식 진단지를 활용하거나, 기업에서 DISC강의 의뢰를 받은 경우 해당 업체에 진단지 사용비용을 청구를 하는 등 올바른 방법을 강구하여 저작권에 위배되는 일이 없도록 해야 할 것입니다.

고객유형 추측 KEY POINT

우리가 다양한 사람들과 상호작용을 하면서 사람의 유형을 하나하나 분석하기란 쉽지 않습니다. 늘 함께 지내는 가족과 직장동료의 경우도 확실치 않은데 하물며 고객과의 접점에서 단번에 고객유형을 알아맞히기란 매우 어려운일입니다. 하지만 유형별로 Point를 알면 적재적소에 맞게 응대하는 데 많은 도움을 받을 수 있습니다. 어디까지나 예시이니 참고만 하도록 합니다. 사람에게 DISC 중 하나의 유형을 꼬리표처럼 다는 것은 매우 위험한 일이기 때문이고, 앞서 강조하였지만 사람을 하나의 유형으로 규정지을 수는 없기 때문이죠. 따라서 가장 많이 활용하는 유형, 혹은 가장 발달되어 있는 유형을 추측하고 분석하여 그에 상응하는 응대를 함으로써 더 질 높은 서비스를 제공하는 데 그 의의를 두고 시작해보겠습니다.

주도형(D형, Dominance)

KEY WORD : 목표 · 결과지향적, 경쟁적, 변화를 주도, 단도직입, 자신감, 결단력, 명령, 화를 잘 냄, 경청 불가, 요구가 많은, 독단적인

주도형은 빠른 속도로 결과를 만들고자 하는 성향이 강하므로 말을 할 때에도 대부분 일방적이거나 명령조로 커뮤니케이션 할 경향이 있습니다. 경청보다 말하는 것에 익숙하므로 다른 사람의 이야기에 귀 기울여 듣지 않을 가능성이 매우 높고, 상대방의 말이 본인의 의견을 반하는 것일 경우에는 말을 가로채거나 말을 끊는 경우가 있기도 합니다. 그리고 대화의 제스처가 크고 자신감도 넘치며, 걸음걸이도 다소 빠릅니다. 음성의 크기는 크고 힘이 있는 특징을 갖추고 있습니다.

사교형(I형, Influence)

KEY WORD : 사람지향적, 낙천적, 감정적, 인정, 칭찬, 설득력, 융통성, 용두사미, 불규칙, 불안정, 쉽게 흥분

사교형의 말을 계속 들어보면 굉장히 열정적이고 감정표현이 많습니다. 그리고 대화할 때 대화에 관련된 제 3의 인물 성대모사를 적절히 사용하여 자신이 전달하고자 하는 바를 생생하게 이야기하기도 합니다. 경청보다 말하는

것을 더 좋아하지만, 경청할 때는 적극적 리액션을 보여주기도 합니다. 대화할 때를 살펴보면 표현이 현실감 있고, 제스처가 크고 활력이 넘치며 음성의 크기나 높낮이의 변화가 매우 다양한 것이 특징입니다. 다만, 말하기를 좋아하는 성향 때문에 대화 주제를 잊고 이야기가 삼천포로 빠지기도 합니다.

안정형(S형, Steadiness)
KEY WORD : 팀지향적, 체계성, 안전성, 현상유지, 조직순응적, 장인정신, 변화의 두려움, 답답한, 표현이 적은, 느린 동작

안정형의 인물들은 목소리는 일단 크지 않습니다. 침착하고 일정한 것을 선호하여 대화할 때에도 천천히 말하고 느긋하다는 인상을 받게 됩니다. 경청자가 될 때는 공감하면서 경청하기도 합니다. 이들은 어떤 의견을 제시하기보다 뒤에서 묵묵히 바라보기도 하고, 무언가에 대해 질문을 하더라도 대답이 바로 나오지 않고 한참이 지나서야 대답을 하는 성향도 보이고 있습니다.

신중형(C형, Conscientiousness)
KEY WORD : 과업지향적, 정확성, 완벽성, 이성적, 깔끔한, 세심한, 차분한, 비판적, 고지식, 심각한, 오체불만족

신중형은 사실에 근거하여 조금의 과장도 없이 대화 나누는 것을 선호합니다. 말을 할 때에도 구체적이고 논리적이며, 감정의 동요 없이 항상 일정한 톤을 유지하는 것도 특징 중 하나입니다. 그러한 모습들이 다소 냉철해 보이기도 하지만 그만큼 침착하고자 하는 신중형의 성향이 반영된 결과이기도 합니다. 경청할 때에도 분석적으로 듣고 사고하며, 무엇인가를 설득하고자 할 때는 관련한 자료와 내용을 가지고 설득하는 것이 좋습니다.

☑ 유형별 응대기법
주도형(D형, Dominance)
대화 방안 : What, 목표, 결과, 사실, 논리, 간단명료

핵심을 말하되, 어설픈 칭찬은 이들에게 금물입니다. 그리고 과정보다 결과

와 결론에 더 가중치를 두고 있기 때문에 방법과 절차에 관한 사설보다 결과에 대한 이야기를 하는 것이 옳습니다. 이를테면, 학교에 지각한 학생이 D형 교수님에게 '차가 막혀서', '집에 일이 있어서'라는 과정상의 변명보다 '죄송합니다. 다음부터는 지각하지 않겠습니다.'라고 자신의 잘못을 깔끔하게 인정하고 양해를 구하는 것이 더 적절합니다.

사람보다는 일! 일에 관한 이야기를 하며, 논리적이고 간결하게 말하는 것이 좋습니다. 그리고 어떠한 일을 시작하게 되었을 때 이들을 설득하고자 한다면, 목표를 달성함으로써 얻는 이득에 관해 알려주고 설득하는 것이 좋습니다. 자신만만한 음성으로 예의를 갖추어 응대하며, 요점중심으로 대화를 이어나가되 농담은 가급적 자제하는 것이 좋습니다.

주도형 D형에게 적합한 응대화법

지금 바로 알아보겠습니다./빠른 처리 도와드리겠습니다./즉시 해결하겠습니다./고객님의 말씀이 맞습니다./직접 선택해주시겠습니까?

사교형(I형, Influence)

대화 방안 : who, 칭찬, 인정, 공감, 감정표현, 호의적

사교형은 칭찬과 인정에 의해 동기부여를 받습니다. 따라서 호의적이고 개방된 환경에서 대화를 나누되, 자신의 생각을 두서없이 편히 말할 수 있도록 배려해주는 것이 좋은데요, 이때 듣는 경청자가 적극 경청을 해주는 것이 필요합니다. 이야기를 하다 보면 주제의 핵심을 벗어나는 경우가 종종 발생하므로 주제에 대해 필요시마다 언급을 해주면서 대화를 마무리하는 것이 좋습니다. 또한, 주의사항을 자주 잊는 경우가 발생하므로 주의사항을 지키지 않았을 때의 심각성에 대해 여러 번 강조하여 잊지 않게 해주도록 합니다.

D형과 반대로 일보다 사람중심형 인물이기 때문에 고객과의 관계에 있어서 친밀감을 상호간 형성하는 것이 고객유지에 도움이 되며, 혹여나 해당 기업이나 직원에게 불만을 토로하더라도 적극경청과 공감을 해주는 것만으로도 대부분 해소가 되기도 하기에 인간적인 응대가 효과적입니다.

사교형 I형에게 적합한 응대화법

네 저 역시 기분이 상했을 것 같습니다. 죄송합니다./정말 속상 하셨겠어요./네 그런 감정은 당연한 것입니다. 저라도 그랬을 거예요./네 그렇죠? 저도 같은 마음입니다.

안정형(S형, Steadiness)

대화 방안 : How, 협력, 안정, 질서, 조화, 평화

안정형은 말그대로 안정적이고 질서 있는 환경과 공간을 선호합니다. 따라서 누군가가 큰소리로 감정을 표출하거나 부추기는 행동이 안정형의 사람을 힘들게 할 수 있고, 말수가 적은 이들의 입을 아예 닫게 할 수도 있습니다. 표현 자체가 직설적이지 않고 우회적으로 표현하므로 대충 듣고 대화를 이어나갔다간 신뢰를 잃을 수도 있습니다. 급하지 않고 느긋하므로 대화의 시간을 넉넉히 주고 혼자 탐색할 시간을 주는 것도 좋은 방법입니다.

어떻게 일을 처리할 수 있을지에 대한 방법론에 대해 명확히 그리고 천천히 설명한 후 안정형 고객의 의견을 끌어내는 것이 적절하며, 사후관리 절차와 관리 체계 등을 구체적으로 설명하여 불안한 마음을 해소시켜주는 것이 좋습니다.

안정형 S형에게 적합한 응대화법

진심으로 감사드립니다./진심으로 사과드립니다./충분히 고민해보시고 천천히 알려주십시오./충분히 공감하고 있으며, 고객님의 마음을 잘 알 것 같습니다./제가 직접 해드릴 테니(신뢰가 형성된 관계) 저를 믿고 조금만 시간을 주십시오.

신중형(C형, Conscientiousness)

대화 방안 : Why, 근거, 사실, 논리

새로운 정보, 새로운 사실에 관해서 대화를 나눌 때 이를 뒷받침할 수 있는 데이터와 근거가 마련되었나요? 그렇다면 신중형과의 대화는 지금부터입니다. 신중형 사람들은 체계적이고 원칙적으로 일을 진행하는 것을 선호하는

데 단순히 서로 안면이 있어서 대충 넘어가길 원한다면 다음부터는 이들을 보기 힘들지도 모르겠습니다. 꼭 봐야하는 사이라면 당신을 신뢰할 수 없는 사람이라 여길 가능성이 매우 큽니다. 따라서 대화 시 더도 말고 덜도 말고 있는 그대로를 상세히 이야기하면 됩니다. 방심했다가는 허를 찌르는 질문들로 당황하게 될지 모를 일이니까요.

완벽성을 추구하는 신중형 인물은 맡은 일에 대해 빈틈없는 구성으로 일을 마무리 지으려 노력합니다. 행여나 지적을 당하거나 본인의 일처리가 완벽하지 못할 까봐 늘 신경이 곤두서있기도 한데, 결과물에 대해 빈틈을 발견하고 지적을 하게 되면 그들은 상당한 스트레스에 노출될 것입니다. 이럴 때는 무엇이 잘못되었는지 전 후 상황을 명확하고 구체적으로 설명해주면 '쿨'하게 인정하기도 합니다. 혹시 신중형 고객을 설득시켜야 한다면 관련 자료를 충분히 준비하고 해당 자료를 보면서 하나하나 정확히 설명하여 설득 시키는 것이 좋습니다.

신중형 C형에게 적합한 응대화법

자료가 말해주듯이 ~/원인분석을 해본 결과 ~/현 자료에서는 이와 같은 결과를 나타내고 있는데 ~/중요한 부분을 정확히 지적해주셨습니다./제가 다시 한 번 더 꼼꼼히 살펴보겠습니다.

❶ 서비스 강의 HOW TO

DISC성격유형분석 도구와 같은 심리유형분석 도구들은 앞서 설명한 바와 같이 그 종류가 다양합니다. 서비스강의를 하다 보면, 친절서비스의 기본 5대 항목(서비스마인드, 전화 응대, 커뮤니케이션, 이미지메이킹, 불평고객 응대 등)에서 더 심화된 강의를 해야 할 때도 적지 않은데요. 그렇다면 성격유형과 관련한 자격증을 꼭 공부해보라 권하고 싶습니다. 우리 책에서 다루고 있는 DISC유형분석의 경우 현재 몇몇 기관에서 일반과정 및 강사과정을 운영 중에 있습니다. 꼭 DISC강사과정이 아니어도 다양한 유형프로그램들이 마련되어 있으니 잘 선별하여 본인이 잘할 수 있는 혹은 흥미가 있는 도구를 선택하여 공부를 해보길 추천합니다. 이러한 심리도구들은 커뮤니케이션이나 갈등관리, 스트레스관리, 불평고객응대 등 다양한 주제의 강의에도 적용이 가능하므로 활용도가 높습니다.

 **실전과제**

Question 1. 나의 가족들의 성격유형은 무엇인지 진단하여 보고 가족과의 대화에서 주의해야 할 점과 효과적인 커뮤니케이션 방법은 무엇인지 작성하여 봅시다.

가족 구성원	진단결과	의사소통 방안

Question 2. 고객유형별 특성에 따라 상황에 맞는 응대방안을 작성하여 봅시다.

상황	고객 유형	커뮤니케이션 방안
① 대기시간에 대한 불평을 응대해야 할 때 ② 제품영업을 해야 할 때 ③ 프로젝트에 함께 하기를 설득해야 할 때	D	
	I	
	S	
	C	

Part 05

CS 기법

cs ★ master

DAY

23

강의 예화 개발

"강사가 전달하고자 하는 메시지 위에 적절한 사례나 예화가
더해진다면 당신의 강의는 더욱 성공적이 될 것이다."

안녕하세요. 오늘은 CS기법의 첫 테마인 강의 예화 개발 시간입니다.

PART4까지 CS관련 지식들을 다루었다면, 마지막 PART 5에서는 보다 강
의를 풍성하고 탄탄하게 만드는 방법을 배워볼 예정입니다. 마지막까지 열심
히 달려볼까요?

☑ 예화 개발의 중요성

강의 내용을 강조하거나 설득하려면 핵심 메시지만 전달하는 것이 아니라 그
에 맞는 적절한 사례나 예화가 뒷받침되어야 합니다.

강의 주제를 받쳐줄 예화를 개발하는 것은 강사의 중요한 자질 중에 하나입니다. 평소에 보고, 듣고, 읽고, 체험하고 생각했던 것들을 적재적소에 뽑아낼 수 있다면 강의는 더욱 풍성해지며 공감을 불러일으킬 수 있습니다.

예전 병원에서 10년 넘게 근무하신 선생님이 강사 과정에 참여하셨는데, 그분의 강의에는 근무하면서 경험했던 생생한 사례들이 많이 담길 것이라 생각했죠. 그런데 실전 대비 모의강의에서 기대했던 생생한 예화를 들을 수가 없었고 핵심 메시지만 강조하고 전달하는 딱딱한 강의만 진행하는 것입니다. 너무나 사소한 경험이라 생각되어 강의에 활용할 수 없는 예화로 판단하여 준비하는 과정에서 전부 걸러버린 것이죠. 우리 누구나가 공감할 수 있는 이야기는 그 사소함에 있을 수도 있습니다. 그러한 이야기를 효과적으로 적용하는 것이 강사의 실력이라고 할 수 있겠습니다.

✅ 좋은 예화의 조건

좋은 예화의 조건을 세 가지로 정리해 보았는데요.

첫 번째는, 트렌드를 반영한 예화입니다.
친절 서비스와 관련한 핵심 메시지는 과거와 현재가 크게 다르지 않을 수 있습니다. 하지만 고객의 기대와 니즈는 계속 진화하고 있기에 그 디테일에서 차이가 있을 수 있습니다. 최근의 트렌드가 무엇인지 항상 관심을 가지고 이에 맞는 예화를 수집해보세요.

두 번째는, 새로운 예화입니다.
강의를 진행하다 보면 CS교육을 많이 접해본 교육생을 만나게 됩니다. 실천은 이차적인 문제일 수 있지만 우선 교육 내용 숙지에 있어서는 엄청난 베테랑들이지요. '들었던 이야기를 또 하는 강사가 많더라.', '도시바 이야기는 열 번 넘게 들었던 것 같다.' 등의 이야기를 동료와 나누기도 합니다. 이는 강사가 바뀌었는데도 불구하고 강의 주제에 따라 강사가 적용하는 예화가 다양하지 못했던 결과겠지요. 모두가 다 알고 있는 예화를 가지고만 강의를 이끌어나간다면 집중을 시키기 어렵습니다. 최신의 뉴스, 최신의 책, 최신의 경험 등을 통해 교육생들에게 새롭게 다가올 예화를 개발해보세요.

세 번째는, 친근한 예화입니다.

제가 즐겨보는 프로그램 중에는 '생활의 달인', 'VJ특공대'가 있습니다. 즐겨보기도 하지만 강의 준비를 위해 일부러 시간 맞춰 챙겨보기도 하는데요. 실제 프로그램을 보면서 강의에 활용할 소스들을 많이 얻습니다. 이름을 대면 알만한 연예인 등 유명 인사들의 예화를 강의에 활용하기도 하지만, 자신의 분야에서 열심히 살아가고 있는 우리 이웃들의 이야기를 더 많이 활용합니다. 자신의 분야에서만큼은 최고인 그들의 사례를 통해 우리도 서비스 달인이 되리라 마음먹는 것은 더 쉬울 것이기 때문입니다.

✔ 예화 개발 방법

커뮤니티

강의를 처음 시작하는 분들은 카페나 블로그 등 인터넷 커뮤니티에서 강의와 관련된 소스와 예화를 많이 얻습니다. 강사들이 모여 있는 커뮤니티에 가입하여 적극적으로 활동하는 분들도 많이 있죠. 강의와 관련한 기초적인 소스를 얻기에는 카페 등의 커뮤니티도 좋습니다. 다만, 다수가 공유하는 공간이기 때문에 이미 많은 사람들이 사용한 예화들이 담겨있을 가능성이 있죠. 기초에 대한 도움을 받으면서 새로운 예화를 발굴하는 작업들을 계속해야 할 것입니다.

독서

평생을 살아가면서 많은 경험을 하지만 내가 경험한 사례만을 가지고 강의 주제에 따라 배분하기에는 부족함이 있습니다. 그리고 나의 경험이 때로는 다수의 공감을 얻기 어려울 때도 있지요.

예전에 교육생이 강사님이 활용하는 예화들은 어떻게 얻을 수 있냐는 질문에 '책'이라 대답을 해드렸습니다. 부족한 예화를 채우기에 독서만큼 좋은 것은 없죠. 책을 통해 간접 경험을 하고, 강의에 필요한 예화들도 수집할 수 있기 때문입니다. 책의 매력은 같은 책을 읽더라도 사람에 따라서 와 닿는 부분이 다를 수 있는데요. 강사 역시 같은 책을 읽더라도 주요하게 보는 메시지에 따라 책에서 얻는 예화들이 달라집니다.

혼자서 조용히 하는 독서뿐만 아니라 독서 모임에 참여해보는 것도 좋습니다. 혼자서 책을 읽다보면, 선정하는 책도 한정적이며 시각도 한곳으로 좁혀질 수 있는데요. 다양한 분야와 다양한 시각을 가진 사람들과 한권의 책을 가지고 토론을 해보는 시간을 가지는 것도 예화 수집을 풍성하게 하는 밑거름이 될 것입니다.

대중매체

강의를 시작하면서 생긴 버릇이 있습니다. TV나 영화를 보거나 인터넷 기사를 접할 때 예전에는 그 내용에 집중하였다면, 지금은 내용을 보면서 강의에 어떻게 접목할 수 있을까를 고민하는 버릇이 생겼습니다. 모든 생활이 강의에 초점이 맞춰진 것이지요. 다큐멘터리 프로그램에서 강의의 근거를 발견하고, 영화의 대사를 고객 서비스에 대입하며, 코미디 프로그램을 보면서 유머를 배우죠.

일부분을 시각적인 교육 자료로 편집해 활용하기도 합니다. 최신의 트렌드를 읽고 반영하기에 이러한 매체들의 도움이 크죠. 신문, TV, 영화 등 일상에서 무심코 읽고 보고 내려갔던 것들을 이제는 강의의 소스라는 관점으로 바라보세요. 활용할 예화들이 무궁무진합니다.

메모

영화 보스 베이비에서 메모의 중요성에 대해 이야기를 하는 장면이 나오는데요. 잠시 대화를 들어볼까요?

"새 멍멍이에 대해 알아낸 다음엔 어떻게 할 건데? 아기 닌자를 보낼 거야?"
"더 나은 것, 완벽하게 메모를 할 거야."
"메모란 정보를 알려주기 위해서 뭔가를 적는 거야."
"그게 계획이야. 그냥 보고서를 쓴다고? 정말 재미없다."
"아니야. 중요한 것들은 모두 다 써놓아야 해. 메모를 해야 실수가 사라져. 예를 들면 시험공부를 할 때, 회의를 할 때, 시를 쓸 때도 메모로 세상을 바꿀 수 있다."

강의를 할 때도 마찬가지로 적용될 수 있겠죠. 가족과 지인들과의 스쳐가는 대화 속에서도 강의에 활용할 예화들이 쏟아집니다. 나중에 메모해두어야 겠다고 생각했으나 시간이 지나간 후에 '무슨 이야기였더라?'하며 생각이 나지 않는 경우가 많습니다. 작곡가들이 악상이 떠올랐을 때 피아노를 치며 악보를 쓰는 것처럼 강의의 예화를 발견했을 때 바로 메모하는 습관을 들인다면 좋은 예화들을 많이 수집할 수 있을 것입니다.

온라인상에서 좋은 예화를 발견했다면 개인 블로그로 스크랩해두는 것도 좋은 방법입니다. 분야별로 카테고리를 만들어놓고 내용에 따라 분류해 스크랩해둔다면 편리하게 적재적소에 활용할 수 있을 것입니다.

서비스 강의 HOW TO

〈서비스 관련 뉴스 기사 스크랩〉

KTX 승무원, 무릎 꿇기는 없어졌는데 '15도 목례'는 왜 남아 있을까?

서울에서 직장을 다니는 이현아 씨(27)는 최근 KTX를 이용해 부산 출장을 다녀왔다. 이 씨는 KTX 승무원들이 객차를 이동할 때마다 이동 통로 앞에서 목례하는 모습을 보며 불편함을 느꼈다고 한다. 이 씨는 "아무도 보지 않는데 승무원분들이 문 앞에서 인사를 하더라."며 "너무 옛날식 서비스라 생각한다. 승무원에 과도한 서비스를 짐 지우는 것처럼 보여 불편했다."고 말했다.

최근 KTX를 탑승한 시민들 사이에서는 승무원들이 객차를 이동할 때마다 하는 '15도 목례'가 부담스럽고 불필요한 서비스란 지적이 늘고 있다. 승무원들은 "규정이기 때문에 승객을 향해 목례를 하지 않으면 인사상 불이익을 받는다."고 말했다. 하지만 승무원들이 소속된 코레일관광개발(코레일 자회사)은 목례 여부는 공공기관 고객만족도 평가에만 영향을 미칠 뿐, 개인 인사 고과와는 무관하다는 입장이다.

승무원들의 승객을 향한 '목례'는 업무매뉴얼에 규정돼 있다. KTX 열차승무원 업무매뉴얼 중 '객실 서비스'를 보면 승무원들은 20~30분에 한 번씩 객차를 순회해야 한다. 보통 18량 객실을 두고 승무원 2명이 1~9호차, 10~18호차를 나눠 객실 체크를 한다. 업무매뉴얼에 따르면 승무원들은 객실 문을 열 때 한 번, 나갈 때 다시 한 번 15도로 목례를 해야 한다.

10년 가까이 승무원으로 일한 ㄱ 씨는 "KTX를 탄 외국인들이 왜 목례를 하냐고 의문을 제기했던 적이 있다."며 "목례를 하지 않으면 업무 모니터링에서 감점 대상"이라고 주장했다. 다른 승무원 ㄴ 씨는 "어떤 분은 너무 불편하다면서 자꾸 목례하면 민원을 넣겠다는 이야기를 우스갯소리로 하기도 했다."며 "어떻게 보면 승객과 승무원 모두 불편한 서비스인 것"이라고 말했다.

승무원들에 대한 사측의 과도한 서비스 강요나 감정노동 문제는 과거에도 수차례 지적됐다.

승무원들은 2014년 4월 사측에서 무릎 꿇고 서비스할 것을 요구하고, 여성 승무원에게는 안경 착용 금지 등을 강요한다며 국가인권위원회에 진정을 냈다. 원진녹색병원이 여승무원 168명을 조사한 결과 3명 중 1명이 "죽고 싶다."고 답할 만큼 우울증이 심각했다. 현재 승무원들은 무릎 꿇고 인사를 하는 서비스는 하지 않고 있다.

코레일 관계자는 15일 "코레일이 만든 업무매뉴얼에는 목례를 하라고 규정한 내용이 없다."고 밝혔다. KTX는 운행 시 보통 열차팀장과 승무원 2명이 함께 타는데, 열차팀장은 코레일 본사 소속이고 승무원은 자회사인 코레일 관광개발 소속이다. 코레일의 해명은 적어도 코레일 소속인 열차팀장들에게는 목례를 강제하지 않는다는 뜻으로 풀이된다.

코레일 관광개발 관계자는 15일 "목례는 서비스 업계에서 일반적인 개념으로 환송의 의미, 도움이 필요한 고객이 있는지 확인차 하는 인사"라며 "목례가 업무평가에 포함되는 것은 아니고 기획재정부에서 매년 주관하는 공공기관 고객만족도 조사에만 평가 요소로 들어간다."고 해명했다.

하지만 코레일 관광개발의 해명은 설득력이 떨어진다는 지적이 나온다. 코레일 관광개발의 승무원 모니터링 체크리스트와 평가운영세칙을 보면 목례가 인사평가에 반영된다는 것이다.

코레일 관광개발에서 최근까지 사용 중인 '코레일 서비스 모니터링 체크리스트'를 보면 일반 승무원과 이동식 매점 형태의 카트를 끄는 판매 승무원의 '목례'는 서비스 모니터링 체크리스트에 포함돼 있다. 지난달 7일 코레일 관광개발에서 최종 개정한 '평가운영세칙'에도 인사평가에는 모니터링 결과를 평가항목으로 반영할 수 있다고 규정돼 있다.

승무원 ㄷ 씨는 "사측에서도 어떻게 평가하는지 승무원들에게 잘 알려주지 않는다."며 "불투명한 모니터링과 이를 통한 인사고과 반영이 이어지면 승무원들도, 고객들도 모두 불편한 목례를 계속할 수밖에 없다."고 말했다.

2017년 8월 15일 경향신문 김원진 기자 기사 발췌

무릎 꿇기 서비스는 앉아있는 승객을 서서 응대할 때 위에서 아래로 내려다보는 자세와 시선이 되기 때문에 자세를 낮춰 고객과 눈높이를 맞추라는 관점에서 시행된 서비스입니다. 그러나 다른 한편에서는 노예와 다름이 없는 서비스라고 비판하고 있지요. 위 사례처럼 없어진 곳도 있지만 여전히 시행 중인 기업들도 있습니다.

KTX에서 시행하는 15도 목례 역시 고객 응대 시 가장 기본으로 활용되는 인사입니다만 객차를 몇 차례 왕복 순회하는 승무원이 반복적으로 인사를 하는 것을 부담스러워하는 시각도 있다는 것이죠.

강사에 따라서 두 가지 논점에 따른 입장이 다를 수 있을 것입니다. 그러나 이에 앞서 선행되어야 할 것은 강의를 진행할 기업에서 어떤 관점에 입각한 서비스를 시행하고 있는지 조사하는 것입니다. 기업이 시행하는 서비스와 반대로 강의를 진행한다면 교육생들에게 더 많은 혼란을 가중시킬 수가 있겠죠. 기업의 서비스 방향과 속도에 맞추어 나가되 서비스 전문가로서 더 나은 방향에 대한 가이드를 제시하는 것은 그 다음 순서일 것입니다.

실전과제

Question 1. 최근에 읽은 책에서 인상 깊게 본 구절이나 메시지가 있나요?

Question 2. 책에서 발견한 메시지를 어떤 강의 주제, 메시지와 연결지을 수 있을까요?

cs ★ master

DAY
24

ICE BREAKING/SPOT

"교육 참가자들의 흥미를 이끌어 내기 위한 강의의 첫 이미지 ICE BREAKING과 강의의 집중력을 더할 수 있는 SPOT의 활용능력은 강의의 재미와 스킬을 한 단계 더 격상시킬 수 있다."

Education Guide Map

ICE BREAKING / SPOT
- 아이스브레이킹(ICE BREAKING)이란?
- 아이스브레이킹(ICE BREAKING)의 주안점
- 아이스브레이킹(ICE BREAKING) 활동 예시
- 스팟(SPOT)이란?
- 스팟(SPOT)의 주안점

안녕하세요. 오늘은 교육의 재미와 흥미를 유발시킬 수 있는 아이스브레이킹/스팟에 대해 학습할 시간입니다. 혹자는 아이스브레이킹/스팟을 음식의 MSG에 비유하기도 하는데요, 강의의 맛을 더하는 스킬을 장착하여 즐겁고 유익한 강의가 될 수 있도록 지금부터 아이스브레이킹/스팟 기법을 함께 학습하겠습니다.

☑ 아이스브레이킹(ICE BREAKING)이란?

강의를 시작할 때 어떻게 시작하느냐에 따라 강사와 교육생들 간 그리고 교육생과 교육생 간의 어색함을 줄이고 분위기를 전환시킬 수 있는데요, 이때 필요한 것이 바로 어색함을 깨는 '아이스브레이킹'입니다. 말 그대로 얼음을 깨는 활동으로 해석할 수 있습니다.

실제로 강의를 진행하다 보면 강의 시간과 장소 등이 팀원들에게 적지 않은 영향을 끼치기도 하는데요, 예를 들면, 회사 내에서 업무 종료 후 교육이라든지, 교육대상자로 선정되어 낯선 사람들과 함께 보수교육을 받을 때가 바로 이런 경우입니다. 모두가 그런 것은 아니겠지만 대다수가 교육은 별로 달갑게 여기지 않죠. 특히, 자발적인 참여가 아닌 타인에 의한 수동적 참여는 교육에 대한 반감이 이미 자리 잡은 상태에서 강사가 강의를 시작해야 하는 경우가 많습니다. 자발적 참여자들의 경우는 서로 어색하더라도 듣고자 하는 의지와 교육에 대한 열의가 전자보다는 많기 때문에 강사의 강의시작이 조금 더 수월할 수 있겠지만 공통점은 전자든 후자든 아이스브레이킹은 필요한 도구임에 틀림없습니다. 이 활동을 통해 강의의 목표를 최상의 분위기에서 이끌어나갈 수 있으며, 교육생들의 적극적 참여를 기대할 수 있게 됩니다.

✅ 아이스브레이킹(ICE BREAKING)의 주안점

가볍고 쉬운 활동을 선택하자.

아이스브레이킹은 교육생들에게 강의의 부담을 줄여주고 함께 참여한 사람들과의 마음을 오픈시키기 위한 강의 시작 전 준비운동으로 무거운 주제, 어려운 게임 등은 반드시 피해야 합니다. 가볍게 진행할 수 있으면서 서로에 대해 어색함을 줄일 수 있는 활동이 좋습니다.

시간은 10분 이내로 준비하자.

아이스브레이킹을 하느라 본 수업을 들어가기 전부터 긴 시간을 할애하게 되면 진짜 수업부터는 이미 지쳐있을지 모를 일입니다. 주객이 전도된다는 말이 여기에 해당되겠죠? 참여하는 사람들 간의 혹은 강사와 참여자들과의 아이스브레이킹은 성공되었으나, 정작 우리가 얻어가야 할 중요한 내용에 대해서는 다 배우지 못하는 웃지 못할 일이 발생되기도 합니다. 특히 강의 시간이 30분~1시간으로 정해져있다면 더더욱 준비를 철저히 해야 되겠습니다. 그럼, 본격적인 아이스브레이킹 활동 예시를 살펴보겠습니다.

✅ 아이스브레이킹(ICE BREAKING) 활동 예시

① 나와의 공통점을 찾아라.

- 준비물 : 활동지 1장
- 활동방법 : 활동시간 10분 내외

질문지가 적힌 활동지를 들고 다른 사람들과의 공통점을 찾는 활동

나	타인
1. 기억에 남는 여행지	
2. 가장 좋아하는 음식	
3. 선호하는 음악	
4. 나의 이상형	

- 활동 주의사항 : 참가한 사람들의 성향과 선호도는 다 다르기 때문에 자신과 공통분모가 있는 사람들을 찾아내기란 쉽지는 않습니다. 활동하기에 앞서 강사는 참가자들에게 1번부터 4번까지 하나라도 공통점이 발견되면 다른 사람을 찾아 다른 번호의 공통점을 찾도록 반드시 사전 설명을 해주도록 합니다. 같은 방법으로 각 번호에 해당하는 타인들과 나의 공통점이 다 찾아지면 활동을 마무리 합니다. 시간이 생각보다 길어질 경우 2개 이상 작성이 되면 자리에 착석하도록 안내를 하고 활동하는 모습을 통해 강사가 적극적인 참가자들을 선별하여 발표를 시켜보도록 합니다.

② 당신을 소개합니다.

- 준비물 : 활동지 1장
- 활동방법 : 활동시간 5분 내외

상대방에 대한 질문지가 적힌 활동지를 통해 나와 짝이 된 참가자에 대해 인터뷰를 하고 소개하는 활동

당신의 이름은?	
현재 하는 일은?	
당신의 취미는?	
오늘 과정에서 얻고자 하는 것은?	
짝에게 덕담 한마디를 한다면?	

- 활동 주의사항 : 간혹 이 활동을 하다 보면 서로 이미 유대관계가 있는 사람끼리 짝을 지어 앉는 경우가 있는데, 이 활동의 주안점은 모르는 사람과 아이스브레이킹을 하는 데 가장 큰 목표를 두고 있기 때문에 사내에서 이와 같은 활동을 할 경우 자신의 업무에서 가장 멀리 떨어져 있는 부서 사람과 함께 할 수 있도록 강사가 사전안내를 하는 것이 좋습니다. 이외 서로 잘 모르는 사람들이 함께 교육을 듣는 경우는 옆에 앉은 짝과 함께 할 수 있도록 합니다. 이 활동이 마무리 되면 강의장 벽에 인터뷰지를 붙여 쉬는 시간에 교육에 참여한 사람들이 각 참가자들에 대해 알 수 있도록 분위기를 만드는 것도 하나의 방법이 될 수 있습니다.

③ 이미지로 추측하기

- 준비물 : 포스트잇 한 세트
- 활동방법 : 활동시간 10분 내외
  참가자들의 첫 이미지를 통해 직업, 성격 등을 추측하는 활동으로 이미지 추측 결과지를 해당 참가자의 테이블에 붙이고 오는 활동
- 활동 주의사항 : 이 활동을 할 때는 이미지로 추측한 피드백 결과가 해당 참가자가 읽었을 때 불쾌한 내용이 될 만한 사항은 자제를 시키는 것이 좋습니다. 따라서 강사는 이 활동 전에 상대가 상처받을 수 있는 내용이나 불쾌감을 조성하는 내용은 삼가달라고 조심스럽게 안내하도록 합니다. 이 활동은 절대로 인상이 좋고 나쁘고를 판단하는 시간이 아니라 나의 이미지가 다른 사람들에게 어떻게 각인되고 있는지를 알아가는 시간임을 강조하도록 합시다. 만약 이 활동을 하는 곳이 사내직원들 대상이라면 이 결과가 속한 조직에 어떤 영향을 끼치고 앞으로 어떻게 바꿔나가야 하는지를 고민하는 시간이 될 수 있을 것이고, 서로 모르는 낯선 사람들과의 이미지 추측 활동은 자신 개인의 이미지 개선에 도움이 될 수 있을 것입니다.

✓ 스팟(SPOT)이란?

아이스브레이킹이 강의 첫 시작의 어색함을 깨는 데 도움이 된다면, SPOT은 강의 도입 및 중간에 강의 내용에 들어가기에 앞서 주의집중을 하는 데 도움이 되는 강의도구입니다. SPOT의 의미를 직역하면 '점', '특정 장소'와 같은

의미를 갖고 있는데, 짧은 시간 내에 참가자들의 주위를 환기시키고 수업에 집중할 수 있도록 도움을 주는 것이라 설명할 수 있습니다. 간혹 SPOT과 아이스브레이킹의 의미를 혼용하여 사용하거나 같은 맥락으로 강의를 하는 강사들이 있지만, 차이를 두자면 아이브레이킹은 강의시작 전에 어색함과 불편함을 깨기 위해 제일 처음 시행되는 도구이고, SPOT은 강의를 시작하는 도입 및 중간지점, 클로징에 필요한 것으로 강사가 필요로 할 때마다 활용이 가능한 도구로 그 차이를 설명할 수 있습니다.

ⓥ 스팟(SPOT)의 주안점

수업내용과 연결될 수 있는 SPOT이 필요하다.

간혹 SPOT은 SPOT대로 수업은 수업대로 진행되는 경우가 있습니다. 가급적 SPOT의 모든 활동이 각 교육내용과 연결되는 것이 흐름상 좋으며, 교육생들 입장에서는 앞으로 배우게 될 내용에 대해 쉽게 이해할 수 있습니다. 예를 들어, 오늘의 수업주제는 '이미지메이킹'이고 SPOT으로 숨은그림찾기를 한다고 가정해봅시다. 숨은그림찾기는 참가자들의 주의를 집중시키는 데 좋은 SPOT 소재이죠. 그러나 숨은 그림을 다 찾고 나면 그냥 수업에 들어가는 것이 조금 어색하지 않을까요? 숨은 그림을 찾고 난 후 강사가 "우리는 오늘 타인의 마음속에 숨은 그림을 찾는 시간을 가져보는 동시에 나의 숨은 그림도 찾아보는 '이미지메이킹' 수업을 시작해보도록 하겠습니다. 보이지 않는 나의 이미지 잠재력을 숨은 그림 찾듯 함께 찾아봅시다."라고 하는 건 어떨까요? 모든 활동은 수업과의 연계성에 주안점을 두고 구성해야 한다는 것을 잊지 맙시다.

SPOT은 여러 개를 준비하자.

성인이 주의집중 할 수 있는 시간은 고작 8초라는 연구도 있는데요, 강의를 하다 보면 중간 중간 수업집중력이 흐트러지기도 하고, 조금 산만해지기가 쉽습니다. SPOT은 교육시작에도 활용 가능하지만 수업 중간 중간 강사가 필요하다 판단되면 적재적소에 맞게 활용이 가능합니다. 다만 너무 남발하면 강사의 SPOT 때문에 수업이 산만해지기 쉬우니 좋은 소재를 시기적절하게 잘 활용하는 것이 좋습니다.

그림을 통한 SPOT

아래 그림을 보면서 함께 풀어나가 보도록 하겠습니다.

위 그림은 두 가지 형태로 해석할 수 있습니다. 혹시 보이십니까?

하나는 코가 긴 사람의 옆모습이, 또 다른 하나는 구걸하는 사람의 모습이 보이네요. 찾으셨나요? 이와 같은 그림 SPOT은 사람들의 주의집중에 매우 도움이 됩니다. 두 가지 해석이 다 나오면 그 다음은 강사의 피드백이 중요한데요, 바로 앞으로 하게 될 수업내용과 연결을 하여 자연스럽게 강의의 주제를 알려주고 수업참여를 이끌어내도록 합니다. 따라서 SPOT을 최초 구성할 때 항상 이런 부분을 염두에 두어야겠습니다.

그럼 질문하겠습니다. 위 그림을 우리가 앞으로 해야 할 서비스강의에 적용을 한다면 어떤 주제와 연관시키면 좋을까요? 이미지메이킹? 커뮤니케이션? 모두 가능합니다. 내용풀이는 연결하기 나름이니까요. 이미지메이킹의 경우는 '나의 또다른 모습을 찾는 시간' 혹은 '내가 보는 나와 남이 보는 나의 차이'에 대한 이미지메이킹 SPOT풀이가 가능하구요, 커뮤니케이션에 적용한다면 나는 '아'라고 말했지만 듣는 사람은 '어'라고 듣고 오해가 생긴 경우는 없는지를 물어본 후 우리가 함께 본 그림처럼 같은 사물을 바라보아도 서로 다르게 해석할 수 있다는 것을 강조해줍니다. 항상 말을 할 때는 상대방의 입장과 시각이 되어 말을 건네는 것이 서비스화법의 시작이라는 것으로 풀이를 해도 좋겠습니다. 어디까지나 예시이니 더 좋은 방법으로 풀이를 이어나가 보세요. SPOT은 단순히 주의집중을 넘어서 수업과의 연계에도 무게를 두어야 하므로 연습이 많이 필요합니다. 이런 두 가지 해석이 가능한 삽화들은 얼마든지 찾을 수 있으니 다양한 삽화들을 활용해보세요.

퀴즈를 통한 SPOT

필자의 경우는 퀴즈를 통한 SPOT을 수업 때 잘 활용하는데요, 퀴즈이기 때문에 부담이 없고 잘 모르더라도 수업을 통해 알아나갈 수 있기 때문에 수업 몰입도에도 좋은 영향을 미칩니다. 다만, 퀴즈내용들이 수업과는 전혀 다른 엉뚱한 내용을 다루면 곤란하지만, 재미를 위해 한 두 개 정도는 수업내용과 관련 없는 내용을 다루어도 무방합니다.

이를테면, 비즈니스 매너교육을 진행한다고 가정해 볼게요.

퀴즈를 대략 5개 정도 준비를 하여 1~2개는 넌센스나 일반상식에 관련한 질문, 2~3개는 오늘 수업내용과 관련한 질문을 준비하면 좋습니다. 특히 수업에 관련한 퀴즈는 우리가 익히 알고 있고 쉽다고 생각되는 질문들이지만 많은 사람들이 헷갈려 하는 질문들로 구성합니다.

예시) 함께 풀어봅시다.

Q1. 명함을 줄 때는 직급보다 연령이 우선순위이다.

→ 정답은 'X', 직급이 최우선 순위이다.

Q2. 상석은 문에서 멀고 들어오는 사람이 누구인지 잘 보이는 자리이다.

→ 정답은 'O', 상석은 문에서 멀고, 들어오는 사람이 잘 보이는 자리이다.

Q3. 소개를 할 때는 여성을 남성에게 먼저 소개한다.

→ 정답은 'X', 남성을 여성에게 먼저 소개하는 것이 순서이다. 다만, 남성이 직급이 높은 경우는 제외이다.

위 퀴즈내용들은 쉽지만 많은 사람들이 헷갈려하거나 정답을 명확히 말하지 못하는 질문들입니다. 이러한 질문들을 강사가 잘 구성하여 강의시작-중간-클로징 때 적절히 SPOT소재로 활용하면 일거양득이 되지 않을까요?

(!) 서비스 강의 HOW TO

아이스브레이킹이나 스팟의 소재들은 무궁무진합니다. 다양한 매체들을 참고하여 강의하는 강사가 직접 준비하도록 하며, 감이 잡히지 않는다면 처음에는 위 필자가 제공한 내용들을 시도하여 점차적으로 아이스브레이킹 및 스팟을 만들어 자신만의 콘텐츠를 완성해 보도록 합니다. 강사 자신만의 콘텐츠는 자산이고 노하우가 될 수 있으니, 최대한 매체와 도서를 활용하여 생각날 때마다 준비하도록 하세요.

🧠 실전과제

Question 1. 강의 SPOT소재를 찾아 아래 강의 주제에 맞게 구성하여 봅시다.

① 불평불만 고객 응대법 강의

② 고객 유형별 응대법 강의

③ 취업 이미지메이킹 강의

Question 2. 강의 시작하기 전 각 상황에 맞는 Ice breaking 방안을 구성하여 봅시다.

① 사내 부서 전체 직원들과 강사 간의 Ice breaking 방안

② 서로 모르는 교육참가자들 간의 Ice breaking 방안

강의 계획서 작성법

"튼튼한 아파트에는 꼼꼼한 사전 설계가, 유익한 강의에는 꼼꼼한 강의 계획이 선행된다. 강의 계획을 어떻게, 얼마나 잘 세우느냐에 따라 강의의 결과가 달라질 것이다."

**Education
Guide Map**

강의 계획서 작성법
• 강의 계획 필요성
• 강의 프로세스 – 교육 목표
  　　　　　　 – 니즈 파악
• 강의 구성

안녕하세요. 오늘은 강의 계획서 작성법에 대해 다루는 시간입니다. 계획서 작성은 실제 파워포인트 강의 교안을 만드는 것보다 더욱 중요합니다. 그럼 성공적인 강의 준비를 위하여 출발해볼까요?

✓ 강의 계획 필요성

강의안을 만들기 전 어떻게 강의를 할 것인가 계획을 세우는 것에서 출발하는데요. 튼튼한 아파트를 짓고자 할 때 무작정 공사부터 시작하는 것이 아니라 사전에 설계를 바탕으로 하는 것처럼 강의 계획을 얼마나 잘 세우느냐에 따라 강의의 결과는 달라집니다. 요즘 파워포인트를 활용하여 강의하는 방식이 보편화 되면서 강의 계획을 하는 과정을 건너뛰고 바로 파워포인트 창부터 여는 분들이 있습니다. 앞뒤 내용이 맞지 않거나 내용 연결이 매끄럽지 않아서 고민하는 이유는 계획 과정을 건너뛰었기 때문이라고 조언해드릴 수 있습니다. 짜임새 있고 완벽한 강의 교안은 사전 계획에서 출발합니다.

✅ 강의 프로세스

강의를 잘하고 싶은 여러분에게 전수할 수 있는 비법은 바로 '계획'에 있습니다.

여러분이 일주일 뒤 긴 여행을 앞두고 있다고 가정을 해보죠. 여러분은 여행을 떠나기 전 무엇을 하시겠습니까? 여행에 필요한 물건 목록을 뽑아 짐을 싸고, 멋진 여행지를 찾아볼 것이며, 어떤 맛집과 숙소를 이용할지를 찾아볼 것입니다. 실패할 확률을 줄이고 기억에 남을 여행을 만들기 위해서 말이죠. 강의 역시 마찬가지입니다. 강의 날짜가 확정되고 주제가 정해지면 그때부터 계획을 세우고 준비에 들어갑니다. 강의 프로세스에 따라 차근차근 준비해나간다면 준비 과정에 대한 시행착오 역시 줄일 수 있을 텐데요.

강의 프로세스에서 가장 선행되는 일은 강의 주제에 따른 교육 목표와 교육생들의 니즈를 파악하는 일입니다. 그 후 자료 및 정보수집 과정을 거쳐 교안 작성에 들어가고요. 교안 완성 후 실전 강의를 진행하기 전 리허설을 충분히 실시하여야 합니다. 강의 진행 후 피드백 하는 것 역시 잊지 말아야 할 과정이지요.

앞서 CS강사라는 직업은 백조와도 같다는 이야기를 나눈 적이 있습니다. 1~2시간의 강의가 탄생하기까지 나오는 과정은 단순하지 않습니다. 그러나 확실한 것은 강의 프로세스에 따라서 철저한 계획을 세우고 충분한 연습을 진행한다면 강의는 더욱 완벽해지겠지요.

강의 PROCESS

```
        ┌─────────────┐
        │   교육 목표    │
        └─────────────┘
               ↓
        ┌─────────────┐      ┌─────────────┐
        │ 강의 주제 선정 │ ←──  │   니즈 파악   │
        └─────────────┘      └─────────────┘
               ↓
        ┌─────────────┐
        │ 자료 및 정보 수집 │
        └─────────────┘
               ↓
        ┌─────────────┐
        │   교안 작성   │
        └─────────────┘
               ↓
        ┌─────────────┐      ┌─────────────┐
        │   강의 실시   │ ←──  │    리허설    │
        └─────────────┘      └─────────────┘
               ↓
        ┌─────────────┐
        │  강의 피드백   │
        └─────────────┘
```

교육 목표

교육 목표는 핵심 목표, 기본 목표, 세부 목표의 단계로 세분화 시켜나가면 좋은데요. 교육 담당자가 강사에게 강의를 의뢰할 때 보통 강의 시간 및 주제를 정해놓은 뒤 의뢰하는 경우가 많습니다. "강사님, 00월 00일 0시부터 0시까지 2시간 동안 직원들의 전화 응대 스킬을 높이기 위한 주제로 강의를 진행해주셨으면 합니다. 가능하실까요?"하고 말이죠. 이러한 경우에는 전화 응대 업그레이드라는 핵심 목표는 정해졌고, 대상자 및 니즈 파악을 통해 기본 목표와 세부 목표를 수립하면 될 것입니다.

그리고 어떤 경우에는 강의 날짜, 시간, 주제에 대하여 협의와 조율 과정을 거쳐 결정하기도 합니다. "이번 달에 저희가 친절 서비스 교육을 진행하려고 하는 데, 직원들의 서비스 마인드를 상기 시키는 교육이 되었으면 합니다. 그리고 업무 특성상 전화 응대가 많은데요. 교육 내용에 전화 응대에 관련한 내용도 포함이 되었으면 합니다. 이러한 내용을 가지고 효과적인 교육이 되려면 최소 몇 시간 정도 강의가 이루어져야 할까요?" 하며 강사에게 제안을 요청하기도 하지요.

강의 의뢰와 조율로 시작은 다르지만 이 두 경우 모두 핵심 목표 방향은 '전화 응대 업그레이드'로 동일합니다. 전화 응대 서비스에 대한 업그레이드를 핵심 목표로 하여 전화 서비스를 함에 있어 직원들의 서비스 마인드를 재상기 시키고 전화 응대 스킬을 함양할 수 있는 기본 목표를 수립합니다. 그리고 난 후 실제 수행되어야 할 세부 목표가 수립될 수 있을 것입니다.

교육 목표 수립 예시

핵심 목표	전화 응대 업그레이드		
기본 목표	전화 서비스를 위한 마인드 및 스킬 함양		
세부 목표	전화 서비스 이해 및 중요성 인식	신뢰감을 주는 보이스 메이크업	상황별 전화 응대 기법 훈련

니즈 파악

지피지기 백전불태(知彼知己 百戰不殆), "상대를 알고 나를 알면 백 번 싸워도 위태롭지 않다."는 뜻입니다. 이 말을 CS강의에 적용한다면 교육생과 강사인 나의 약점과 강점을 충분히 파악하고 임하면 성공적인 강의가 될 수 있다는 말로 해석해 볼 수 있겠습니다.

신입 직원과 경력 직원의 교육 내용이 동일할 수는 없겠지요. 인원수와 교육의 기대 방향에 따라 강의식으로 진행할지 그룹 토의식으로 진행할지도 달라질 수 있고요. 연령대에 따라서 공감되는 포인트도 달라질 수 있습니다.

아래 예시는 교육 담당자를 통해 사전에 파악하면 좋은 기본적인 내용입니다.

교육 대상 및 니즈 파악 예시

교육 인원	50명
남녀 비율	남 : 15/여 : 35
연령 구성	20대 : 15명/30대 : 25명/40대 : 10명
업무 파트	마트 판매사원
교육 경험	6개월 전 받은 적 있음
교육 기대	교육 참여에 능동적임, 참여식 토론식 교육 형태 희망

신입 강사 시절 동료 강사로 인해 당황스러운 상황을 겪었던 적이 있습니다.

새로운 강의 테마 준비로 제 강의의 청강을 요청하더군요. 함께 공부하고 성장하던 시기였던지라 흔쾌히 허락했었지요.

강사의 청강이 있고 며칠 뒤 그 강사와 앞뒤 순서로 강의를 하게 되었습니다. 저는 청강을 허락했던 그 주제를 강의하게 되었죠.

동료 강사가 강의를 끝내고 제 순서가 되었습니다. 강의의 핵심이라고 할 수 있는 내용에서 제가 교육생들에게 질문을 했습니다. "여러분, OOO 내용을 들어보셨나요?"라고 하면 제가 교육생들에게 예상한 것은 대부분 "모른다."는 반응이었죠. 그런데 제가 질문을 하자마자 모든 교육생들이 씩씩하게 "네, 알아요."하는 것입니다. 신입 강사 시절이었던지라 순발력이 부족했고 당황한 저는 교육생에게 다시 물었죠. "어떻게 알고 계신가요?"

그랬더니 교육생들은 바로 앞 강의에서 강사님이 이야기 해주셨다는 것입니다. 순간 뒤통수를 한 대 얻어맞은 것 같았죠. 제 강의 내용을 몰라서 겹쳐진 것도 아니고, 청강을 한 뒤 다른 주제에 그 내용을 사용하다니요. 사실 청강을 허락한 순간 제가 강의한 내용은 사용해도 좋다는 허락이었습니다. 그렇지만 동일한 교육생을 대상으로 강의를 진행할 때는 문제가 되지요. 강의를 망쳤다는 생각, 동료 강사에 대한 실망. 그러면서 새로운 강의 내용을 준비하지 못한 저에 대해 총체적으로 실망했던 순간이었습니다.

혼자서 진행하는 강의에서는 강의 주제에 따라 세부 내용을 어떻게 구성해도 괜찮습니다. 다만 여러 강사가 함께 진행하게 된다면, 서로 주제와 내용에 대해 침범하지 말아야 할 기준을 잡아줘야 하지요. 이미지메이킹을 강의하는 강사가 서비스 매너까지 다루고 강의를 마친다면 서비스 매너를 강의할 강사에게 큰 피해를 주는 것입니다. 사전에 강사들과 협의가 가능하다면 대화를 통해 조절하도록 하며, 협의가 불가능하다면 사전에 강의 프로그램을 보면서 어떤 강의 주제들로 구성되었는지 확인하여 자신의 강의를 준비하는 것이 필요합니다.

⚙ 강의 구성

강의를 구성할 때 서론, 본론, 결론으로 먼저 구분을 하는데요. 서론에서는 인사와 함께 오늘 강의를 진행할 강사 소개를 임팩트 있게 합니다. 강사는 항상 자기소개에 익숙해질 필요가 있지요. 그리고 교육생들이 마음을 열고 교육에 집중할 수 있도록 동기부여를 하며 강의 주제와 목차에 대해 소개를 합니다.

본론으로 들어가면 목차와 관련한 내용들을 풀어가는 데 교육생들의 공감과 실천을 일으킬 수 있는 데이터, 예화 등을 가지고 진행합니다. 그 과정에서 진행되는 질문이나 토의 방식 등을 적재적소에 배치하구요.

결론에서 전체 내용을 요약정리하며 실천을 독려하는 재동기 부여의 멘트를 진행한 뒤 최종 마무리 인사를 하면 강의가 끝이 납니다.

이러한 강의 구성에 따라 강의를 조직하면 실제 파워포인트 교안 없이 진행하는 강의도 끊김없이 가능할 겁니다. 파워포인트 교안이 강의를 진행함에 있어 필수적인 조건은 아닙니다만 교육적인 면에서 시각적인 효과가 배가 되기 때문에 주로 활용합니다. 그러나 교안 작성에 앞서 강의 구성이 완벽히 되어 있다면, 컴퓨터가 중간에 고장이 나는 등 당황스러운 상황을 만나더라도 강의를 성공적으로 마무리 할 수 있을 것입니다.

구분	내용	시간 배분
서론	1. 주의집중, 강사 소개 2. 동기부여 3. 학습개요 소개	5~10%
본론	1. 학습내용 전달 2. 내용에 대한 증명, 예화 3. 질문 및 상호 피드백	85~90%
결론	1. 요약 2. 재동기 부여 3. 최종 마무리	5~10%

〈강의 구성〉

강의 계획서에는 강사가 전달하고자 하는 메시지를 시나리오처럼 작성하며, 상호 피드백 과정에서 이루어지는 질문이나 SPOT 기법 등 내용을 상세하게 기술하는 것이 좋습니다.

자, 그럼 강의 구성을 참고하여 강의 계획서를 작성해볼까요?

강의 계획서 작성 실습

00마트 신입사원 20명을 대상으로 2시간 동안 서비스 마인드를 진행하게 되었습니다. 강의 방법은 교육생이 함께 실습하고 참여할 수 있도록 진행하길 희망합니다.

강의 계획서 양식〈연습〉

강의 주제	
강의 대상	
강의 방법	
교보재	
강의 시간	

논리 구성		시간	강의 내용
서론	주의집중 동기부여 강의 개요	분	
본론	학습 내용	분	
결론	요약 재동기 부여 결어	분	

강의 계획서 양식〈예시〉

강의 주제	서비스 마인드
강의 대상	00마트 신입사원 20명
강의 방법	강의식+참여식+토론식
교보재	PPT+판서
강의 시간	2시간(100시간)

논리 구성		시간	강의 내용
서 론	주의집중 동기부여 강의 개요	15분	안녕하십니까. 행복한 서비스를 전파하는 강사 000입니다. 여러분은 어떤 일을 할 때 행복하다고 느끼시나요? 지금 내가 하고 있는 일에서 행복함을 느낀다면 더없이 행복한 일일 것입니다. 오늘은 서비스 마인드를 주제로 여러분과 2시간 동안 이야기를 나눠볼 예정입니다.
본 론	학습 내용	75분	서비스 핵심 마인드 1. 핵심 역량 2. 핵심 마인드 　(1) 주인의식 　　줄다리기 시연+자극 　(2) 역지사지 　　방송문 낭독(교육생 지정 참여) 　(3) 배려 　　배려 멘트 실습 　(4) 서비스 철학 　　자신만의 슬로건 작성+발표 　(5) 행복 서비스 실천 　　책 글귀 낭독(전체) * 교육생 참여 포인트와 질문 내용도 사전에 철저한 계획을 세웁니다. * 강의 시나리오는 5일차 서비스 마인드 테마를 참고해주세요.
결 론	요약 재동기 부여 결어	10분	오늘 서비스인의 핵심 마인드 5가지를 가지고 이야기 나누어 보았습니다. 헨리 포드가 이런 말을 했습니다. 할 수 있다고 생각하면 할 수 있고, 할 수 없다고 생각하면 할 수 없다. 나를 포함한 우리 모두가 행복한 서비스를 생각하십시오. 당신은 행복한 서비스인이 될 것입니다. 저는 다음 강의로 다시 찾아뵙겠습니다. 이상 서비스 마인드를 강의한 강사 0000이었습니다. 감사합니다.

 **실전과제**

Question 1. 한 기업을 선정한 후 해당 기업에 맞는 교육 목표 수립을 해볼까요?

핵심 목표	불만 고객 응대		
기본 목표			
세부 목표			

Question 2. 선정한 기업의 교육 대상자 및 니즈 파악을 해봅시다.

교육 인원	
남녀 비율	
연령 구성	
업무 파트	
교육 경험	
교육 기대	

강의 교안 작성법

"파워포인트가 강의의 주인공이 될 수는 없다. 그러나 제대로 활용하면 강의에 힘을 실어주는 강력한 도구가 될 것이다."

Education Guide Map

강의 교안 작성법
• 효율적인 학습 방법
• 강의 활용 도구
• 파워포인트 작성 유의점
• 슬라이드 화면 작성 가이드 – 배경 선정
                    – 폰트 선정
                    – 텍스트 크기
                    – 간결한 슬라이드
                    – 도형 및 그래프
                    – 이미지 및 동영상 사용
                    – 애니메이션 기능과 화면전환

안녕하세요. 오늘 강의 교안 작성법 시간에는 다양한 시각적 강의 도구를 알아보는 시간을 가지며, CS강의를 진행할 때 가장 많이 활용되는 파워포인트 교안 작성 방법에 대해 이야기 나누겠습니다. 자 그럼 시작해 볼까요?

✓ 효율적인 학습 방법

학습이 효율적으로 진행되려면 어떻게 진행을 하여야 하는지 먼저 알아볼까요? 과거 우리의 주된 학습 방식은 선생님의 판서를 공책에 옮겨적는 것이었죠. 현재의 학습 방식은 판서 이외에도 다양한 자극을 줄 수 있도록 발전하여 학습자의 효율성을 높이고 있습니다.

학습 24시간 후 기억에 남는 학습량 피라미드

※ 출처 : NTL(National Training Laboratories)

〈학습 효율성 피라미드(24시간 후)〉

NTL에서 24시간 이후의 학습 효율성에 대해 조사한 결과 학습 효율성이 가장 낮은 방법은 한 방향적인 강의 듣기로 밝혀졌습니다. 수동적인 학습보다 능동적인 학습 형태가 훨씬 효율이 높았죠.

강의 중심으로 진행이 될 경우 시청각이 병행되는 것이 효과적이며, 교육생의 능동적인 참여가 함께 이루어진다면 최적의 교육이 될 수 있겠습니다.

✅ 강의 활용 도구

강의에 활용되는 보조 도구들이 많이 있습니다. 오늘은 그 중에서 CS강사들이 많이 활용하는 5가지 도구에 대해 알아보겠습니다.

칠판(화이트보드)

강의에 활용되는 가장 기본적인 도구는 칠판(화이트보드)입니다. 선생님이 칠판에 판서를 하면 학생들이 공책에 그 내용을 옮겨 적는 것이 학창시절 우리에게 익숙한 수업방식이었습니다. 성인 교육에서 다양한 도구를 활용해 교육을 진행하다보니 상대적으로 칠판(화이트보드)의 사용은 작은 보조 수단으로 여겨지기도 합니다.

다른 도구와 달리 실시간 판서를 하면서 교육을 진행할 수 있기에 부가적인 내용 전달에 요긴하기도 합니다. 토의식 교육을 진행할 때 교육생의 의견을 바로바로 기록하며 비교하기도 용이하구요.

그럼 칠판(화이트보드)을 효과적으로 활용하기 위한 주의점에 대해 알아보겠습니다.

첫째, 글씨는 흘림체가 아닌 정자체로 가독성 높게 작성합니다.

둘째, 역시나 가독성을 위해 맨 뒷자리에 앉은 교육생도 잘 볼 수 있도록 크게 작성합니다.

셋째, 오른쪽, 왼쪽 등 한쪽으로 치우치지 않도록 균형 있게 배분하여 작성합니다.

넷째, 칠판의 사각지대인 양끝 하단 부분에는 판서를 하지 않도록 합니다.

다섯째, 판서 시에는 내용을 풀어쓰기보다 핵심 메시지를 요약하여 작성합니다.

여섯째, 판서의 바른 자세는 교육생에게 등을 보이지 않도록 몸을 비스듬하게 하여 가슴은 교육생 방향으로 향할 수 있도록 한 상태로 작성합니다. 강사가 뒤돌아 판서에만 집중한다면 교육의 흐름과 집중이 끊어질 수 있습니다.

칠판(화이트보드) 사각지대

교재 및 핸드아웃

강의가 끝난 후 교육생들이 강의했던 파워포인트 교안을 메일로 받을 수 있을지 요청하는 경우가 있습니다. 이미 교육생들에게 오픈된 강의 교안이라 선뜻 보내주는 강사분들도 있고, 강사에 따라서 교안 그대로를 주는 것에 대해서는 완곡히 거절하는 경우도 있습니다. 특히나 강사가 강사를 대상으로 하는 교육에서 거절하는 경우를 더 많이 볼 수 있지요. 많은 시간과 노력을 들여 작성된 교안이기에 나눔보다는 보존의 욕구가 더 커지는 것이 당연한 사람의 심리일 수 있을 겁니다. 관공서 강의를 진행하다 보면 보고서에 교안이 첨부되어야 해서 교육담당자가 자료를 요청하는 경우가 있으니 참고하시면 좋겠습니다.

다시 앞으로 돌아가 교육생이 교안을 요청했다는 것은 오늘 나의 강의가 유익했다는 근거가 될 수 있습니다. 그리고 강의 교안을 다시 보면서 공부하겠다는 의지의 표현이기도 하죠.

전달할 내용과 교육생이 숙지해야 할 내용이 많은 강의라면 파워포인트 교안만 가지고는 당연히 부족할 수 있습니다. 그럴 때는 교육생의 학습을 돕도록 교재나 핸드아웃을 사전에 준비해 배포하는 것도 좋은 방법입니다.

보통 단발성 특강이 아닌 여러 회차의 프로그램으로 이어지는 교육의 경우는 교재 제작이 들어가는 경우가 보통입니다. 별도 한글 파일에서 교재의 형식으로 작성해도 되지만, 파워포인트 교안의 핵심을 간추려 교재로 활용하는 경우도 많습니다.

단발적인 특강의 교육에서 교재로 제작하기에 분량이 적은 경우 핸드아웃의 형태로 배포하기도 합니다. 그리고 교재 이외에 교육 중간 추가적인 활동을 위하여 핸드아웃을 배포하는 경우도 있습니다. 교재로 미리 담기면 교육의 효과가 반감되어 교육 진행에서 바로 제공되어야 하는 경우인 것이죠. 교육 중간에 배포할 경우엔 인원수에 맞춰 분류해놓았다가 배포하면 좋습니다.

강사가 제작한 교재는 불특정 다수에게 판매하는 목적의 책은 아닙니다. 그렇다고 해서 다른 저자 책의 내용을 그대로 가져다 쓰거나, 인터넷에 게시된 글 그대로를 가져와서 활용하는 것은 저작권 위반 사항에 해당합니다. 인용하였다면 참고한 저작물의 출처를 명확히 밝히는 것이 필요하며, 인용하는 데 문제가 있다면 교재에 담지 않는 것이 좋겠습니다.

플립 차트

플립차트는 강의 진행 시 팀별 토의 활동에서 많이 활용하는 도구입니다. 팀원들이 토의를 진행한 내용을 취합하고 정리한 뒤 발표를 통해 다른 팀과 내용을 공유할 수 있도록 작성하는데요. 하얀 전지 위에 그대로 작성을 하거나 포스트잇을 추가로 활용해 토의 내용을 포스트잇에 적고 플립차트에 붙이는 방식으로 진행하기도 합니다.

만약 교육장에 플립차트가 준비되어 있지 않다면, 모조전지를 각 팀별로 배분하여 작성할 수 있도록 하며, 벽에 붙인 뒤 발표를 진행하여도 무방합니다.

토의 활동을 진행할 때 강사가 처음부터 커다란 모조전지를 나눠주면 교육생들이 참여에 대한 부담감을 느끼기도 합니다. 작은 사이즈의 종이로 가볍게 토의를 시작하여, 본격적인 토의 활동에서 큰 사이즈의 종이를 활용하는 것도 요령이 될 수 있겠습니다.

교육 영상물

기업에서는 상황에 따라 실제 면대면 강의 대신 교육 영상물로 교육을 대체하는 경우도 있습니다. 인터넷 강의를 수강하는 것과 동일한 교육 방식인데 한 방향 방식이기 때문에 실제 강사와 대면하여 진행하는 강의와 집중도는 차이가 날 수 있습니다.

간혹 기업에서 강의를 요청할 때 동영상 촬영 여부를 문의하기도 합니다. 모든 직원들이 참여하기가 어려워 일부 사람들은 참여하고 참여하지 못한 분들은 촬영한 영상으로 교육을 대체하려고 한다면서 말이죠. 촬영에 동의하여 진행하기로 하였다면 동영상 촬영에 대한 부분까지 강의료 산정이 들어가야 할 것입니다.

그리고 강사가 직접 교육 영상물을 활용하면 좋은 경우가 있는데, 교육생들의 롤플레이 장면을 촬영하여 함께 피드백 하는 시간을 가지는 것입니다. 요즘은 스마트폰을 활용하여 촬영 후 바로 컴퓨터와 연결하여 확인할 수도 있으니 적극 활용해보는 것도 좋겠습니다.

서비스 강의 HOW TO

강사과정을 진행하면서 모의강의 시간을 가지게 됩니다. 그럴 때 필수로 강의하는 장면을 담아 교육생들과 확인해보는 시간을 가집니다. 자신의 모습을 영상으로 확인하면 어색하고 부끄러워서 못 보겠다고 하시는 분들도 많은데요. 강사에게 피드백을 받는 것도 많은 도움이 되지만, 강사과정 마무리에 들어서면서 기본적인 강의 내용과 스킬에 대한 이해도가 있는 상태라면 자신의 모습을 보며 직접 피드백 하는 것이 빠른 변화에 도움이 될 것입니다.

자신의 자세나 표정, 이동에 대한 부분에 대해 피드백을 하고자 할 때 영상의 소리 기능을 끄고 보는 것도 좋은 방법이 됩니다.

빔프로젝트

파워포인트로 작성한 교안을 컴퓨터와 빔프로젝트를 활용하여 강의하는 방식이 현재 CS강의의 보편적인 진행 방식입니다. 미래에 더 좋은 강의 도구가 개발된다면 추억의 도구가 될 수도 있겠지만요. 빔프로젝트 이전에는 OHP를 많이 활용하기도 했지요.

파워포인트 교안을 가지고 강의를 하러 간다면 교육 담당자에게 체크해야 할 부분이 교육장에 컴퓨터와 빔프로젝트가 있는지 여부입니다. 강의장이 제대로 갖추어져있고 교육이 빈번하게 이루어지는 기업이라면 비치하고 있을 가능성이 크지만, 소규모 사업장에서는 구비가 되어있지 않을 수도 있으니 사전에 필수로 체크해주세요.

서비스 강의 HOW TO

빔프로젝트 사용 방법은 간단한데요. 교육담당자가 사전에 세팅해놓기도 하지만, 그렇지 않은 경우를 대비하여 사용 방법을 숙지해놓는 것이 좋습니다.

노트북과 빔프로젝트를 연결할 때는 FN 기능키를 누른 상태에서 F4(화면키)를 눌러주면 됩니다(노트북에 따라 F4 또는 F5 등으로 다를 수는 있습니다).

☑️ 파워포인트 작성 유의점

첫째, 파워포인트부터 열지 않습니다.

앞서 강의 계획서 작성에서 언급했던 것처럼 강의 준비를 시작하는 단계에서 파워포인트부터 열지 않는 것이 좋습니다. 파워포인트는 전체적인 강의 프로세스에 따라 강의의 뼈대를 만든 뒤에 그것을 옮기는 작업으로 여는 것입니다.

둘째, 파워포인트를 주인공으로 만들지 않습니다.

강의를 처음 시작할 때 파워포인트로 강의 교안을 만드는 과정이 재미있었습니다. 그래서 많은 시간과 노력을 들여 내용을 작성하고 꾸미는 데 많은 시간을 들였죠. 때때로 강의 리허설 시간보다 파워포인트 교안을 작성하는 데 시간을 더 빼앗기기도 했습니다. 그런데 중요한 것은 파워포인트 교안은 강사가 효과적으로 강의를 하기 위한 시각적인 도구이지 파워포인트 교안 자체가 주인공이 될 수는 없다는 것입니다. 시각적 효과는 극대화 되도록 만들되 꾸미는 데 시간을 많이 빼앗기지 않도록 하세요.

셋째, 파워포인트를 알록달록 무지개로 만들지 않습니다.

중심이 되는 색상을 한 가지 선정하여 강조할 부분에는 다른 컬러로 구분을 지어주면 좋습니다. 포인트로 사용된 컬러로 인해 기억에 도움이 될 수가 있지요. 그러나 지나친 컬러 사용은 오히려 기억하는 데 방해가 될 수 있습니다. 한 페이지에 컬러 사용은 3~4색 이하로 조절하는 것이 좋으며, 여러 가지 색상을 사용하고 싶다면 선택한 색상에서 채도와 명도를 조절하여 사용하는 방법을 추천합니다.

☑️ 슬라이드 화면 작성 가이드

요즘 대학생들은 발표 수업을 진행할 때 파워포인트를 많이 활용하므로 익숙한 프로그램이기도 한데요. 제가 대학생이었을 때는 파워포인트를 수업에 보편적으로 활용하던 시대는 아니었던지라 강의를 시작하면서 파워포인트 프로그램을 사용하게 되었습니다. 그러다보니 CS강사 과정에 참여하는 분들의 연령대에 따라서 파워포인트 활용 유무의 차이가 많이 나더군요. 지금 여러분의 파워포인트 실력은 상, 중, 하 중에 어디쯤 인가요? 실력의 차이가 있기 때문에 본 장에서는 기본적인 이야기에 집중하고자 합니다.

배경 선정

파워포인트 프로그램을 열면 배경 선택이 되어있지 않은 하얀 슬라이드가 나타납니다. 그대로 작성을 해도 무방하지만 배경 화면을 사용하는 경우가 보통이지요. 파워포인트 프로그램에서 기본적으로 제공하는 배경 화면을 선택하여 작성하여도 되는데요. 파워포인트 배경을 제작하여 배포하는 사이트에서 본인의 강의 주제와 맞는 화면 배경을 구매해 활용해도 좋습니다. 다만 이러한 경우 주제와 적합한 배경 선택에는 용이하나 비용이 든다는 단점이 있지요. 파워포인트 사용이 뛰어난 강사들은 배경을 직접 만들어 사용하기도 합니다. 현재 본인의 실력이 직접 만들어 쓸 정도가 아니라면, 블로그 등 커뮤니티를 통해 개인이 무료로 배포하는 것을 활용해보는 방법도 있습니다.

폰트 선정

배경을 선택한 후 교안의 중심이 될 폰트 선정이 이루어지는데요. 폰트는 가독성이 좋고 두께감이 있는 글씨, 네모반듯한 고딕 계열의 글씨가 좋습니다. 아기자기한 모양의 귀여운 글씨체는 여러 연령대의 대중에게 사용하는 강의 교안인 만큼 중심 폰트로 사용하는 것은 좋지 않습니다. 단, 내용의 일부분에서 효과를 더 높이기 위해 부분적으로 사용하는 것은 무방합니다.

그리고 강사분들이 인터넷상에서 글씨체를 무료로 담아와 활용하는 경우도 많이 있는데요. 이러한 경우는 사용 범위에 대해 확인해보는 것이 좋습니다. 대부분 개인적인 사용에는 제한이 없으나, 상업적인 활동에는 사용이 불가한 폰트들이 많거든요. 상업적 활동이 불가하도록 제한한 폰트들은 상업적 활용을 희망할 경우에 소정의 비용을 내고 사용하도록 되어있습니다. CS강의 활동은 상업적 활동에 속하므로 문제의 소지가 있을 수가 있겠죠. 특히 상업 활동에 제한을 둔 글꼴로 교재를 제작하거나 하는 것은 주의하여야 합니다.

인터넷상에서 공유된 글꼴 중에서는 상업적 활동에까지 사용 가능한 저작권 없는 폰트들도 있습니다. 대표적인 글꼴이 각 지자체에서 배포하는 글씨체(서울체, 부산체 등등), 네이버 나눔 글꼴, 배달의 민족체 등이 있으니 이러한 글꼴들은 안심하고 다운받아 사용하셔도 되겠습니다.

텍스트 크기

강사가 작업을 할 때는 컴퓨터 모니터 화면을 통해 작업을 하므로 텍스트 크기가 작아도 가독성이 떨어지는 느낌을 받지 않을 때가 있습니다. 작은 인원으로 진행하는 소규모 강의장이라면 작은 텍스트 크기로 작성된 교안도 문제가 되지 않지만, 학교 교실 크기 이상으로 강의장이 커진다면 문제가 될 수 있습니다.

항상 슬라이드 작성은 맨 뒷자리에 앉아 있는 사람이 잘 볼 수 있는 크기로 지정하도록 하는데요. 폰트에 따라 크기 차이가 있겠으나 보통 제목 크기는 30포인트 이상, 본문의 글자 크기는 20포인트 이상으로 사용하는 것이 좋습니다.

간결한 슬라이드

소주제에 대한 내용이 많더라도 한 슬라이드 화면이 7~8줄이 넘는 것은 좋지 않습니다. 텍스트 크기 문제처럼 가독성이 떨어지기 때문이죠. 그리고 한 화면에 글자가 많게 되면 교육생이 파워포인트에 적힌 내용을 읽어내려 가느라 강사의 말에 집중을 못 하게 되기도 합니다. 내용이 길어질 것 같다면 내용을 나누어 다음 슬라이드에 작성하세요.

도형 및 그래프

단순 텍스트로 작성된 것을 도형을 활용하여 시각화한다면 더욱 보기 편하고 쉽게 읽혀집니다. 금액, 숫자, 연구 결과 등의 수치화된 정보는 텍스트로 나열하여 설명하는 것보다 그래프화 하여 보여주는 것이 더욱 효과적이고요. 그러나 지나치게 많은 도형과 그래프 활용은 오히려 시각적 효과를 반감시킬 수 있으니 전체 분량에서 적절하게 배분할 수 있도록 해주세요.

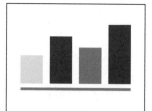 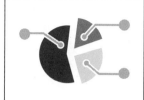 

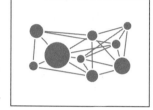  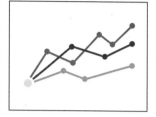

이미지 및 동영상 사용

텍스트나 도형, 그래프만 가지고 내용 설명을 하기에는 부족한 경우가 있습니다. 예를 들어 인사의 종류에 대해 15도, 30도, 45도를 텍스트로만 슬라이드에 표현하는 것보다 실제 사람이 인사하는 사진을 보여주는 것이 더 효과적이죠. 때로는 텍스트 없이 이미지만 보여주고 설명할 때 더욱 효과적인 내용도 있고요.

인터넷에 있는 이미지나 사진 자료는 폰트의 경우처럼 저작권이 있는 경우가 많습니다. 그렇기 때문에 직접 찍은 사진을 사용하는 것이 가장 안전하고 좋은 방법이지요. 그 외에 저작권에 제한 없이 무료로 사용가능하도록 한 이미지 공유 사이트들이 있으니 활용해보는 것도 좋겠고요. 강사가 설명하거나 사진으로 보여주는 것보다 동영상으로 보여주기에 좋은 자료들이 있습니다. 이럴 때는 파워포인트 동영상 삽입 기능을 이용하여 보여주는 것도 효과적입니다. 1인 미디어의 시대로 넘어가면서 방송사뿐만 아니라 개인이 제작하여 배포하는 영상들도 많이 있는데요. 저작권을 침해하지 않는 범위에서 사용하되, 인터넷상에서 다운받을 수 있는 무료 편집프로그램이 많이 있으니 이러한 도구 사용 방법을 숙지하여 필요한 영상을 직접 제작해보는 것도 좋은 방법이 되겠습니다.

애니메이션 기능과 화면전환

때로는 한 슬라이드 화면이더라도 강사가 말을 할 때마다 한 줄씩 내용이 보이도록 하는 것이 효과적인 경우가 있습니다. 그럴 경우 애니메이션 기능들을 활용하는 것도 좋은 방법인데요. 지나치게 현란한 애니메이션 기능보다는 단순한 것을 더 추천합니다. 내용보다 기능에 시선을 빼앗기지 않도록 말이죠. 제 개인적으로는 '닦아내기' 기능을 많이 사용하고 있습니다. 화면 전환은 강사들이 보통 필수로 쓰지는 않지만, 화면과 화면 간 전환을 더 부드럽게 넘기고자 할 때 사용하는 것도 괜찮습니다.

! 서비스 강의 HOW TO

애니메이션 기능 중에 소리를 추가할 수 있는 기능이 있는데 알고 계시나요? 제 초보 CS강사 시절에 애니메이션 소리 기능이 신기해 자주 사용을 했던 적이 있습니다. 그런데 어느 날 처음으로 강의를 진행하는 강의장이었는데, 음향 시스템이 천장에 설치된 곳이었습니다. 애니메이션 소리 기능 중 폭탄 소리를 두 군데 정도에 지정해 두었는데, 해당 부분을 클릭하자 천장에서 폭발음이 들렸고 예상하지 못했던 교육생들이 깜짝 놀라 모두 천장만 쳐다보는 게 아니겠습니까. 화면에 집중하게 하려고 넣었던 기능이었는데 오히려 집중을 방해하게 되는 결과를 초래했습니다. 그 경험을 하고 난 이후 애니메이션 소리 기능은 전혀 사용하고 있지 않는데요. 교육 환경과 내용을 고려하여 최소한으로 사용하면 좋겠습니다.

실전과제

Question 1. 강의 교안에 삽입할 동영상 목록을 작성해볼까요?

* 강의 주제에 따라 활용하면 좋을 동영상을 찾아보고 해당 영상의 제목 또는 링크를 적어보세요.

Question 2. 강의 계획서 작성 실습 내용을 토대로 파워포인트 교안을 만들어봅시다.

프레젠테이션 스킬

"강의는 생방송이다. 생방송을 준비하는 가수처럼 강단에 서기 전 철저한 준비를 하라."

Education Guide Map

프레젠테이션 스킬
- 강사의 복장
- 시선 처리
- 바디 랭귀지
- 포인터 사용
- 슬라이드 연결
- 강의 리허설

안녕하세요. 오늘은 프레젠테이션 스킬 시간입니다. 강의 교안 작성이 완료되었다면 이제 리허설을 할 시간입니다. 실전 강의를 대비하여 준비할 부분을 함께 정리하고 체크해볼까요?

✅ 강사의 복장

검은 치마 정장에 흰색 랩블라우스, 잔머리 없이 빗어 묶은 머리에 리본 망핀, 이것이 10년 전 CS강사의 표준 복장이었습니다. 강제적으로 정해놓은 것은 아니었지만 다들 그렇게 입는 것이 당연하다고 여기던 시기였죠. 지금도 과거와 동일하게 CS강사들이 강의를 할 때 정장을 착용하지만 조금 더 자기 스타일을 가미해 패셔너블하게 입습니다. 정해진 유니폼이 있는 것이 아니기 때문에 자기 스스로 기준을 세우는 것이 중요한데요. 벤치마킹할 대상을 찾는다면 선배 CS강사 또는 승무원, 아나운서의 복장을 벤치마킹해보는 것도 괜찮습니다. 본 강의에서 CS강사의 복장에 대해 세세한 항목을 나열하여 '이렇게 입도록 합니다.'라고 말하고 싶지는 않습니다. 하지만 신입 강사일수록 복장에 대해 더욱 보수적이었으면 합니다. 강의하는 내용 이전에 교육생들이 강사의 복장과 모범적인 자세를 보면서 동기부여를 받기도 하기 때문입니다.

> **서비스 강의 HOW TO**
>
> 강사 트레이닝 과정을 막 수료한 분에게 첫 강의의 기회를 드렸던 적이 있습니다. 트레이닝 과정 동안 모든 내용을 전수하였다고 생각했기에 그대로 잘 준비하여 올 것이라 내심 기대하고 있었죠.
>
> 강의 시작 시간 5분 전인데도 도착하지 않자 강사보다 오히려 제 마음이 불안해지기 시작하더군요. '일찍 도착해서 호흡을 가다듬고 강의장에 들어가는 것이 훨씬 좋을 텐데...', '강의 시작 전까지는 꼭 도착해야 할 텐데...' 여러 가지 생각들이 오고가는 순간에 때마침 강사님이 도착하였습니다.
>
> 그런데 강사님을 보는 순간 호흡보다 복장에 눈이 가더군요. 상의는 재킷을 입고 있었으나 하의로 상당히 짧은 바지를 입고 오셨더라고요. 너무 짧은 바지에 교육생들이 강사의 다리에 시선을 뺏기겠다는 생각 밖에는 들지 않았습니다. 일찍 도착했더라면 제 옷과 바꿔 입자고 이야기라도 건넸을 텐데 이미 교육생들이 기다리는 상황이라 그 복장 그대로 강의를 진행하게 되었죠.
>
> 캐주얼 정장이 절대 안 된다는 규칙은 없습니다. 그렇지만 서비스 직원들이 근무할 때의 복장만큼 강사의 복장도 단정해야하지 않을까 하는 생각입니다.

✔ 시선 처리

강의는 강사 한명과 다수의 만남이지만 참여하고 있는 청중은 강사와 일대일로 호흡하고 있다고 느낄 때 더욱 집중도가 높아질 것입니다.

강의를 할 때 한곳을 집중하여 바라보는 것보다 오른쪽, 왼쪽, 중간 등 고르게 눈 맞춤하는 것이 대단히 중요한데요. 강사의 시선이 미치지 않는 사각지대가 생기면 그곳에 앉아있는 교육생들의 집중력이 흐트러지는 경우가 발생하므로 의식적으로 시선을 고루 배분할 수 있도록 합니다.

☑️ 바디 랭귀지

고객 응대에서 최악의 3끝이 있다고 하죠. 바로 손가락 끝, 볼펜 끝, 턱 끝으로 안내를 하는 것인데요. 이것은 강의에서도 동일하게 적용됩니다. 교육생을 가리키거나 손을 향할 때는 손바닥 전체를 사용하며, 화면을 가리킬 때에도 손가락 끝이 아닌 손바닥 전체를 사용하도록 합니다.

그리고 과도한 손동작도 강의에 방해를 줄 수 있지만, 전혀 사용하지 않는 것도 강의에 생동감이 없게 느껴질 수 있습니다. 손을 사용할 때는 허리 아래로 내려가는 것은 자신감이 없어 보일 수 있으니 주의하고, 가슴과 배꼽 사이를 중심 위치로 잡아서 자연스럽게 움직여주는 것이 좋습니다.

☑️ 포인터 사용

발표하는 사람이 "다음"이라는 멘트를 하면 컴퓨터 앞에 앉아있던 사람이 화면을 넘기는 방식으로 진행되는 프레젠테이션 현장을 보신 적이 있나요? "다음"이라는 멘트와 함께 발표에 대한 집중과 흐름이 끊어지는 것을 느껴보셨을 겁니다. 내용에 집중을 하도록 해야 하는 강의 현장에서 이러한 진행 방식은 도움이 되지 않습니다. 포인터 사용을 통해 물 흐르듯이 자연스러운 강의를 진행할 수 있는데요. 제대로 사용하면 좋은 도구이지만, 잘못 사용하면 오히려 강의 집중에 방해가 되기도 합니다. 몇 가지 주의할 포인트를 정리해 보겠습니다.

처음 포인터를 사용하는 강사들의 행동이 있는데요. 포인터를 잡고 있는 손을 컴퓨터를 향해 뻗으면서 누르거나 PPT 교안이 나오는 스크린을 향해 손을 뻗으면서 누르는 것이죠. 컴퓨터에 포인터 수신기를 연결하면 제품에 따라 지원하는 거리에 대한 차이는 있지만, 컴퓨터나 스크린을 향해 누르지 않더라도 정상적으로 작동을 합니다. 포인터가 손에 있지만 쥐고 있지 않은 것처럼 자연스럽게 움직이도록 하며 내용을 강조하려고 레이저 포인터의 불빛을 지나치게 많이 사용하거나 화면에 원의 형태로 반복해 돌리는 행동은 지양하는 것이 좋습니다.

✔ 슬라이드 연결

프로 강사와 새내기 강사의 차이가 가장 많이 느껴지는 순간은 바로 파워포인트 화면을 넘길 때입니다. 강사가 강의 내용을 완벽하게 숙지하고 있는 것 같은데도 불구하고 자꾸 강의의 맥락이 끊어지는 것 같은 느낌이 드는 것이죠.

강사를 준비하고 있는 분들에게 물어보아도 한 화면에 대한 내용을 설명하기는 쉬운데 자연스럽게 연결하는 것에 어려움을 느낀다고 이야기합니다.

해결책을 위하여 두 가지 방법을 제시해보자면 첫 번째는 전체적인 흐름을 완벽하게 외우라는 것입니다. 각 화면에 대한 내용은 완벽히 숙지하면서도 전체적인 내용과 흐름에 대해 완벽히 파악하고 있지 않는 것을 볼 때가 있습니다.

파워포인트 화면을 프린트 할 때 인쇄 설정에서 유인물을 선택하면 한 화면에 담길 슬라이드 개수를 최대 9개까지 지정할 수가 있습니다. 3개와 9개를 적극 활용하면 좋은데요. 3개로 지정을 하면 왼쪽에 슬라이드 화면과 함께 오른쪽은 메모할 수 있는 공간이 생깁니다. 강의 준비를 하면서 추가로 메모를 할 수가 있어 요긴하게 사용을 하구요. 9개 화면으로 프린트 하는 것은 첫 번째 슬라이드부터 마지막 슬라이드까지의 전체 흐름을 파악하기 위하여 프린트 합니다. 전체 흐름을 파악하면서 전체 슬라이드를 순서대로 외우는 것이지요.

두 번째는 Speak-Show, 말하고 보여주라는 것입니다. 화면을 외웠다면 강의를 할 때 슬라이드를 먼저 넘겨놓고 설명하는 것이 아니라 설명을 먼저 한 뒤 화면을 넘깁니다. "지금까지 서비스인의 표정 관리에 대해 알아보았는데요. 표정에 이어 인사예절에 대해 이야기 나누어 보도록 하겠습니다."하고 표정 슬라이드에서 인사 슬라이드로 포인터를 사용하여 넘기는 것이죠.

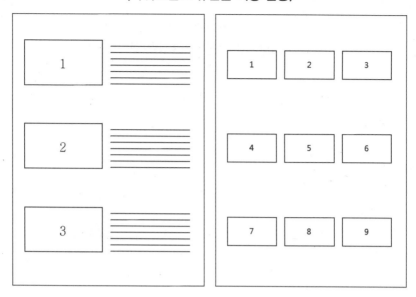

〈파워포인트 유인물 기능 활용〉

✓ 강의 리허설

생방송으로 진행되는 음악 방송처럼 우리의 강의 역시 생방송입니다. 생방송으로 진행되는 무대에서 자칫 실수를 하게 되면 방송 사고로 이어지죠. 방송 사고를 미연에 방지하고 완벽한 무대를 보여주기 위해 가수들은 공연장에 일찍 도착하여 사전 리허설을 진행합니다. 수백 번 부르고 수백 번 춤추었던 노래라도 말이죠.

우리의 강의 역시 생방송인데도 불구하고 강의 교안을 완성하느라 리허설 시간이 부족했다는 자기변명을 할 때가 있습니다. 이는 나에게 미안한 말이 아닌 청중에게 미안한 말이 되겠지요. 완벽하게 준비하지 않고 강사가 강단에 올랐으니 말입니다.

강의 교안을 완성하고 난 뒤 리허설을 진행하다 보면 중복되어 삭제할 부분, 추가되어야 할 부분, 수정되어야 할 부분들이 보이기 시작합니다. 이를 통해 내용을 더 탄탄하게 만들 수가 있습니다. 그리고 정해진 강의 시간에 대한 시간 체크와 조절 포인트를 잡을 수가 있지요. 강사 스스로 리허설까지 완벽하게 하였다는 생각이 든다면 자신감이 향상되어 새로운 강의 테마를 선보이는 자리라 할지라도 성공적으로 마무리할 수 있을 것입니다.

프레젠테이션의 정석
드라마 미생 안영이의 프레젠테이션

미소

평소에 미소를 잘 짓는 사람도 말을 하기 시작하면 무표정으로 변하는 사람이 있습니다. 미소는 주의 집중의 좋은 도구로서 안영이의 프레젠테이션 역시 미소로 문을 엽니다. 그러면서 청중을 향해 시선을 고루 분산하는 모습까지 보여주지요.

쉬운 용어

"IPP, Independent Power Producer. 즉 민자발전사업의 전문화와 고도화 방안을 함께 제시해보려 합니다."

줄임말은 풀어서 이야기하고 어려운 말은 쉽게 설명해주는 화법을 구사하여 듣는 사람의 이해를 돕습니다.

목차

"IPP를 고도화하는 방안은 크게 세 가지로 나눌 수 있는데요."라고 이야기 한 후 세 가지 방안에 대해 순차적으로 이야기 하는데요. 목차를 제시하고 세부적인 이야기를 풀어가는 것이 듣는 입장에서도 내용을 숙지하고 기억하기가 더 쉽습니다.

연결

"왜 하필이면 태양에너지냐에 대해 의문점이 많으실 거란 생각이 드는데요. 이 그래프를 보시면 명확하게 설명드릴 수 있습니다."

PT를 할 때 흐름이 매끄럽지 못하거나 화면마다 뚝뚝 끊기는 느낌을 받을 때가 있습니다. 슬라이드 한 페이지에 대한 설명은 충분하게 숙지하였지만 내용 전환이 매끄럽지 않은 경우가 많은데요. 다음 페이지로 넘어가는 연결 멘트를 적절하게 활용하여 프레젠테이션을 매끄럽게 진행합니다.

기업에서 진행하는 프레젠테이션과 우리가 진행하는 CS강의 진행 방식은 차이가 있습니다. 강의는 구어체로 이루어지며, 투웨이 커뮤니케이션이 많이 가미가 되지요. 미생에 나온 안영이의 프레젠테이션은 강의와 형식은 다르지만 세부적인 진행면에서 배울 점이 많습니다. 관련 링크를 남겨놓았으니 영상을 통해 확인해보세요.

관련 영상 링크 : http://tvn.tving.com/tvn/vod/view/40105

 실전과제

Question 1. 강사의 복장과 자세, 벤치마킹할 대상을 찾아볼까요?

Question 2. 자신의 강의 리허설 영상을 촬영하고 무음으로 하여 자신의 모습을 관찰해본 뒤 교정할 부분을 작성해보세요.

CS master

DAY
28

실전 강의

"이제 본 무대에 섰다. 준비하였던 모든 것을 성공적으로 쏟아 붓고 난 뒤의 보람을 느껴보라."

Education Guide Map

실전 강의
• 최종 준비
• 강의장 도착
• 긴장 이완법
• 시간 조절
• 강의 후 피드백
• 실전(참고 강연) – Yes, We Can 버락 오바마
                – 롤러코스터 김국진

안녕하세요. 오늘은 실전 강의를 주제로 이야기하는 날입니다. 그동안 이야기 나누었던 강의 스킬들과 함께 강의 당일에 준비하거나 주의하면 좋을 부분들을 이야기 나누어보고자 합니다.

✔ 최종 점검

자, 이제 강의장으로 출발해야 할 시간입니다. 강의장의 정확한 주소와 함께 대중교통을 이용해서 가려면 어떻게 가야하는지, 자차로 간다면 강의장 주차장 사정은 어떠한지 사전에 체크해둘 필요가 있습니다. 출퇴근 시간이 아니더라도 도로가 막히는 경우가 있기 때문에 항상 30분 전에는 강의 장소에

도착할 수 있도록 여유 있게 출발하는 것이 좋습니다. 예전에 강의 장소에는 미리 도착했는데 주차할 장소가 없어 주변을 몇 바퀴나 돌며 진땀을 흘린 적이 있습니다. 그 경험을 한 이후 평소보다 더 일찍 출발을 하는 습관을 들이게 되었죠.

장소 파악과 함께 강의에 사용할 파워포인트, 동영상, 음악 파일을 담은 USB와 포인터를 가방에 챙겨 넣습니다. 강의장에 컴퓨터가 세팅되어 있더라도 만약의 경우를 대비하여 노트북을 챙겨가는 것도 좋습니다. 폰트가 깨진다거나 동영상이 제대로 구동되지 않는 등의 문제를 대비해서 말이죠.

☑ 강의장 도착

강의장에 도착하였다면 강의 교안을 먼저 세팅할 수 있도록 합니다. 앞서 다른 강의가 있다면 5분~10분 정도의 짧은 쉬는 시간을 통해 강의 준비를 하여야 합니다만, 비어 있는 강의장이라면 조금 더 여유 있게 준비할 수 있습니다. 컴퓨터 교안에 동영상이나 음악이 담겨있다면 스피커 음향 상태나 크기 등도 함께 체크할 수 있도록 합니다.

처음 강의 의뢰가 들어왔을 때 강의장에 빔프로젝터와 음향은 가능한지 여부를 미리 물어보는 것이 중요한데요. 당연하게 준비되었을 것이라 생각하고 강의장에 도착했는데 스피커가 따로 연결되어 있지 않다면 어떨까요? 열심히 준비한 영상을 사용하지 못하는 경우가 발생하기도 합니다.

☑ 긴장 이완법

'타고난 무대 체질이 있구나!'하고 생각이 드는 사람들이 있습니다. 그러나 저는 타고난 무대 체질을 가진 사람은 아니었죠. 신입 강사 시절에 유독 긴장을 많이 했고, 강의하러 가기 전에 밥도 제대로 넘어가지 않았습니다. 그런데 지금은 밥도 잘 먹고 예전처럼 긴장을 많이 하지 않습니다. 수많은 경험을 통해 훈련된 것이지요.

긴장을 이완시키기 위해 몇 가지 방법을 사용하는데요. 가능하면 강의장 환경을 미리 체크합니다. 내가 매일 강의를 하는 강의장은 나에게 익숙한 공간이기 때문에 긴장도 덜 됩니다. 그런데 이상하게도 새로운 강의장에 가면 다시 긴장되기 시작하는 것이죠. 내가 주인이 아니라 마치 손님 같다는 느낌이 들면서 더욱 행동도 조심스러워지는 것입니다. 그 공간에 익숙해지는 것만으로도 긴장이 완화되는 효과가 있지요. 미리 강의장에 도착하여 강단에도 서보고 강의장 내부를 한 바퀴 쭉 둘러보며 그 공간을 익숙하게 먼저 만들어보세요. 그리고 음악을 틀어 교육장 분위기를 부드럽게 만들어 보세요. 교육생들과 함께 음악 감상을 하며 같이 긴장을 푸는 것이지요. 만약 강사가 먼저 강의장에 있고 한두 명씩 교육생들이 강의장에 들어온다면 미소와 함께 눈맞춤 인사를 나눕니다. 출석을 체크하면서 자연스럽게 이름을 기억하는 시간을 가지는 것도 좋은 방법입니다.

☑️ 시간 조절

약속한 강의 시간에서 5분을 더 하는 것보다 5분을 앞당겨 마치는 것이 명강사라고 하죠. 아무리 좋은 내용이더라도 초과된 강의 시간 동안에 이루어지는 말은 교육생에게 제대로 전달되지 않습니다. 열심히 리허설을 했는데도 불구하고 강의 내용은 많이 남았는데 시간이 부족하다면 어떻게 해야 할까요? 말의 속도를 빨리하여 모든 내용을 다 풀어놓고 오는 것이 좋을까요? 속도를 빨리하는 것보다 과감하게 내용을 줄이는 것이 더 좋습니다. 강사가 급해지면 교육생들도 같이 급한 마음이 되어 강의에 집중이 흐트러질 수 있거든요. 원래 계획했던 것처럼 자연스럽게 강의의 내용을 빼세요. 그러려면 강의 리허설을 할 때 줄일 부분에 대한 계획도 잡아놓는 것이 필요합니다.

만약 준비한 강의 내용이 끝나가는 데 시간이 많이 남았다면 어떻게 하는 것이 좋을까요? 1시간의 강의에서 5분 일찍 끝나는 것은 미덕일 수 있으나 그보다 일찍 끝내는 것은 강사로서 실패한 강의입니다. 실습하는 시간을 늘려보는 것도 방법일 것이며, 강의의 핵심 내용을 함께 정리해보는 시간을 가지거나, 적극적인 교육생들이라면 질문을 받고 답변을 하는 시간을 가지는 것도 좋습니다.

✅ 강의 후 피드백

강의가 끝나면 '오늘 강의가 성공이었구나.' 또는 '실패였구나.'하는 느낌이 옵니다. 하지만 그것은 객관적인 결과가 아닌 강사의 단순한 느낌일 수가 있죠. 스스로가 만족하지 못한 강의였더라도 교육생의 만족도가 높을 때가 있으며, 스스로가 만족하였는데도 불구하고 교육생의 피드백이 좋지 않은 경우가 있습니다. 그리하여 교육의 결과를 주관적인 느낌만으로 판단하는 것은 대단히 위험합니다. 다음 강의의 발전에 도움이 되려면 강의 후 피드백을 받는 시간을 가지는 것이 좋습니다.

강의 피드백 샘플을 첨부해놓았으니 상황에 맞게 수정하여 활용해보시면 좋겠습니다.

〈강의 피드백 SAMPLE〉

항목	문항	수준
강사 부문	1. 강사가 교육 내용에 대한 전문지식을 보유하고 있습니까?	5 - 4 - 3 - 2 - 1
	2. 교육 내용을 이해하기 쉽게 전달하였습니까?	5 - 4 - 3 - 2 - 1
	3. 강의에 흥미를 잃지 않도록 조절합니까?	5 - 4 - 3 - 2 - 1
	4. 강사의 교육준비는 잘 되었습니까?	5 - 4 - 3 - 2 - 1
	5. 교육 중 질문에 대한 피드백을 잘 해주었습니까?	5 - 4 - 3 - 2 - 1
구성 및 내용	1. 세부 교육 내용이 적절하게 구성되었습니까?	5 - 4 - 3 - 2 - 1
	2. 교육 내용이 교육 목표 달성에 적합하도록 구성되었습니까?	5 - 4 - 3 - 2 - 1
	3. 이론과 실습이 강의에 적절하게 적용되었습니까?	5 - 4 - 3 - 2 - 1
	4. 강의의 난이도는 적절합니까?	5 - 4 - 3 - 2 - 1
총평	1. 본 과정의 교육에 대하여 기대만큼 성취하셨습니까?	5 - 4 - 3 - 2 - 1
	2. 교육내용이 향후 업무 수행에 도움이 되겠습니까?	5 - 4 - 3 - 2 - 1
	3. 본 과정 중 유익한 내용이 있었습니까?	5 - 4 - 3 - 2 - 1
	4. 위 사항들을 종합하여 볼 때 이번 교육 만족도는 몇 점입니까?	5 - 4 - 3 - 2 - 1
	* 교육 또는 강사에 바라는 점을 자유롭게 기술해주세요.	

✅ 실전(참고 강연)

롤러코스터 김국진

예전 해피선데이 - 남자의 자격이라는 프로그램에서 김국진 씨가 '롤러코스터'라는 주제로 강연을 한 적이 있습니다. 전문적인 강사가 아님에도 스탠딩 코미디를 공부한 사람답게 투웨이 커뮤니케이션에 능통한 강연을 하죠. 그 모습이 너무나 인상적이어서 CS강사 트레이닝 과정에 참여하신 분들에게 기회가 되면 영상을 보여드리거나 꼭 찾아볼 것을 권유합니다.

강의의 내용을 요약해보면요. 자신이 20년째 롤러코스터를 타고 있다며 강연의 문을 엽니다. 그러면서 "롤러코스터의 특징은 조금 내려오면 조금밖에 못 올라가지만 내리막이 깊을수록 더 높이 올라갈 수 있다는 것이다."고 말했는데요.

김국진 씨는 1991년 데뷔와 함께 신인상을 받으며 5개의 고정 프로그램을 맡는 등 성공적인 시작을 했죠. 그런 그가 돌연 자신의 삶에 회의를 느껴 모든 일을 중단하고 미국 유학길에 오릅니다. 잘 나가던 개그맨이 미국 유학행을 선택하자 이런저런 의혹이 불거지기 시작했고, 의혹에서 시작된 오해가 쌓이고 쌓여 연예인 영구제명을 당하는 일을 겪기도 했습니다.

미국에서의 유학생활은 순탄치가 않았는데요. 계획한 일도 잘 되지 않았으며, 진도 7의 강진을 겪은 뒤 한국으로 돌아왔습니다. 귀국 후 KBS '오키도키쇼'를 맡았지만 3개월 만에 폐지되었고 방송 복귀 실패로 침울해 있던 그에게 다시 기회가 찾아왔습니다. '도전추리특급' 출연을 시작으로 '테마게임', '일요일 일요일 밤에', '칭찬합시다'에 출연하면서 계속 오르막을 타게 된 것이죠. 그 결과 김국진 씨는 각 방송사 사장과 함께 대한민국 방송계를 이끄는 4인에 선정되었으며, 광복 50년 최고의 연예인 1위로 뽑히기도 했습니다.

하지만 이후 김국진 씨는 또 한 번의 내리막길을 타게 되는데요. 손대는 모든 일에 실패하기 시작한 것입니다. 사업과 결혼 실패, 골프 프로테스트 15번 탈락까지 5년간 단 하루도 빼놓지 않고 내려만 가는 롤러코스터를 탔지만 담담하게 버텼다는 것이죠. 그리고 지금 다시 올라가려는 중이라고 이야기합니다.

그의 롤러코스터와 같았던 인생 스토리와 함께 마지막 메시지를 전달하는데요. "아이가 걸으려면 수천 번을 넘어졌다 일어나야 한다고 합니다. 여러분은 이미 수천 번 넘어졌다 일어난 사람입니다. 롤러코스터는 안전바가 확인돼야 출발시킵니다. 여러분 모두에게는 눈에 보이지 않는 안전바가 설치돼 있으니 두려워하지 말라. 이제 곧 여행이 시작될 텐데 다들 유쾌한 경험이 되길 바란다."고 말이죠.

단순히 인생이 올라가는 일이 있으면 내려갈 때도 있다. 다시 오를 때를 기다리며 준비하라 정도의 말로 강연을 풀어갔다면 듣는 이에게 감동으로 와 닿지는 않았을 겁니다. 경험 이야기가 바탕이 되니 청중에게 그 메시지가 더욱 와 닿는 것이죠. 경험을 집중력 있게 풀어내고 있는 김국진 씨의 강연을 영상으로 확인하고 배워보세요.

Yes, We Can 버락 오바마

오바마는 스토리텔링 방식의 연설문을 사용하였는데 많은 연설문을 통해 그가 사례를 시작으로 문제를 제기하고 대안을 제시해 나가는 방식으로 풀어가는 것을 볼 수 있습니다. "Yes, We Can"으로 기억되는 필라델피아 연설에서 역시 106세 앤 닉슨 쿠퍼라는 흑인 할머니의 사례를 통해 미국이 그동안 어떻게 변화해왔고, 앞으로 어떻게 변화해야 하는지를 강조했습니다. 연설문을 잠시 들어볼까요?

"그녀의 조상은 노예였습니다. 그녀가 태어난 시기에 그녀는 두 가지 이유 때문에 투표를 할 수가 없었죠. 첫째, 그녀가 여성이었고 둘째, 그녀가 백인이 아니었기 때문입니다. 그리고 저는 오늘밤 그녀가 미국에서 살면서 겪어왔던 모든 변화들을 생각합니다. 그녀가 겪었던 아픔과 희망, 좌절과 발전, 그리고 안 된다고, 할 수 없다고 말하는 모든 사람들을 제치고 앞으로 나아갔던 미국의 모습을 말이죠. 우리는 할 수 있습니다.

여성들의 목소리와 희망이 무시되던 시기가 있었습니다. 쿠퍼 씨는 여성들이 큰 목소리를 외치며 투표용지를 향해 손을 뻗는 것을 보았습니다. 우리는 할 수 있습니다.

그녀는 미국 전역에 퍼졌던 공황 시기에 뉴딜정책으로 모든 공포를 극복하고 새로운 일자리를 창출해 모두가 하나 되는 미국을 보았습니다. 우리는 할 수 있습니다.

그녀는 진주만에 폭탄이 떨어지고 독재의 공포가 전 세계를 위협할 때 한 세대가 위대한 업적을 이루며 민주주의를 구하는 것을 보았습니다. 우리는 할 수 있습니다.

(중략)

우리 아이들이 자라서 다음 세기를 본다면 혹은 쿠퍼 씨만큼 제 딸이 오래 사는 행운을 누린다면 어떤 변화를 목격하게 될까요? 이제는 우리가 그 질문에 대답할 차례입니다. 바로 지금이 우리의 순간입니다. 우리는 할 수 있습니다. Yes, We Can!"

정확한 통계 자료가 필요한 강의도 있지만 때로는 우리 가까이에 있는 이웃의 이야기가 더욱 강력한 메시지와 감동으로 다가오기도 합니다. 오바마식 설득 기법을 확인하고 배워보세요.

> **！ 서비스 강의 HOW TO**
>
> 다른 사람들의 강의를 많이 듣는 것이 강의를 준비하는 데 있어 많은 도움이 됩니다. 강의를 하는 곳이 있다면 참석하여 강사의 강의뿐만 아니라 현장의 분위기, 호흡을 느껴보는 것이 좋으며, 실제 강의 현장에 참여가 어렵다면 방송 매체 등을 통해 프로 강사의 강의 장면을 찾아 보는 것도 도움이 될 것입니다.
>
> 추천 프로그램
>
> – MBC 희망특강 파랑새(종영)
>
> – 스타 특강쇼(종영)
>
> – 강연 100℃(종영)
>
> – 말하는대로(종영)
>
> – 세상을 바꾸는 시간, 15분
>
> – 어쩌다 어른
>
> 영상을 볼 때는 프로 강사의 강의인 경우 이야기를 풀어가는 구성과 강의 스킬을 집중적으로 보면 좋습니다. 전문 강사가 아닌 사람의 강의라면 강의 스킬보다는 스토리에 집중해서 들어 주세요.

 **실전과제**

Question 1. 매체나 실제 강의 참여를 통해 벤치마킹할 강의나 강사를 발견하였습니까?

Question 2. 강의 리허설 후 강의 피드백 SAMPLE을 활용하여 자신의 강의를 평가해 볼까요?

항목	문항	수준
강사 부문	1. 강사가 교육 내용에 대한 전문지식을 보유하고 있습니까?	5 - 4 - 3 - 2 - 1
	2. 교육 내용을 이해하기 쉽게 전달하였습니까?	5 - 4 - 3 - 2 - 1
	3. 강의에 흥미를 잃지 않도록 조절합니까?	5 - 4 - 3 - 2 - 1
	4. 강사의 교육준비는 잘 되었습니까?	5 - 4 - 3 - 2 - 1
	5. 교육 중 질문에 대한 피드백을 잘 해주었습니까?	5 - 4 - 3 - 2 - 1
구성 및 내용	1. 세부 교육 내용이 적절하게 구성되었습니까?	5 - 4 - 3 - 2 - 1
	2. 교육 내용이 교육 목표 달성에 적합하도록 구성되었습니까?	5 - 4 - 3 - 2 - 1
	3. 이론과 실습이 강의에 적절하게 적용되었습니까?	5 - 4 - 3 - 2 - 1
	4. 강의의 난이도는 적절합니까?	5 - 4 - 3 - 2 - 1
총평	1. 본 과정의 교육에 대하여 기대만큼 성취하셨습니까?	5 - 4 - 3 - 2 - 1
	2. 교육내용이 향후 업무 수행에 도움이 되겠습니까?	5 - 4 - 3 - 2 - 1
	3. 본 과정 중 유익한 내용이 있었습니까?	5 - 4 - 3 - 2 - 1
	4. 위 사항들을 종합하여 볼 때 이번 교육 만족도는 몇 점입니까?	5 - 4 - 3 - 2 - 1
	* 교육 또는 강사에게 바라는 점을 자유롭게 기술해주세요.	

셀프 리더십

"많은 강사와 구분되는 나만의 강점이 있는가. 서비스 리더로
자신을 브랜딩하라."

**Education
Guide Map**

셀프 리더십
- 1인 브랜드
- 셀프 리더 – 청원경찰 한원태
  – 택시기사 정태성
  – 왕호떡 김민영
  – 진행자 오프라 윈프리
  – 구연동화 강사 이순표

안녕하세요. 오늘은 셀프 리더십을 발휘하여 성공한 인물들의 사례를 살펴보
며 자신을 어떤 CS강사로 브랜딩할 것인지 생각해보는 시간을 가져보려 합
니다. 강사로서의 시작도 중요하지만 어떻게 성장시켜 나갈 것인지도 매우
중요하죠. 자 그럼 셀프 리더들을 만나러 떠나볼까요?

✔ 1인 브랜드

브랜드의 어원은 소를 잃어버리지 않기 위해 찍은 낙인에서 시작되었습니다.
브랜딩의 최종 목적은 많은 소무리 중에서 내 소 한 마리를 구분하는 것을 말
하는데요. 책 브랜딩 불변의 법칙에서 언급한 몇 가지 사례를 들어보겠습니

다. 고급 생수로 브랜딩에 성공한 에비앙은 버드와이저 맥주보다 20퍼센트나 더 많이 팔려 나가고 있습니다. 스타벅스 CEO 하워드 슐츠는 식사류까지 판매하던 마을의 일반적인 커피숍에서 벗어나 커피만을 특화한 커피숍을 차렸습니다. 커피로 초점을 좁혀 강력한 브랜딩을 이루어 낸 것이죠. 에비앙과 스타벅스의 반대 사례로 쉐보레를 이야기 해볼 수 있는데요. 쉐보레는 모든 자동차의 이름에 쉐보레라는 이름을 넣습니다. 브랜드 이름에 많은 것을 집어넣고자 할 때, 그 브랜드는 힘을 잃기 마련이죠. 마케팅 전문가들은 브랜드를 확장했을 때 단기적으로는 매출이 늘어날지 모르지만 정말로 브랜딩을 하고 싶다면 오히려 축소해야 한다고 조언합니다.

한 분야에 성공하고 나면 계열 확장에 나서는 경우를 많이 보게 되죠. 우리 나라 대표 브랜드 삼성 또한, 삼성의 이름으로 여러 계열사가 많이 있습니다. 이미 영향력과 파워가 있기 때문에 확장에도 성공합니다. 하지만 여기에서 우리가 간과하지 말아야 할 것이 현재 성공자들의 성공방식을 따라 하는 것이 아닌 성공한 사람들이 성공하기 전에 무엇을 했는지 알아내고 그 방법을 실천하는 것, 한 가지에 초점을 좁혀서 성장해나가는 것입니다.

서비스 리더로서 자신을 브랜딩하고 성장시켜 나가는 것은 접점의 서비스 직원뿐만 아니라 CS강사를 준비하고 있는 여러분에게도 필요한 과정일 것입니다. 그럼 셀프 리더십 성공 사례를 통해 자신을 브랜딩하고 성장시켜 나가는 방법을 배워볼까요?

☑ 셀프 리더

청원경찰 한원태

일명 300억의 사나이라고 불리는 한원태 씨는 1997년 서울은행 안양 석수지점에서 14년간 용역직 청원경찰로 일하면서 '친절' 하나로 이 지점 전체 5백억 원의 수탁고 중 절반이 넘는 3백억 원을 유치한 인물입니다.

한원태 씨가 은행과 인연을 맺게 된 것은 한 용역업체 소속 청원경찰로 은행 파견 근무를 나가면서 시작되었습니다. 첫 발령받은 곳은 서울은행 석수지점이었는데요. 근무한지 얼마되지 않아 고객들로부터 청원 경찰의 태도가 너무 거만하고 딱딱하다는 지적을 받게 됩니다. 가스총에 손을 댄 채 객장 한쪽에 버티고 서서 손님들을 예의주시하는 모습이 무섭게 느껴졌던 고객들이 많았던 것이죠. 청원경찰은 단순한 경비원이 아니라 다른 직원들과 마찬가지로 은행의 얼굴이라는 지점장님의 따뜻한 충고를 받아들여 태도를 바꿔보기로 마음먹습니다. 한원태 씨는 그 이후부터 거울 앞에서 매일 100번씩 인사 연습을 했다고 해요.

그리고 인사뿐만 아니라 은행에서의 근무도 달라졌는데요. 노약자분들을 대신하여 입금이나 출금을 도와주었으며, 몸이 불편한 고객들을 위해 가정방문까지 했습니다. 고객들의 신뢰가 쌓이자 혼자 사는 노인들은 전화를 걸어 거액을 대신 찾아 퇴근길에 갖다 달라고 부탁하는 일도 많아졌다고 하죠. 그리고 은행 창구에 줄이 서있는 것이 아니라 청원경찰 책상에 사람들이 줄을 지어 서있는 기이한 일도 벌어졌다고 합니다.

그는 대량감원이 진행되던 IMF시절에 고객들이 "정식 직원 안 시켜주면 다른 은행으로 계좌를 옮기겠다."고 항의하여 정식 발령을 받은 화제의 인물이 되기도 했습니다. 그러나 얼마 후 서울은행이 하나은행과 합병되면서 명예퇴직을 권고받게 되죠. 다른 은행에서 거액의 스카우트 제의를 받기도 했지만 자신에게 믿고 돈을 맡겨준 석수에서 뼈를 묻을 운명이라고 생각하여 모든 제의를 거절하고 2003년 2월부터 안양 북부 새마을금고에서 일하기 시작합니다. 그가 새마을금고로 옮기자 그의 고객 중 천여 명이 그를 따라 새마을금고로 예금을 옮겼으며, 그가 입사할 당시 80억 원에 불과하던 금고 예금이 2백60억 원으로 껑충 치솟았다고 하죠. 친절이라는 무기 하나로 업계에서 최고가 되었습니다.

택시기사 정태성

택시기사님들을 대상으로 한 강의를 준비하면서, 우리 주변에 택시 서비스의 달인이 없을까 알아보던 중 서울 택시기사 정태성 씨의 사례를 접하게 되었습니다. 서울 최고의 택시기사를 꿈꾸던 정태성 씨는 택시 서비스를 배우고자 일본 MK택시 연수에 참여하게 됩니다. 개인으로서 MK택시 교육과정에 참여한 것은 최초라고 하더군요. 서비스를 전문적으로 공부하기 위하여 대학원에 진학하여 공부를 이어가기도 하죠.

정태성 씨가 실천한 택시 서비스를 보면, 먼저 차량을 깨끗하게 관리합니다. 고객이 보이지 않는 부분까지 구석구석 신경을 써 관리를 하구요. 복장은 와이셔츠에 넥타이, 하얀장갑을 착용하여 고객에게 신뢰감을 전달합니다.

비오는 날에는 고객이 오는 동선을 예측하여 차 문 앞에서 우산을 쓰고 기다리며, 고객이 탈 때 머리가 부딪치지 않도록 출입구 위쪽을 잡아주는 서비스를 하기도 합니다. 그리고 탑승하면 손님이 바쁜지를 묻습니다. 바쁘면 조금 더 빨리 가겠다는 배려의 표현도 잊지 않는 모습이 굉장히 인상적이었습니다.

이러한 친절 서비스가 입소문이 나면서 강연자로 초대되는 일도 생기기 시작했는데요. 정태성 씨는 여기에서 그치지 않고 서울개인택시협동조합 이사장으로서, 서비스경영컨설팅 코리아 대표이사이자 강사로서의 활동을 이어나가고 있습니다. 서울 최고의 택시기사 그 이상의 꿈을 실현시켜 나가고 있는 것이죠.

왕호떡 김민영

김민영 사장님은 주식으로 인한 큰 실패를 경험하고 재기의 발판으로 왕호떡을 시작합니다. 호떡업계의 비수기라고 하는 여름에 오픈을 한지라 손님이 찾지 않았는데요. 많은 노력을 기울인 결과 성공하기에 이릅니다. 김민영 사장님의 고객 만족 성공 비책은 크게 4가지로 정리됩니다.

첫 번째, 오감 만족

고객들의 오감 만족을 위해 우선 자신을 이미지메이킹 하는 것으로 출발했습니다. 1년 365일 나비넥타이에 중절모를 쓰고 호떡을 만들었는데요. 용모를 단정하게 한 것에서 그치지 않고 어떻게 하면 고객을 만족시킬까 고민하며 웃음치료, 레크레이션, 마술 등을 배워 기다리는 고객들에게 즐거움을 제공하였습니다.

두 번째, 배달과 전화비

전화로 호떡 주문을 받고 고객에게 직접 배달을 하였는데요. 고객이 절대로 손해를 보아서는 안 된다는 원칙을 세워 전화를 건 고객에게는 전화비 100원을 돌려주는 서비스를 실천하고 있었습니다.

세 번째, 1개도 카드 결제

호떡 한 개 값이 500원으로 현금을 소지하지 않은 분들을 위해 카드 결제 최소 금액인 1,000원을 먼저 결제하고 거스름돈 500원을 현금으로 돌려주는 서비스를 실천합니다.

네 번째, 애프터서비스

호떡을 드시고 난 고객에게 전화를 걸어 만족도를 체크한 것입니다. 고객의 의견을 수렴하고 이를 반영한 것이지요. 단순히 호떡을 파는 것에서 그친 것이 아니라 호떡을 사먹는 고객 입장에서 철저히 연구하고 고민하였기에 성공할 수 있었습니다.

진행자 오프라 윈프리

미시시피주의 작은 시골 농가에서 태어나 어린 시절을 그곳에서 보낸 오프라 윈프리, 그녀는 넉넉지 않은 환경 속에서 성장했으며 여자로서 힘든 사건을 경험하는 등 불행한 유년기를 보냈습니다. 그러나 외할머니의 엄격한 양육방식과 아버지의 지지와 격려 속에 스스로의 삶을 성공적으로 개척해나간 여성이기도 한데요. 2013년 포브스가 선정한 세계에서 가장 영향력 있는 유명인사로 한 여론조사에서 천국에 갈 것 같은 사람의 이름을 묻는 질문에 테레사 수녀 다음으로 이름을 올리기도 했습니다. CS강사를 준비하고 있는 여러분에게 오프라 윈프리의 셀프 리더십 사례가 도움이 될 것이라 생각하여 3가지로 정리해보았습니다.

첫 번째, 독서

9살부터 14살까지 성적학대를 당했던 오프라 윈프리는 이로 인해 임신과 조산을 경험하며 자신감을 상실하기도 했지만 헬렌 켈러나 안네 프랑크처럼 고통을 겪은 여인들에 대한 책을 읽으면서 생각을 긍정적으로 전환하게 됩니다. 독서를 통해 고난을 극복하는 힘을 기르게 된 것이죠.

두 번째, 암송

오프라 윈프리는 말을 잘하는 여성으로 인정받고 있습니다. 그녀는 말을 통해 영향력을 전파하고 있는데요. 비결은 어렸을 때부터 훈련한 독서와 암송에 있었다고 합니다. 그녀의 외할머니는 교육의 중요성을 굳게 믿고 오프라 윈프리에게 성서 암송을 시키고 주일 예배에서 오프라가 암송을 하도록 주선하는 역할을 합니다. 이를 통해 꼬마 설교자라는 별명을 얻기도 했는데, 말 잘하는 훈련이 어렸을 때부터 되고 있었던 것이죠. 그 후 17살의 오프라 윈프리는 화재예방 미인대회에 출전해 재치있는 스피치 능력으로 왕관을 쓰게 되고 이를 계기로 뉴스 기사를 낭독하는 일을 시작하게 됩니다. 오프라 윈프리의 뛰어난 암송 능력이 꿈꿔왔던 방송계 입문의 길을 열어주게 된 것이죠.

세 번째, 뛰어난 공감 능력

오프라 윈프리는 감정 공감력이 뛰어났습니다. 그녀가 뉴스 리포터로서 성공하지 못한 것은 화재로 아이들을 잃은 부모들을 인터뷰하는 현장에서 "괜찮아요, 저에게 일일이 다 얘기하실 필요는 없어요."라고 공감했었던 거죠. 그리고 이 공감력은 오프라 윈프리쇼에서 발휘되고 오프라 윈프리쇼에서 자신이 아동학대의 생존자임을 밝히며 많은 이들에게 자신을 오픈하고 상대를 공감해주는 영향력을 발휘합니다. 뉴스 진행자로서는 불리한 점이었지만 토크쇼 진행자로서는 완벽한 자질이었던 것이지요. 그녀의 독서와 암송, 공감의 기술을 CS강사를 준비하는 여러분이 배워보시면 좋겠습니다.

구연동화 강사 이순표

생활의달인 프로그램에서 구연동화의 달인이자 소통의 달인으로 이순표 할머니를 소개했던 적이 있습니다. 구연동화 강사로 활동하고 있는 이순표 할머니와 CS강사가 나아가야 할 자세가 일맥상통하더군요. 할머니의 오랜 꿈이 교사이셨대요. 65세에 구연동화를 배우시게 되면서 구연동화 강사로 8년째 활동 중이셨는데요. 할머니는 8년 동안 한 모습에 그치지 않고 계속해서 성장해가고 계셨습니다. 그 모습이 너무 열정적이면서 인상적이었어요.

우리 CS강사의 시작도 마찬가지 아니었을까 싶어요. CS강사의 꿈을 꾸기 시작하면서, 처음에는 CS강사로서 첫걸음을 어떻게 시작해야 할까 고민하고, 막상 CS강사로 시작을 했을 때는 어떻게 계속해서 성장 발전해 나가야할까 고민하게 되는데요. 그 성장 방향을 이순례 할머니께서 잘 알려주셨답니다.

그럼 CS강사의 셀프 리더십을 이순표 할머니께 배워볼까요?

첫 번째는 참여, TWO-Way 커뮤니케이션

할머니는 교구를 집에서 직접 제작합니다. 아이들은 5분 동안 한자리에 앉아 집중하기도 힘들어하는데요. 이러한 아이들을 위해 일반적인 동화 들려주기가 아닌, 직접 교구를 제작해 아이들이 직접 체험해보고 참여할 수 있는 시간을 가져, 할머니의 수업시간에는 아이들이 엄청난 집중력을 발휘하는 모습을 보여줍니다. CS강사도 마찬가지입니다. 아무리 좋은 강의도 CS강사 혼자 일방적으로 이야기한다면 사람들이 집중하기가 어려운데요. 함께하는 포인트가 적절하게 가미되어야, 집중력이 흐트러지지 않고, 강사님의 강의에 훨씬 집중할 수 있겠죠?

두 번째, 신뢰감을 주는 이미지메이킹

이순표 할머니는 구연동화를 위해 8년간 한 번도 머리를 자르지 않고 길러오고 있습니다. 항상 수업을 진행할 때 쪽진머리와 한복을 입고 진행하시는데요. 아이들에게 들려주는 옛날이야기니만큼 옛날 할머니의 모습으로 전달되고 싶은 마음 때문입니다. 요즘은 할머니와 같이 사는 경우가 드물어 아이들에게 옛날이야기를 들려주며 자연스럽게 할머니의 모습도 전달해주려고 하는 거죠. 할머니는 프로 중의 프로이셨습니다. 우리 CS강사님들도 접점 CS인들에게 모범적인 모습을 보여주기 위해 열심히 자기관리와 이미지메이킹을 하는데요. 이는 강사인 나를 위해서, 그리고 듣고 보는 상대를 위한 프로 CS강사의 배려일 것입니다.

세 번째, 목소리

이순표 할머니는 8년간 실감나는 이야기를 위해 날마다 목소리 연습을 합니다. 할머니의 목소리 파일을 들은 전문가분께서 성우 출신이 아닌가 물으시더군요. 73세의 목소리가 아닌 30~40대의 목소리가 할머니에게서 나온다네요.

이는 오랜 시간 훈련하지 않으면 절대 나올 수 없는 목소리라고 하죠. 청중을 위해 듣기 좋은, 듣기 편한 목소리 연습을 우리도 게을리하지 말아야겠습니다.

 실전과제

Question 1. 어떤 CS강사로 자신을 브랜딩하고 싶나요?

Question 2. 자신이 가진 가장 강력한 친절 무기는 무엇인가요?

cs★master

DAY
30

강사 이력 관리

"열정을 가지고 5년 안에 최고의 전문가, 최고의 CS강사가 될 지어다."

Education Guide Map

강사 이력 관리
- 평생 학습
- 사내 강사 VS 프리랜서 강사
- 강사 면접 질문리스트
- 강사 프로필 작성
- 버킷 리스트

안녕하세요. 오늘은 CS강사 트레이닝 코스 마지막 날입니다. 책을 덮는 순간 부터 여러분의 CS강사 활동이 본격적으로 시작될 텐데요. 앞으로의 성공적 인 미래 설계를 위한 시간을 가져보려 합니다.

✔ 평생 학습

강사라는 직업의 가장 좋은 점이 무엇이냐고 물으신다면 지속적인 자기계발 을 할 수 있다는 것입니다. 저는 한때 긍정적인 것보다 부정적인 것을 먼저 생각하는 사람이었습니다. 사회와 사람에게 상처를 많이 받기도 했고요. 그 런데 강의를 하면서 제가 많이 달라졌습니다. 누군가에게 긍정적인 영향을 주고 변화를 일으키려면 내가 먼저 변해야겠더라고요. 강사인 본인부터 실천하지 않으면서 누군가에게 실천을 하라고 이야기하는 것 자체가 모순 같았기 때문입니다. 노력하기 시작하면서 생각이 달라졌고 행동이 달라졌으며 인생이 달라졌습니다. 그리고 누군가가 시켜서 하는 수동적인 공부가 아닌 능동적인 공부를 하기 시작했죠. 누군가를 위해서 하는 직업은 없습니다. CS강사 역시 먼저 '나에게 좋은 직업'이 되어야 하는 것이죠. 자신을 변화시킬 준비가 되셨나요? 평생 자기계발의 세계에 들어오신 여러분을 환영합니다.

☑ 사내 강사 VS 프리랜서 강사

트레이닝 마무리를 앞두고 여러분은 선택의 기로에 서 있습니다. 한 기업에 소속되는 사내 강사 채용에 면접을 보고 입사할 것인가 아니면 1인 기업가이자 프리랜서 강사의 세계에 뛰어들 것인가 하고 말이죠.

많은 선배 강사들이 조언하는 방향은 처음에는 사내 강사로 들어가서 경력을 쌓고 어느 정도 경력이 쌓인 뒤 프리랜서로 전향할 것을 추천합니다.

하지만 이것 역시 정답이라고 할 수는 없습니다. 자신의 상황과 성향을 잘 파악하는 것이 중요하죠.

우선 사내 강사는 안정적입니다. 직장인들처럼 안정적인 연봉을 받고 강의를 할 수 있는 시스템이니까요. 대신 강의 외에 강의와 관련한 부대적인 업무를 함께 병행할 수 있습니다. 반대로 프리랜서 강사의 경우 강의에 따른 강의료를 받기 때문에 안정적인 형태는 아닙니다. 강의를 하는 만큼, 그리고 자신의 역량만큼 강의료가 달라질 수 있기에 사내 강사보다 수입이 더 많을 수도 더 적을 수도 있죠.

사내 강사의 경우 한 기업의 소속으로서 회사와 직원과 함께 성장해나가는 매력이 있습니다. 프리랜서 강사는 다양한 서비스 직종의 사람들을 만나 강의를 진행할 수가 있죠. 사내 강사가 상대적으로 정적이라면 프리랜서 강사가 동적으로 보이기도 하는데요. 물론 사내 강사도 회사의 특성에 따라 전국으로 강의를 다니기도 하며, 프리랜서 강사도 자신이 이동 가능한 범위에서 전국 혹은 자신의 거주 지역 주변으로 활동 범위를 설정하기도 하니 단순히

정적, 동적으로 나누어지지는 않습니다.

본 트레이닝 과정을 마치는 시점에서 강의에 대한 준비와 자신을 홍보하고 마케팅을 할 준비가 되어있다면 프리랜서 강사로서 시작을 하는 것도 좋습니다. 안정적인 형태를 희망하며 지금 당장 자기 PR, 강의처 발굴이 어렵다면 사내 강사 채용에 지원을 해보는 것도 좋겠죠.

✅ 강사 면접 질문리스트

강사는 자신을 소개하는 것에 익숙한 직업입니다. 담당자에게 자신을 소개하고 교육생들에게 자신을 소개하죠. 아래 면접 질문들은 사내 강사 지원을 우선 초점으로 잡아 리스트를 뽑아보았습니다. 본 항목에 대한 답변을 충실하게 준비한 뒤 면접에 임해보세요.

질문 리스트

1. 강사로서 자기소개를 해보세요.
2. CS란 무엇이라 생각하십니까?
3. 강사 이전에는 무슨 일을 했으며 구체적인 업무는 무엇이었습니까?
4. 강사를 시작하게 된 계기가 있습니까?
5. 강사로서의 경력은 얼마나 되었나요?
6. 강사로서의 본인의 강점은 무엇이라고 생각하십니까?
7. 강사의 기본 자질은 뭐라고 생각합니까?
8. 본인이 가장 자신 있는 강의 분야나 주제는 무엇입니까?
9. 해당 동종업체에 대한 강의 경험이 있습니까?
10. 해당 업체의 업무에 대한 이해가 되어있는 상태입니까?
11. 이동이 많은데 체력적인 부분은 어떠신가요?
12. 하루 동안 진행한 최대 강의 시간은 몇 시간인가요?
13. 이른 오전, 주말 시간대의 강의가 가능합니까?
14. 앞으로의 최종적인 비전은 어떻게 되나요?
15. 희망 연봉은 어떻게 됩니까?

다양한 서비스 업종에서 CS강사를 채용하기도 하며, 강의를 의뢰하고 있습니다. 서비스의 맥락은 동일하지만 업종에 따른 세부적인 차이들이 있기도 하죠. 그리하여 9번과 10번 문항처럼 강사가 동종 업계 종사자였는지 또는 동종업계 강의 경험이 있는지에 대해 질문을 할 수 있습니다.

12번 문항에서 최대 강의 시간을 물어본 이유는 강사 혼자서 집중도 있게 몇 시간이나 이끌어 갈 수 있는지에 대한 확인입니다. 1시간, 4시간, 6시간의 강의 구성은 달라질 필요가 있으니까요. 듣는 사람의 집중도와 체력 등을 안배하여 강의, 실습, 토론 등을 배치하는 역량 역시 중요합니다.

14번 여러분의 최종적인 비전은 무엇인가요? 사내 강사를 지원하는 자리라고 한다면 개인적인 비전과 회사가 함께 성장할 수 있는 비전을 같이 제시하는 것이 필요하겠습니다.

✓ 강사 프로필 작성

강사 프로필은 일반적인 이력서와 파워포인트로 작성된 프로필 두 가지 형태를 함께 준비해놓는 것이 좋습니다. 사내 강사로 지원할 경우 보통 회사에서 지정한 양식이 있는데 해당 양식에 맞춰 이력서를 작성한 후 제출하면 됩니다. 프리랜서 강사의 경우 보통 강의 의뢰가 들어오거나 제안을 할 때 이력서의 형태보다는 파워포인트로 작성된 프로필 파일을 보내는 것이 일반적입니다. 파워포인트 프로필 작성에 있어 정해진 양식이 있는 것은 아니지만 보통 1 기본 사항, 2 자격 및 수료사항, 3 전문 강의 분야, 4 출강 경력 항목이 들어가도록 작성합니다.

강사를 만나기 전 프로필을 통해 강사를 먼저 이해하므로 중요한 부분입니다. 무엇보다도 전문 강의 분야 작성이 중요한데요. 아래의 샘플을 보면서 이야기 나누도록 하겠습니다.

〈SAMPLE〉

전문 강의 분야

병원 코디네이터 양성과정
DISC이론을 활용한 고객 유형 분석 및 평가
감성 커뮤니케이션
리더십 지도자 과정

JOB stress 관리

MOT 접점 분석 및 모니터링

면접 대비 이미지메이킹

퍼스널 컬러 이미지메이킹

취업 역량 강화 교육

이것은 한 강사가 실제 작성한 내용입니다. 해당 강사의 전문 분야가 무엇으로 보이시나요? 한마디로 대답하기가 어렵죠. 작성된 모든 강의가 가능할 것으로 예상되지만 특별하게 전문 분야로 부각되는 부분이 없어 보여 아쉽습니다. 강사의 프로필 작성에도 이미지메이킹이 필요합니다. 동일한 내용도 어떻게 작성하느냐에 따라서 달라질 수 있죠.

〈수정 SAMPLE〉

전문 강의 분야

• 병원 서비스

병원 MOT 접점 분석 및 모니터링

• 이미지메이킹

의료인을 위한 퍼스널 컬러 이미지메이킹

• 커뮤니케이션

환자와의 감성 커뮤니케이션

DISC를 활용한 환자 유형 분석 및 평가

• 내부 고객 만족

병원 직무 스트레스 관리

• 양성과정

병원 코디네이터 양성과정

원내 리더십 지도자 과정

강사가 작성한 기본 항목을 토대로 새롭게 추가한 내용 없이 분류를 다시하고 면접 강의 항목을 삭제하였으며, 병원 테마로 초점을 좁혀 다시 작성해보았습니다. 어떤가요? 병원 서비스 강의를 진행할 강사 프로필로 보내도 괜찮을까요?

강사의 프로필은 강사의 얼굴과도 같습니다. 없는 것을 만들어내라는 것이 아닙니다. 자신이 가지고 있는 베이스를 어떻게 표현할지 제3자의 입장에서 자신을 관찰한 뒤 작성해보세요.

> **(!) 서비스 강의 HOW TO**
>
> "신입사원 3년은 실수를 하더라도 인정해주는 기간이라고 합니다. 실수를 많이 해보세요. 이 말은 회사의 여러 가지 일을 새로운 관점에서 보라는 뜻입니다. 특권이 아닌 특권을 가지고 프로가 되세요."
>
> 신입사원의 질문 "지금까지 어떻게 미래를 설계해 오셨나요?"하는 질문에 대한 대답으로 "지금 이 순간에도 그렇게 큰 후회는 없습니다. 자신의 재능을 살리면서 하고 싶은 것을 하면 제일 좋겠지만 그보다 중요한 것은 자신이 택한 분야에서 열정을 가지고 열심히 하는 것입니다. 적어도 5년 내에 자기 분야에서 최고 전문가가 되길 바랍니다."
>
> ────────────────────────────────
>
> 이구택 전 포스코 회장의 신입사원 특강에서 나온 이야기입니다.
>
> 여러분의 미래를 어떻게 설계하고 계신가요?
>
> 우리는 자신의 재능도 살리면서 하고 싶은 것을 하고자 서비스강사에 도전하였습니다. 열심히 하는 사람은 즐기는 사람을 이기지 못한다고 하였는데요. 열정을 가지고 5년 안에 CS 분야에서 최고가 되시길 바랍니다.

☑ 버킷 리스트

마스크와 덤앤더머 영화의 주인공 짐캐리는 개성 있는 연기로 제2의 찰리채플린이라 불리기도 합니다. 지금은 이름을 말하면 대부분의 사람들이 알만한 성공한 배우이지만 과거 어려운 시기를 겪었다고 하죠.

캐나다에서 19세에 배우의 꿈을 가지고 할리우드로 왔으나, 오랜 무명생활과 노숙생활을 했다고 합니다. 그 시기에 집안 형편마저 어려워졌는데 짐캐리는 아버지에게 힘이 되고자 가짜 종이 수표에 천만 달러를 써서 아버지에게 드립니다. 언젠가는 진짜 천만 달러를 드리겠다고 약속하면서 말이죠.

배우 생활을 어렵게 이어가던 중 마스크를 통해 일약 스타덤에 오르게 됩니다. 그러나 그는 거기에서 만족하지 않고 아버지와의 약속을 지키기 위해 힘이 들 때마다 가짜 천만 달러 수표를 보며 노력했죠. 그러던 중 실제 꿈이 이루어지는 날이 찾아왔는데요.

영화 배트맨 포에버를 통해 개런티 천만 달러를 받게 되고 짐캐리는 그 목표를 이루게 됩니다. 하지만 천만 달러를 받기 전 아버지께서 돌아가셨고 14년 만에 아버지의 관 속에 같이 넣으면서 지키게 됩니다.

짐캐리는 배우로서의 열정도 높았지만, 자신이 세운 목표인 천만 달러를 이루기 위해 항상 종이 위에 적혀있는 천만 달러라는 숫자를 보면서 마음을 다졌습니다. 종이 위의 기적을 이룬 것이죠.

짐캐리 외에도 자신의 목표를 종이에 기록하고 이루어 간 인물들이 많습니다. 존 고다드는 15세에 127개의 꿈의 목록을 작성했고 평생을 살면서 이 중 109개를 실천한 탐험가입니다. 버킷 리스트를 통해 자신의 목표를 이루어 간 대표적인 인물인데요. 기록을 통해 본인이 이루지 못한 꿈을 대신 이뤄가는 이야기도 있습니다. 바로 수현이의 버킷리스트입니다. 이름만 들어도 먹먹해지는 '세월호', 수현이는 그 날 세월호에 타고 있었습니다. 아들의 방에서 유품을 정리하던 중 부모님은 수현이의 수첩을 발견했는데요. 고등학생이 되면서 자신이 이루고 싶은 꿈들을 하나씩 기록해놓았던 수첩이었죠. 절망에 빠져있던 부모님은 수현이의 버킷리스트를 보면서 다시 힘을 내셨다고 해요. 아들의 꿈을 대신해 이루어주기로 한 것이죠. 블로그를 만들어 수현이의 기록을 옮기고, 버킷리스트를 이루어가는 이야기들을 담고 있습니다.

수현이의 버킷리스트

1. 재즈피아노로 사람들에게 인정받기
2. 작곡
3. 일본
4. DSLR
5. 신디사이저
6. 알바
7. 공부 전교 10등 안에 들어보기
8. 경희, 중앙, 성균관 경영학과 들어가기
9. 연예인이랑 결혼하기
10. 세계 여행 나 혼자서

11. 애인 만들기

12. 공부 땜에 충격받기

13. CEO 되기

14. 아빠 수제 기타 만들어 드리기

15. 얼굴에 레이저 쏘기

16. 진정으로 남을 위해 봉사하기

17. 자서전 내보기

18. 유명한 뮤지션들 싸인받기

19. 부모님 효도 여행 보내드리기

20. 고등학교 졸업 전까지 책 2,000권 읽기

21. 일본어 독학으로 프리토킹

22. 영어 프리토킹

23. 공연 20번 뛰기. A.D.H.D 기준

24. 내신 등급 2등급 이상 유지

25. 몸 만들기

기록이 생각보다 강력한 힘을 발휘할 때가 많습니다. 막연하게 CS강사가 되고 싶다가 아닌 구체적으로 어떻게, 어떤 CS강사가 될 것인지 자신만의 버킷 리스트를 만들어 보세요.

강사 이력 관리 버킷 리스트를 마지막 테마로 이야기 나누었습니다. 본 책 〈서비스 리더를 위한 고객 응대 실무〉를 통해 CS리더에 대한 체계적인 준비가 되었으면 합니다. 본 서적 한 권을 마스터함으로써 CS리더로서의 준비가 끝나는 것이 아니라는 것, 지속적인 자기 계발의 세계에 들어오신 것을 잘 알고 계시지요? 선배 강사와 새내기 강사로서 만남을 시작히였지만, 강의 현장에서는 동료 CS강사로 만나게 될 것입니다. 향후에는 저희가 여러분에게 도움을 청할 일도 생길 것 같네요. 본인이 먼저 배워서 나눠주는 것이 어쩌면 CS리더의 숙명일지 모르겠습니다. 열심히 배운 것을 아낌없이 나누어주는 멋진 CS강사가 되기를 늘 응원하겠습니다.

 실전과제

Question 1. 당신의 버킷리스트를 작성해볼까요?

Question 2. 강사 프로필을 작성해보세요.

1. 기본사항(학력, 경력 등)
    –
    –
    –
    –
    –

2. 자격 및 수료 사항(CS관련 자격증 및 교육 이수 사항)
    –
    –
    –
    –
    –

3. 전문 강의 분야(자신 있는 강의 주제)
    –
    –
    –
    –
    –

4. 출강 경력(이루어 나갈 수 있도록 강의하고 싶은 기업을 작성해보셔도 좋습니다.)
    –
    –
    –
    –
    –

Certificate Award

성 명 :
과 정 : CS 강사

This is to certify that the above-mentioned person has successfully
completed Training Course for CS Instructor.

귀하께서는 CS강사 과정을 성공적으로 이수하였기에
수료증을 수여합니다.

20 년 월 일

지도강사 : 심윤정 · 신재연

CS강사로서의 성공을 응원합니다!